영웅, 그들이 만든 세계사

역사를 뒤바꾼 결정적 순간들

영웅, 그들이 만든 세계사
역사를 뒤바꾼 결정적 순간들

1판 1쇄 펴낸날 2020년 2월 28일

지은이 이내주

펴낸이 서채윤 펴낸곳 채륜
책만듦이 김미정 책꾸미고 그린이 이민현

등록 2007년 6월 25일(제2009-11호)
주소 서울시 광진구 자양로 214, 2층(구의동)
대표전화 1811.1488 팩스 02.6442.9442
E-mail book@chaeryun.com Homepage www.chaeryun.com

책값은 뒤표지에 있습니다.
ISBN 979-11-90131-03-2 03900

이 도서의 국립중앙도서관 출판예정도서목록(CIP)은 서지정보유통지원시스템 홈페이지(http://seoji.nl.go.kr)와 국가
자료공동목록시스템(http://www.nl.go.kr/kolisnet)에서 이용하실 수 있습니다. (CIP제어번호 : CIP2020004315)

채륜(인문사회), 채륜서(문학), 띠움(예술)은 함께 자라는 나무입니다.
물과 햇빛이 되어주시면 편하게 쉴 수 있는 그늘을 만들어 드리겠습니다.

영웅,
그들이 만든
세계사

이내주

역사를 뒤바꾼
결정적 순간들

채륜

역사를 바라보는 관점을 흔히 '사관史觀'이라고 부른다. 바라보는 사람 수가 너무 많고 다양하기에 논리적으로 생각할 때 수많은 사관이 존재할 수 있다. 하지만 이를 그대로 놓아둘 경우, 역사에 대한 해석은 거의 불가능에 가까울 수 있기에 연구자들은 흔히 보수주의 사관, 자유주의 사관, 그리고 진보주의(=마르크스주의) 사관 등 크게 세 개의 사관으로 수렴시켜 왔다. 일반인들이 역사적 사건을 바라보는 관점은 넓게 보아 이들 세 개 중 어느 하나에 속한다고 볼 수 있다.

그러면 여기에서 한 걸음 더 나아가 보자. 그렇다면 이렇게 사관을 구분하는 기준은 무엇일까? 다름 아닌 역사의 흐름을 이끌어온 주역을 누구로 볼 것인가의 문제이다(물론 사람보다는 그가 속한 구조 자체를 중시하는 관점도 있으나 여기에서는 논외로 한다). 구체적으로, 소수 엘리트인가, 중산계급인가, 아니면 다수의 하층계급인가라는 질문과 관련되어 있다. 물론 인간 또는 인간집단의 역할(활약상)은 시대별, 국가별 그리고 사건별로 다채롭고 독특하게 전개되어 온 것은 부인하기 어렵다. 또한 과거에 일어난 사건을 바라보고 해석하는 역사가 자신의 인생 경험과 현재의 처지에 따라 이들 중 하나의 안경을 선택해 착용했으리라 여겨진다. 당연히 하필이면 왜 그 안경인가에 대해 나름대로 타당한 의미와 정당성을 부여해 왔으리라.

그런데 필자는 이 중 첫 번째인 엘리트주의적 관점에서 본서를 집필했다. 왜냐하면 역사의 흐름 속에는 시대마다 역사의 물줄기를 바꾸는 계기로 작용한 사건들이 있고, 이러한 사건의 배후에는 물꼬를 트는 결정을 주도한 영웅적 인물이 있다고 보기 때문이다. 물론 이러한 접근법이 나름 문제와 한계를 지니고 있음은 분명하다. 하지만 역사 속에서 무엇인가 현재와 미래의 삶에 유용한 교훈을 찾고자 하는 일반 독자를 염두에 둘 경우, 소수의 개인에 중점을 두는 이러한 행동과학적 접근법이 필요하다고 본다. 따라서 본서는 평소 역사(서양사)에 관심과 흥미를 느끼고 있는 일반교양 계층을 대상으로 착상着想 및 집필됐음을 밝혀둔다.

따라서 필자는 해당 사건이 발생한 바로 그 시점에 그 인물은 어떠한 이유로 그러한 결단을 내리게 됐고, 이로 인한 결과가 이후의 역사 전개에 미친 영향과 그 현대적 의미는 무엇일까 하는 의문을 갖고서 본서를 준비했다. 다시 말해, 고대부터 현대에 이르는 동서양(주로 서양)의 역사 속에서 중요한 결단을 내린 인물들(이른바 '역사 속 영웅들')을 중심으로 "그때 그는 왜 하필이면 그렇게 행동했을까?"를 고찰해보려는 시도이다. 예를 들면, 기원전 49년 율리우스 카이사르는 왜 루비콘강을 건넜을까?, 프랑스혁명이 한창 진행 중이던 1798년 나폴레옹은 왜 이집트 원정을 떠났을까? 등에 대한 답을 핵심 인물의 활동과 그의 결단에 영향을 미친 당대의 중요한 요인을 중심으로 탐색하고자 한다. 19세기 영국의 사상가인 토머스 칼라일은 《영웅숭배론》이란 저술에서 '도덕적 카리스마'를 영웅의 핵심 요건으로 내세우고 있으나, 본서에서는 굳이 그러한 기준을 설정하지 않았다.

역사 속에 영웅적 인물이 존재한다고 할 경우, 그가 굳이 서양세계에서만 출현했다고 볼 수 없다. 오늘날 전 세계적으로 개별 국가마다 자국사 속에서 민족의 영웅을 발굴해 선양하고 있음은 주지의 사실이다.

이들만 한꺼번에 수집하더라도 그 수가 엄청날 것은 자명하다. 그러나 본서에서는 (물론 시간상으로는 먼 고대부터 현대까지를 다루고 있으나) 그 공간적 범위를 서양, 그것도 거의 유럽 지역으로만 국한했다. 오늘날까지 세계의 주도권을 서양이 장악하고 있기에 그곳에 집중하는 것이, 필자 지식의 한계 및 지면의 제한을 고려할 경우, '지피지기 백전불퇴'라는 측면에서 좀 더 효과적이라고 판단했기 때문이다.

본서가 역사의 유용성 측면에 방점을 둔 데는 본서의 탄생 기원과도 밀접한 관련이 있다. 즉, 본서는 원래 우리 군의 대표적 언론매체인 『국방일보』에 필자가 그동안 거의 1년 6개월에 걸쳐서 연재한 내용을 토대로 엮어졌다. 필자에게 그토록 소중한 기회를 제공해 준 우리 군軍에 지면을 빌려 특별한 감사를 표한다. 하지만 본서를 '군 막사'의 울타리를 넘어서 일반 대중 속으로 전달될 수 있도록 숨결을 불어넣어 준 주체는 출판사 '채륜'이다. 개선될 기미조차 보이지 않는 출판계의 어려움 속에서도 본서의 발간을 흔쾌히 수락해 준 서채윤 사장님과 미흡한 원고를 알차고 매끄럽게 다듬어 준 김미정 편집담당자에게 진심으로 감사드린다. 끝으로, 본서가 명색이 세계화 시대인 21세기임에도 불구하고 세월이 갈수록 오히려 관심과 비중이 줄어들고 있는 세계사 교육의 중요성 및 필요성에 대한 일반인의 인식을 일깨우는 데 일조하기를 기대한다.

2019년 늦가을에 이내주 씀

차례

세계사 속 영웅의 발자취를 찾아서 • 4

기원전 49년 루비콘강 도하 • 11
카이사르는 왜? 반역인 걸 알면서도 군대를 이끌고 루비콘강을 건넜을까?

313년 밀라노 칙령 공포 • 21
콘스탄티누스 대제는 왜? 그동안 박해해 온 그리스도교를 공인했을까?

476년 서로마제국 멸망 • 30
오도아케르는 왜? 강압적으로 서로마제국을 멸망시켰을까?

726년 성상파괴령 선포 • 40
레오 3세는 왜? 성상숭배를 금지시키려고 했을까?

732년 투르-푸아티에 전투 • 50
카를 마르텔은 왜? 병력을 이끌고 프랑스 남서부로 황급히 달려갔을까?

1066년 헤이스팅스 전투 • 60
윌리엄 1세는 왜? 노르만 공작임에도 잉글랜드 왕위쟁탈전에 참여했을까?

1077년 카노사의 굴욕 • 70
하인리히 4세는 왜? 황제의 자존심을 버리고 교황에게 용서를 빌어야만 했을까?

1095년 십자군 원정 호소 연설 • 80
교황 우르바누스 2세는 왜? 십자군 전쟁에 불을 붙였을까?

1346년 흑사병 창궐 • 90
자니베크는 왜? 전염병으로 죽은 병사를 도시의 성벽 안으로 날려 보냈을까?

1429년 오를레앙 공성전 • 101
잔 다르크는 왜? 평범한 소녀가 기사처럼 무장한 채 오를레앙으로 달려갔을까?

1453년 동로마제국 멸망 • 111
메흐메트 2세는 왜? 콘스탄티노플 성벽 앞에 초대형 대포를 배치했을까?

1492년 콜럼버스의 항해 • 122
콜럼버스는 왜? 무모하게도 서쪽으로 항해했을까?

1517년 95개 조 반박문 발표 • 133
마르틴 루터는 왜? 죽음을 각오하면서까지 로마가톨릭과 싸웠을까?

1519년 아스테카제국 침공 • 143
코르테스는 왜? 전력상 열세에도 불구하고 수도 테노치티틀란을 공격했을까?

1534년 수장법 선포 • 155
헨리 8세는 왜? 로마교황청과 결별하고자 했을까?

1649년 잉글랜드 공화국 수립 • 166
크롬웰은 왜? 국왕인 찰스 1세를 처형했을까?

1633년 갈릴레오 종교재판 • 177
갈릴레오는 왜? '그래도 지구는 돈다'고 독백해야만 했을까?

1665년 만유인력의 법칙 발견 • 188
뉴턴은 왜? 떨어지는 사과를 보며 심각한 의문에 빠졌을까?

1685년 낭트칙령 폐지 • 198
루이 14세는 왜? 국가에 안정을 선물한 신교도의 종교 자유를 무효화시켰을까?

1697년 서유럽 사절단 파견 • 209
표트르 대제는 왜? 장기간 제위를 비운 채 서유럽으로 떠났을까?

1740년 오스트리아 왕위계승 전쟁 • 220
프리드리히 대제는 왜? 오스트리아의 왕위계승 문제에 끼어들었을까?

1776년 미국 독립선언 • 230
워싱턴은 왜? 영국의 지배에 반기를 들고 독립군 총사령관이 되었을까?

1799년 브뤼메르 쿠데타 • 241
나폴레옹은 왜? 군사원정지 이집트에서 몰래 파리로 귀환했을까?

1839년 아편전쟁 • 252
임칙서는 왜? 중국에 들어온 인도산 아편을 몰수·폐기했을까?

1862년 철혈정책 천명 • 263
비스마르크는 왜? 철鐵과 혈血에 의한 통일을 주장했을까?

1863년 노예해방 선언 • 274
링컨은 왜? 연방의 분열 위기에도 노예제도를 없애려고 했을까?

1890년 세계정책 표방 • 285
빌헬름 2세는 왜? 러시아와 맺은 재보장조약을 일방적으로 파기했을까?

1914년 제1차 세계대전 • 296
프린치프는 왜? 합스부르크제국의 황태자 부부를 암살했을까?

1917년 러시아혁명 • 307
독일군은 왜? 혁명가 레닌에게 러시아로 돌아갈 밀봉 열차를 내주었을까?

1936년 시안사변 • 318
장쉐량은 왜? 아버지처럼 따르던 장제스를 감금했을까?

1941년 독소전쟁 • 329
히틀러는 왜? 독소불가침 조약을 깨고 소련을 침공했을까?

1945년 제2차 세계대전 종전 • 340
트루먼 대통령은 왜? 일본에 대한 원자폭탄 투하를 결심했을까?

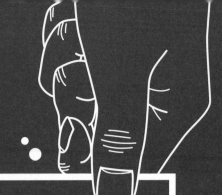

기원전 49년 루비콘강 도하

카이사르는 왜?
반역인 걸 알면서도 군대를 이끌고
루비콘강을 건넜을까?

이 사건의 주인공인 가이우스 율리우스 카이사르Gaius Julius Caesar(기원전 100~44)는 서양 고대세계에서 알렉산드로스 대왕 이래로 가장 널리 알려진 인물이다. 극적인 죽음과 더불어 사후에 그가 미친 영향이 만만치 않기 때문이다. 한 예로 우리는 그의 사후 역사상 등장한 강력한 통치자를 흔히 카이사르 이외에 시저(영어), 카이저Kaiser(독일어), 그리고 차르Tsar(러시아어)라고 부른다. 바로 그의 이름에서 연유된 명칭이다. 이처럼 그가 세계사에 회자될 수 있던 극적인 계기가 바로 기원전 49년 루비콘Rubicon(라틴어로 Rubico)강 도하渡河 사건이다.

그렇다면 하필이면 카이사르는 왜 이때 루비콘강을 건너야만 했을까? 무사히 도강에 성공했을까? 그리고 이는 이후 로마사 전개에 어떠한 영향을 미쳤을까?

1막

기원전 753년 이탈리아반도 중앙의 라티움 평원에서 건설된 로마는 이후 왕정을 거쳐 공화정으로 발전하면서 점차 지중해 세계의 강자로 부상했다. 특히 지중해의 패권을 놓고 기원전 264년부터 기원전 146년까지 세 차례에 걸쳐서 북아프리카의 도시국가 카르타고와 벌인 전쟁(일명 포에니전쟁)에서 승리하면서 확고한 팽창의 기틀을 마련했다. 실제로 시칠리아, 북아프리카, 에스파냐 등지에 새로운 속주屬州가 생겨났다. 여기서 얻은 막대한 부富를 바탕으로 이후 로마는 이탈리아반도를 넘어 그리스 및 소아시아와 같은 동지중해 세계 등지로, 서북쪽으로는 유럽 대륙 깊숙한 지역으로까지 영토 팽창을 본격화하기 시작했다.

이러한 해외 팽창의 결과 로마시민들의 소득과 재산은 빠르게 늘어났다. 하지만 모든 세상사가 그러하듯 이러한 로마의 영화榮華에도 명암明暗이 스며들었다. 빠르게 유입된 엄청난 재화는 점차 로마 사회 내부에 사회경제적 불평등을 심화시켰다. 이러한 변화는 자연스럽게 공동체를 중시하며 검소한 생활을 이어온 로마인들의 전통적 가치관에 균열을 내기 시작했다. 일상화된 전쟁으로 해외에서 많은 수의 노예들이 유입되면서 시골의 소농小農들은 노예노동에 의지한 귀족 지주의 대농장(라티푼티움)에 밀리게 됐고, 결국에는 대도시 로마로 유입되어 빈민화됐다. 시간이 지나면서 더욱 증폭된 사회경제적 불평등과 이로 인해 누적된 불만은 서서히 폭발점을 향해 부풀어 올랐다.

제3차 포에니 전쟁이 끝난 기원전 146년부터 기원전 30년경까지의 시기는 로마역사에서 심화된 내부 갈등의 표출로 인해 죽음이 만연한 거대한 혼란기였다. 어찌 보면 로마가 공화정에서 제정으로 넘어가기 위한 진통의 과정으로 볼 수도 있다. 막대한 치부致富를 토대로 거의 사병私兵 성격의 군대를 거느리게 된 유력 장군들 간의 반목과 이로 인한 내전內戰과 반란(특히 스파르타쿠스 노예 반란) 등으로 점철된 시기였다.

기원전 130년~120년대에 로마의 사회경제 문제를 해결해 보려던 그라쿠스 형제의 개혁이 참담한 실패로 끝난 후, 로마에는 대외전쟁에서 명성을 얻은 유력 장군들이 권력의 정점에 서게 됐다. 기원전 107년 군대와 평민계층의 전폭적 지지를 등에 업고 집정관Consul(원래 공화정 로마에는 평소에는 임기 1년의 선출직 집정관 2명이 권력을 나누어 행사하다가 국가 비상시에는 6개월 임기의 독재관 1명에게 권력을 집중시켰음)에 선출된 후 거의 종신토록 연임한 마리우스Marius를 필두로 기원전 82년 종신 독재관에 오른 술라Sulla가 권력을 휘둘렀다. 이로 인해 반란과 배반, 패배 진영에 대한 가차 없는 응징과 복수가 다반사로 자행됐다.

이러한 상황에서 술라의 뒤를 이어서 로마의 유력 지도자로 대두한 두 인물이 바로 폼페이우스(기원전 106~48)와 카이사르였다. 군사적 성공을 바탕으로 인기를 얻은 두 사람은 정치권력 장악을 위해 초기에는 서로 의기투합했으나 곧 헤게모니를 다투는 경쟁 관계로 변했다. 먼저 우세를 점한 인물은 동지중해 지역, 즉 소아시아와 팔레스타인 정복으로 한껏 주가를 올린 폼페이우스였다.

초기에 열세하던 카이사르가 폼페이우스에 필적하는 대항마로 부상할 수 있었던 결정적 계기는 갈리아(오늘날 프랑스 지역) 정복사업의 연이은 성공이었다. 특히 기원전 52년 가을에

카이사르 조각상

갈리아에서 터진 유명한 베르킨게토릭스의 반란을 알레시아 전투 승리로 진압에 성공하면서 그의 명성은 크게 높아졌다. 무엇보다도 정복과정에서 생사고락을 함께한 갈리아 주둔 로마군단의 진정한 충성을 얻을 수 있었다. 카이사르는 자신의 갈리아 정복 과정을 《갈리아 원정기》라는 책으로 남기었음은 물론 군사원정 성공의 여세를 몰아서 로마의 최고 권력자 자리를 넘보게 됐다.

그러나 역사상 어느 시대에도 두 명의 권력자가 동시에 존재할 수 없는 법! 폼페이우스와 카이사르는 곧 생사를 건 대결로 나아갔다. 갈리아에 머물고 있던 카이사르와는 달리 로마 원로원으로부터 단독 집정관으로 추대된 폼페이우스가 선수를 쳤다. 그는 기원전 50년 원로원을 통해 카이사르에게 군대를 해산하고 로마로 복귀하라는 소환령을 발하였다. 말이 소환이지 로마로 가면 카이사르는 혈혈단신 호랑이굴 속으로 들어가는 것이나 다름없었다. 자칫하면 체포되어 형장의 이슬로 사라질지도 몰랐다. 명령에 순응하여 로마로 갈 것인가, 아니면 로마(국가)의 반역자가 되어 폼페이우스와 일전一戰을 벌일 것인가? 양자택일의 갈림길에서 고민 끝에 카이사르는 후자를 택했다. 기원전 49년 1월 12일 마침내 '주사위는 던져졌다Alea iacta est'는 유명한 말을 남기면서 휘하의 정예 1개 군단병력(약 4,500명)을 이끌고 공화국 로마와 속주의 경계선이던 루비콘강을 건너 로마로 진군해 들어갔다. 이후 전개될 길고 치열한 내전의 도화선에 불을 붙인 것이다.

2막

왜 그는 루비콘강 도하渡河를 결행했을까? 아마도 정확한 이유는 당시 카이사르 자신 이외는 아무도 모를 것이다. 그가 집필한 《갈리아 원정기》에는 이에 대해서는 전혀 언급이 없고, 단지 강을 건넌 후 처음 만나는 중요 도시인 '아리미눔 도착'으로만 적고 있다. 이후에 나온 로마 시대 저술에도 도하 이유에 대한 기록은 없고, '주사위는 던져졌다'(수에토니우스의 글)라는 말만 전해지고 있다. 따라서 현재로선 당대에 카이사르가 처했던 제반 상황을 고려하여 추론하는 수밖에 없다.

카이사르가 자신의 목숨 및 정치생명을 담보로 건넜던 루비콘강은 어떠한 강일까? 루비콘강은 이탈리아반도 중북부에 있는 작은 하천이다. 이는 로마 시대에 아리미눔과 카이세나라는 두 도시 사이를 통과하여 아드리아해로 흘러 들어갔다. 그런데 중요한 점은 이 강의 모양새나 크기가 아니라 그 위치의 상징성에 있었다. 카이사르가 건너기 이전부터 루비콘강은 이탈리아와 속주인 갈리아 지방을 구분하는 경계선이었다. 군사원정을 위해 국경 밖으로 나갔던 장군이나 군대는 로마로 귀환 시, 로마 공화정에 충성한다는 서약의 의미로 일단 모든 무장을 해제한 후에야 루비콘강을 건널 수 있었다.

통상적으로 로마의 속주를 통치한 총독은 자신의 영역 안에서만 행정권과 군사권을 동시에 행사할 수 있었다. 그런데 로마법은 이탈리아 지역의 경우에는 유일하게 선거를 통해 임명된 집정관에게만 행정권과 군사권imperium을 행사할 수 있는 권한을 부여했다. 따라서 전통으로 시작해 법규화된 이 원칙을 어기고 무장한 채 루비콘강을 건너 이탈리아 영내로 들어오는 모든 군사 행동은 로마 공화정에 대한 반역 행위로 여겨졌다. 해당 장군이나 군인들은 국가의 반역자로 낙인찍힌 채 별도의 선처 없이 자동적으로 사형에 처해질 수 있었다.

이러한 원칙을 누구보다도 잘 알고 있었을 카이사르는 왜 루비콘강을 건너는 모험을 했을까? 당시 그가 처했던 진퇴양난의 상황 속에서 그 해답의 실마리를 찾을 수 있지 않을까 한다. 카이사르가 루비콘강을 도하한 본질은 로마 원로원을 중심으로 자행되고 있던 특권계층만을 위한 귀족들의 타락한 통치행태를 그대로 수용할 것이냐, 아니면 강력한 권한을 행사해서라도 민중을 위하는 통치체제로 변화시킬 것이냐는 데 있었다. 그는 두 길 중 한 길을 선택해야만 하는 일종의 정치역학적 상황에 직면해 있던 것이었다.

이 시기에 로마 지배층의 정치 지형도는 크게 세 갈래로 나뉘어 있었다. 즉, 원로원을 구성하고 있던 귀족들, 그동안 카이사르와 뜻을 함께 했으나 그의 빠른 부상에 위협을 느끼고 원로원 진영으로 기운 폼페이우스 세력, 그리고 갈리아 원정의 눈부신 성공에 힘입어 민중의 지지를 받으면서 빠르게 정치적 입지를 강화하고 있던 카이사르 지지세력 등이었다. 어느 누구도 동족상잔을 원치 않았으나 카이사르가 어떠한 행동을 취하든 충돌은 피할 수 없는 현실로 다가왔다.

전광석화와 같은 작전으로 로마로 진군, 일단 공화정의 심장인 로마를 장악한 카이사르는 가차 없이 폼페이우스와 그의 추종세력들을 제압하는 국면으로 돌입했다. 그는 먼저 히스파니아를 평정한 후 폼페이우스의 거점이라 할 수 있는 동지중해 방면으로 향했다. 쌍방 간 전투는 주로 그리스반도에서 벌어졌다. 수차례의 충돌과 조우 끝에 마침내 양측은 기원전 48년 8월 그리스 내륙의 파르살루스에서 최후의 결전에 임했다. 전력상 열세에도 불구하고 승리의 여신은 리더에 대한 충성과 상호 신뢰로 똘똘 뭉친 카이사르 군단의 손을 들어줬다. 패배 후 이집트로 도주한 폼페이우스가 그곳에서 암살당하면서 권력투쟁의 서막은 끝나게 됐다.

위풍당당하게 로마로 귀환한 카이사르는 이제 군사적 영웅이자 명실상부한 최고 권력자로서 제반 개혁정책들을 추진하기 시작했다. 내전

동안 폼페이우스를 지지했던 원로원의 권한을 약화시키고, 그 대신 자신이 종신 독재관으로 취임하여 국가의 중요한 권한을 장악했다. 이러한 조치는 당연히 기득권층인 원로원 의원들의 격렬한 반대를 불러왔다. 이들이 내린 결론은 로마의 자랑스러운 전통인 '공화성'을 위협하려는 자는 그가 누구든 응징해야 한다는 것이었다.

카이사르의 암살 장면

파르티아 원정 준비로 분주하던 카이사르는 기원전 44년 3월 15일, 원로원의 계단에서 자신이 총애한 브루투스마저 가담한 일단의 원로원 의원들의 단검에 찔려서 56세의 나이로 죽고 말았다. 이후 로마는 또 다시 내전에 휩싸이게 됐다. 결국 이러한 모든 혼란을 수습하고 로마제국의 기초를 놓은 인물은 바로 카이사르의 양자養子로서 로마사에서 아우구스투스(존엄자)로 불리는 옥타비아누스(기원전 63~기원후 14)였다. 카이사르 필생의 꿈이 자신의 입양아들에 의해 달성된 것이었다.

3막

카이사르의 루비콘강 도하사건은 이후 역사에 어떠한 영향을 끼쳤을까? 직접적으로는 카이사르가 정치권력을 장악할 수 있는 길을 열어줬다. 최고 권력자로 올라선 지 얼마 되지 않아 암살당했기에 그가 자신의 정치적 성과를 남기기에는 시간상으로 짧았다. 만일 그가 그때 죽지 않았더라면, 10여 년 이상을 더 살면서 로마를 위해 보다 역사에 남을 만한 업적들을 남겼을 것이 분명하다.

그렇다고 그가 이후 로마의 발전을 위해 실제로 이룬 업적들을 과소평가할 수는 없다. 권력을 장악한 그는 하드웨어 측면으로는 도시 로마를 감싸고 있던 성벽을 허물고, 소프트웨어 측면에서는 수천 명의 히스파니아와 갈리아 속주민에게 로마 시민권을 부여했다. 이후 로마문명의 특징으로 표상되는 개방성과 포용성의 기초를 놓은 셈이다. 바로 이 특질 위에서 이후 로마가 강대한 제국으로 장구한 세월 동안 존속할 수 있었음을 고려할 때, 카이사르야말로 진정으로 천년 제국 로마의 토대를 놓은 인물임을 부인하기 어렵다.

이러한 국내의 개혁 작업보다도 그가 향후 로마제국의 발전을 위해 가장 크게 기여한 점은 로마의 영토를 서북유럽, 즉 갈리아 지방으로 넓혔다는 사실이다. 그는 당시 로마의 지도자로서는 드물게 유럽 서북지방의 잠재적 중요성을 간파하고 자신이 직접 군대를 이끌고 그 과업을 완수한 것이었다. 그가 갈리아, 즉 오늘날 유럽의 핵심지역을 로마세계로 편입시킴으로써 당대 경제적 이득은 물론이고 이후 그리스-로마문명이 오늘날 유럽 문명의 중심축으로 뿌리내릴 수 있었다. 또한 그의 지시로 도입된 태양력 율리우스력은 16세기 말에 그레고리우스력이 나올 때까지 거의 1,500년 이상 서양세계 속 시간의 흐름을 좌우했다.

7월July은 바로 율리우스Julius라는 그의 라틴어 이름에서 연유됐음은 잘 알려져 있다.

끝으로, 우리가 반드시 기억해야 할 점이 있다. 카이사르는 법률가이자 웅변가로 출발해 정치가로 명성을 날렸으나 그가 로마의 지배자가 될 수 있던 실질적 요인은 로마군단병들의 존경과 충성을 얻은 위대한 장군이었다는 사실이다. 총독 겸 군사령관으로서 4개의 로마군단을 지휘하여 갈리아에서 9년이라는 세월 동안 정복전쟁을 수행하면서 그는 결단력, 추진력, 신속한 상황판단 등 탁월한 용병술과 특출한 리더십을 터득할 수 있었다. 이것이 바로 내란의 소용돌이에 휩쓸렸을 때, 그를 최종 승자로 만들어 준 숨은 원동력이었다.

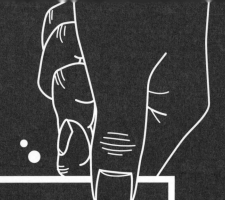

313년 밀라노 칙령 공포

콘스탄티누스 대제는 왜?
그동안 박해해 온
그리스도교를 공인했을까?

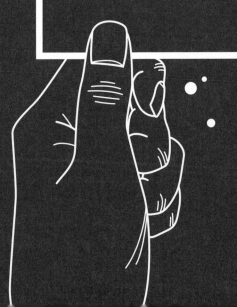

오늘날 유럽에서 그 비중이 날로 줄어들고 있다고는 하지만, 그리스도교는 여전히 서양인들의 정신세계를 지배하고 있다. 이는 서양문명의 두 기둥인 헬레니즘Hellenism(그리스 로미 전통)과 헤브라이즘Hebraism(유대-그리스도교 전통) 중 후자에서 기원한다. 더구나 2017년은 1517년 마르틴 루터가 불을 붙인 종교개혁 500주년이었다. 세계적으로 수많은 기념행사와 학술회의가 있었고, 지금도 그 여진은 남아 있다. 이러한 역사적 사건의 근원에 바로 313년 콘스탄티누스 대제Constantinus(272~337; 재위 306~337)의 밀라노 칙령 Edict of Milan과 그로 인한 그리스도교 공인이 있다.

그렇다면 그는 무슨 연유로 로마제국이 그토록 줄기차게 박해해온 그리스도교를 공인하는 조치를 단행했을까? 그 과정에서 직면한 어려움은 없었는가? 그리고 이것이 이후 로마사와 세계사 전개에 어떠한 영향을 끼쳤을까?

1막

카이사르의 암살 이후 벌어진 내전에서 최종 승자가 된 인물은 카이사르의 양자였던 옥타비아누스였다. 일명 아우구스투스(존엄자)로 불린 그는 이후 무려 44년 동안(기원전 31~기원후 14)이나 통치하면서 로마가 제국으로 발전할 수 있는 기틀을 놓았다. 덕분에 옥타비아누스 이래 약 2세기 동안 로마제국은 질서와 안정 속에서 번영했고, 로마문명은 지중해 연안을 넘어 사방으로 그 영향력을 넓혀갔다. 특히 오현제五賢帝 시대(96~180)를 통해 로마제국의 영토는 라인강과 다뉴브강을 자연국경선으로 획정할 정도로 확장됐다. 이어서 로마와 속주와의 법률상 차별을 없애고 교육을 통해 라틴어와 로마문화를 적극적으로 보급하면서 정치적은 물론 문화적으로도 하나의 통일체를 이뤄 나갔다. 흔히 말하는 '로마의 평화Pax Romana'가 도래한 것이었다.

그러나 역사의 흐름에는 언제나 순류順流와 역류逆流가 혼재해 있는 법! 로마제국의 평화는 근본적으로 군대의 힘에 기초하고 있었고, 황제가 이를 장악하여 중앙집권적 권력을 행사할 수 있을 때 유지될 수 있었다. 그런데 180년 마르쿠스 아우렐리우스 황제를 끝으로 오현제 시대가 막을 내리면서 황제권은 점차 약화됐고, 상대적으로 군부軍部의 입김은 빠르게 세졌다. 이제 군대는 정치에 적극적으로 개입하기 시작했고, 심지어는 황제의 폐위와 옹립을 좌지우지할 정도였다. 곧 자신들끼리 제위쟁탈전을 벌임으로써 불과 반세기 동안 무려 26명의 황제가 교체되는 이른바 '군인황제시대(235~284)'가 도래했다. 대내외적으로 제국의 통치체제에 깊은 균열이 생긴 것은 당연지사였다.

이러한 제국의 혼란을 수습하고 통치체제의 재정비를 시도한 인물이 바로 디오클레티아누스Diocletianus(재위 285~305)와 그의 유업을 계승한 콘스탄티누스였다. 3세기 후반에 디오클레티아누스 황제는 사분할통치四分割統治 시스템을 만들었다. 방대한 로마제국의 영토를 동東과 서西로 분할하고 각 지역을 아우구스투스라고 불린 정正황제가 카이사르라고 칭한 부副황제의 도움을 받아 동치했다. 한마디로 네 명의 통치자가 권력을 나누어 행사하는 체제였다. 군인황제시대라는 혼란기를 거친 후 오랜만에 강력한 황제권을 행사한 디오클레티아누스가 로마제국의 영속永續을 염원하며 이러한 사분통치체제를 도입했으나, 기대와는 달리 원활하게 작동되지 못했다. 오히려 그의 사후 로마제국을 또 다른 내분으로 몰아넣고 말았다.

바로 이러한 소용돌이 속에서 초반의 열세를 극복하고 살아남아 최종 승자로 떠오른 인물이 바로 콘스탄티누스였다. 그는 분할통치체제를 타파하고 제국을 재통일했다. 디오클레티아누스 이후 거의 유일하게 로마제국 전체를 장악한 단독 황제로 재임하면서 비잔티움으로 천도遷都, 그리스도교 공인 등 굵직한 업적을 남겼기에 역사는 흔히 그를 대제大帝라고 부른다. 하지만 콘스탄티누스 이후에도 황제의 운명은 여전히 군부의 지지에 달려 있었다.

제국의 변방에 주둔하고 있던 로마군단은 자신의 이해관계를 가장 잘 대변할 만한 인물을 물색하여 그를 황제로 옹립하려는 시도를 멈추지 않았기 때문이다. 실제로 337년 콘스탄티누스 황제가 죽은 후 황제 권력을 분점한 그의 세 아들 간에 골육상잔이 벌어졌다.

그렇다면 콘스탄티누스는 어떠

콘스탄티누스 동상

한 인물일까? 그는 272년 로마제국의 동부 모이시아 속주(오늘날 세르비아와 불가리아 지역)에서 로마 장군 콘스탄티누스 클로루스와 한미한 가문의 헬레나 사이에서 태어났다(그의 부친은 292년 모친 헬레나를 버리고 당시 제국 서방의 정황제였던 막시미아누스의 딸 테오도라와 재혼했음). 디오클레티아누스 황제가 창안한 분할통치체제에서 서방의 정황제가 된 막시미아누스의 부황제로 부친이 임명된 직후 콘스탄티누스는 동방의 정황제였던 디오클레티아누스의 휘하로 들어가 당시 동방로마의 수도였던 니코메디아Nicomedia(오늘날 터키의 이즈미트)에 머물렀다. 305년 부황제였던 부친이 서방의 정황제로 승격되면서 그는 니코메디아를 떠나 로마제국 서방의 갈리아로 옮겨갔다. 이듬해에 그의 부친이 브리타니아 원정 중 갑자기 병사하면서 콘스탄티누스가 휘하 장병들에 의해 후계자로 선출되는 일생의 전환점이 찾아왔다.

하지만 이것으로 그의 인생에 꽃길이 깔린 것은 아니었다. 이후 그의 정황제 추대가 적법성 문제에 휘말리면서 그는 재차 서방로마 정황제 세베루스의 부황제로 만족해야만 했다. 이후 약 10년 동안 그는 독일 남부 트리어를 거점으로 갈리아 지방의 방어에 전념했다. 그 사이에 애초부터 그 성공 여부가 의문시됐던 사분할통치의 문제점이 곪아 터져서 로마의 국내정치는 복잡한 내전 상황으로 치달았다. 로마 영내에서 막시미아누스의 아들 막센티우스가 기존체제를 무시한 채 독자적인 황제의 권리를 주장하면서 급기야 사태는 무력충돌로 발전했다. 312년 트리어에 머물던 콘스탄티누스는 휘하의 군단을 이끌고 알프스를 넘어 이탈리아반도로 진격하기에 이르렀다. 파죽지세로 막센티우스의 선발대를 격파하면서 남하한 콘스탄티누스는 마침내 로마 인근의 티베르강에 놓인 밀비우스 다리Pont Milvius를 사이에 두고 막센티우스 군과 결전을 목전에 두게 됐다.

2막

312년 10월 말 밀비우스 다리를 사이에 두고 벌어진 전투에서 심한 수적 열세(콘스탄티누스 군 5만 vs 막센티우스 군 7만 5천~12만 명 추산)에도 불구하고 콘스탄티누스는 승리를 거머쥐었다. 이는 어떠한 결과를 가져왔을까? 이때의 승리로 인해 콘스탄티누스는 단기적으로는 서방세계의 유일한 정황제로, 장기적으로는 324년 동방의 황제 리키니우스와 벌인 아드리아노플 결전에서 이기면서 로마제국 전체의 단독황제로 군림할 수 있었다. 하지만 그가 세계사에 이름을 남긴 진정한 이유는 여기에 있지 않고, 그리스도교 신앙을 공식적으로 인정한 데 있었다(좀 더 정확하게는 "그리스도교 신자를 포함한 모든 사람에게 각자의 신앙에 따라서 종교 생활을 할 수 있도록 허락하고, 박해 기간에 압수된 그리스도교 교회와 교회의 자산을 반환하도록" 조치함).

그렇다면 그는 왜 그동안 제국의 공적公敵으로 탄압해 온 그리스도교를 공인했을까? 여기에는 여러 가지 설명이 있으나, 그가 개인적으로 신실한 그리스도교도였기 때문이라는 설명과 당시 로마제국과 사회의 상황을 자신에게 유리하게 이용하려는 의도로 공인했다는 견해로 크게 구별할 수 있다. 개인적 차원에서 보면 그의 모친 헬레나가 나중에 성녀聖女로 추앙될 정도로 신앙심이 깊었기에 콘스탄티누스가 어려서부터 모친의 종교적 영향을 받았으리란 점은 충분히 짐작할 수 있다. 또 한 가지 결정적인 이유는 밀비우스 다리 전투 때 있었다. 콘스탄티누스가 예수 그리스도에 관한 꿈을 꾸었는데, 꿈에서 본 십자가 표식을 전투 시 방패에 새겨 넣어 전력戰力상 열세를 딛고 승리하는 실제적 체험을 한 것이다. 하지만 동시에 의문이 들기도 한다. 비록 그가 통치기 동안 그리스도교에 대해 우호적 태도를 견지한 점은 부인할 수 없으나, 밀라노 칙령 이후 그가 황실 가족들에게 자행한 잔혹 행위나 죽기 직전에야 세례 받은 점 등을 고려할 때, 과연 그가 예수의 사랑과 자비를 진실로 추구한 그리스도인이었을까?

밀비우스 다리 전투 직전 나타난 십자가 표식

이러한 개인적 체험보다도 당대 현실에 대한 그의 인식과 정치적 계산을 더 중요한 요인으로 보는 견해도 있다. 다시 말해, 3세기 말~4세기 초경에 이르면 그리스도교는 로마 사회 내부에서 상당한 영향력을 발휘할 정도로 세력이 성장했다. 지속적인 탄압 속에서도 그리스도교로 개종하는 로마인의 숫자는 빠르게 늘어났고, 그 계층도 하층 노예부터 상층 귀족까지 다양했다. 억압정책이 별다른 효과가 없었음을 암시하는 현상이었다. 또한 초창기 로마의 검약하고 공동체를 중시하는 기풍이 사라지고 사치와 방탕이 횡행하고 있던 로마 사회의 분위기와 비교해 그리스도교도들의 윤리적이고 경건한 생활 태도가 제국을 정신적으로 재생시킬 수 있는 개혁사상으로 인식됐다. 이러한 점들을 잘 알고 있던 콘스탄티누스 황제가 그리스도교도들을 자신의 협력세력으로 활용할 의도로 공인했다는 것이다.

그렇다면 로마제국 동방 속주의 소수민족 유대인들의 민속종교에서 배태한 그리스도교가 어떻게 로마제국의 주요 종교가 될 수 있었을까? 잘 알려져 있듯이 유대교에 뿌리를 두고 있는 그리스도교는 예수의 가르침으로 시작되어 30년경 유다 갈릴리의 유대인들에게 전파됐고, 이후 사도 바울의 전도여행과 교리 정립을 통해 2~3세기에 이르러 지중해 세계에 널리 전파될 수 있었다. 이후 치밀한 체계화와 꾸준한 거듭남을 통해 서양세계의 지배적인 종교가 됐다. 물론 이러한 성장 과정 중 황제 숭배와 병역의무를 거부한다는 이유로 네로 황제 이래로 심한 박해를 받아 왔다. 미트라교나 조로아스터교와 같은 다른 종교들과의 내적 경쟁도 만만한 문제가 아니었다.

하지만 그리스도교에 내재된 영원성, 평등성, 윤리성 등과 같은 고등종교로서의 속성으로 인해 로마제국 내부에서 계층을 불문하고 신도들이 빠르게 늘어났다. 이러한 사회변화의 저류低流를 정치인 콘스탄티누스가 감지感知하지 못했을 리가 없다.

┓ 3막 ┏

콘스탄티누스의 밀라노 칙령은 이후 역사에 어떠한 영향을 끼쳤을까? 무엇보다도 그리스도교가 오늘날 서양인들의 사회생활과 정신세계를 지배하는 사상이 될 수 있는 발판을 제공했다. 그는 밀라노 칙령으로 그리스도교도에게 관용을 베푼 데서 멈추지 않고 이 종교가 서양세계 깊숙이 뿌리를 내리는 데도 기여했다. 313년 공인 이후 그리스도교의 교세는 빠르게 확장됐다. 그와 더불어 수백 년 동안 자신들을 탄압하던 로마제국에 똘똘 뭉쳐서 저항하던 그리스도교 내에 균열이 생기기 시작했다. 대표적으로 삼위일체론三位一體論을 둘러싸고 예수의 신성神性을 인정하는 아타나시우스파와 인성人性만을 내세우는 아리우스파 사이에 교리 논쟁이 격화됐던 것이다. 이때 콘스탄티누스는 재차 해결사로 등장했다. 325년 제국 내의 주교들을 콘스탄티노플 근처의 니케아로 소집하고 회의를 주도해 그리스도교 교리를 통일시켰다. 물론 이후에도 그리스도교는 끊임없이 교리 문제로 씨름을 했으나, 325년 니케아 공의회에서 채택된 아타나시우스파의 삼위일체론은 그리스도교의 정통교리로 오늘날까지 고수되고 있다.

그리스도교가 서양문명 형성에 중요한 공헌을 했다는 점 이외에도 공인 의도가 무엇이었든지 간에 콘스탄티누스는 로마제국의 수명을 거의 1천 년 이상이나 연장시키는 업적을 남겼다. 우리가 잘 알듯이 로마제국은 476년에 멸망했으나 엄밀한 의미에서 이는 서로마제국일 뿐, 더욱 부유했던 제국의 또 다른 한쪽인 동로마제국은 그 이후에도 비잔티움제국이라는 이름으로 무려 15세기 중반까지 명맥을 유지했다. 이러한 역사 전개의 초석을 놓은 인물이 바로 콘스탄티누스 황제였다. 그는 324년 소아시아의 작은 어촌에 불과했던 비잔티움을 '새로운 로마'로 선포하고 330년 로마제국의 새로운 중심지로 공식화했다. 이 도시는 337년 그의 사망과 더불어 콘스탄티노폴리스라는 이름으로 1453년 오스만튀르크에 의해 이스탄불로 바뀔 때까지 무려 천년의 세월 동안 그리스도교 세계의 요새이자 지정학적으로 동서양을 연결하는 가교로서 그 위용을 자랑했다.

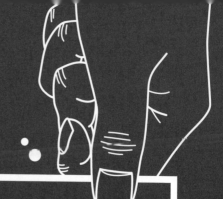

476년 서로마제국 멸망

오도아케르는 왜?
강압적으로 서로마제국을
멸망시켰을까?

우리는 흔히 서양의 역사를 고대·중세·근대로 나눈다. 이때 고대와 중세를 구분하는 사건으로 통상 476년 서로마제국의 멸망을 꼽는다. 4세기 후반 이래 계속된 이민족 집단의 침략으로 천년 제국 로마도 더 이상 지탱하지 못하고 결국 지도상에서 사라지고 만 것이었다. 물론 제국 동부의 영토 절반은 이후 비잔티움제국이라 불리면서 또 다른 천 년 동안 유지됐다. 그럼에도 불구하고 후세인들은 476년 서로마제국의 몰락을 일반적으로 로마제국 전체의 종곡으로 기억하고 있다. 그만큼 이 사건이 이후 서양과 세계에 미친 영향이 크다는 의미일 것이다.

그렇다면 로마인들로부터 흔히 야만족 취급을 당해 온 게르만 족장의 요구에 당시 서로마제국의 황제였던 로물루스 아우구스투스는 왜 아무런 저항도 못한 채 물러났을까?

🗡 1막 🗡

오도아케르Odoacer(435~493)가 활동하던 시대는 로마제국의 말기로 그동안 라인강과 다뉴브강 북쪽에 살던 게르만의 다양한 부족들이 서로마제국의 영내로 물밀 듯이 이동해온 혼란기였다. 그런데 이러한 게르만족의 이동은 하루아침에 이뤄진 사건이 아니었다. 직접적으로는 378년 고트족에 대한 다뉴브강 안쪽으로의 이동 허가 및 뒤이어 벌어진 아드리아노플 전투에서 로마군의 참패, 페르시아제국의 위협에 대응하기 위한 로마군 정예병력의 동부 배치 등 이미 4세기 말부터 가시적으로 나타난 현상이었다.

원래 로마제국의 자연국경선이던 라인강과 다뉴브강 북쪽에 살던 통칭 게르만족은 문명화된 로마인들의 눈에는 야만족으로 투영됐다. 이들은 대부분 부족 단위로 농업에 종사했고, 세련되지 못한 외모와 거친 행동으로 로마인들을 자극했으며, 무엇보다도 대부분 문맹文盲이었기 때문이다. 하지만 3세기경부터 게르만족들은 변경지대에서 로마인들 및 로마 군인들과 빈번하게 접촉하면서 점차 문명화되기 시작했다. 특히 게르만족 청년들 중 로마군대에서 직업군인으로 복무하는 숫자가 점차 늘어나면서 이들을 매개로 게르만족의 로마화와 반대로 로마의 게르만화가 빠르게 확산됐다. 전반적으로 4세기 중엽까지 로마와 게르만족의 관계는 그런대로 평화롭게 유지됐다고 볼 수 있다.

그러나 4세기 중반 이후 점차 상황이 악화되기 시작했다. 첫 방아쇠는 로마제국에서 동쪽으로 멀리 떨어진 중앙아시아에서 당겨졌다. 중원대륙의 힘에 밀려난 호전적인 훈족의 무리가 서쪽의 스텝지역으로 이주해 흑해 쪽으로 밀려 들어온 것이었다. 이는 곧 오래전부터 로마제국 국경선 밖 흑해 주변에 흩어져 살고 있던 여타 민족들 중 특히 고트족에게 심대한 타격을 입혔다. 생존을 위해 고트족은 정든 터전을 버리고 (동)로마 영토의 국경지대로 이동할 수밖에 없었다. 진퇴양난에 처한 고트족의 압력이 너무 강하다고 판단한 (동)로마의 발렌스 황제(재위 364~378)는 376년 이들에게 다뉴브강 도하渡河와 제국 국경 내 정착을 허용했다. 황제의 자비라기보다는 연거푸 이어질 다른 이민족들의 로마 영내로의 이주에 대비해 이들을 완충지대에 배치해 막으려는 속셈이었다.

그러나 이후 상황은 황제가 의도한 대로 흘러가지 않았다. 자신들에게 식량과 생필품 등을 제공해 주기로 약속한 로마인들이 이를 거절하고 심지어 악행마저 자행하자 마침내 378년 고트족의 불만이 폭발했다. 설상가상으로 이를 진압하기 위해 직접 출정한 발렌스 황제는 우둔한 작전으로 아드리아노플에서 벌어진 전투에서 로마제국 역사상 최악의 참패를 당하고 말았다. 황제마저 전사할 지경이었는지라 로마제국은 고트족에게 식량과 토지를 제공하는 등 대폭적인 유화책을 쓸 수밖에 없었다. 이후 4세기 말에 고트족의 영걸 알라리크가 서로마제국의 이탈리아반도를 향해 침략군을 몰고 갈 때까지 그런대로 평화가 유지됐다.

그런데 흑해 지역에서 고트족을 밀어낸 훈족이 계속 서진西進하면서 이번엔 더욱 심각한 혼돈을 촉발하고 말았다. 훈족이 비옥한 헝가리 평원지대에 이르면서 이곳에 거주하던 게르만의 여러 부족들이 일거에 로마제국의 라인강 변경지대로 이동하는 사태가 벌어진 것이었다. 긴장 국면이 이어지던 상황에서 마침내 5세기 초반(406~407)에 일이 터지고 말았다. 반달족이 중심이 된 게르만족의 연합세력이 라인강을 건너서 로마의 영토인 갈리아로 쳐들어온 것이었다. 이후 여기에 토벌 차 출정한 로마군 이외에 발칸반도에서 진격해 온 알라리크 휘하의 고트족까지 가세하면서 사태는 더욱 복잡하게 전개됐다.

반달족의 왕 가이세리크의 로마 약탈

　결국 410년 천년 제국의 심장 격인 도시 로마가 게르만족(고트족)에게 점령 및 약탈당하는 초유의 상황이 벌어졌다. 이는 천년 제국의 수도로서의 위용과 신비성을 일거에 무너뜨리는 상징적 사건으로 그것이 가한 심리적 충격은 컸다. 일단 봇물이 터진 방파제가 속수무책으로 무너져 내리면서 이민족의 침략은 이어졌다. 455년에는 북아프리카에 세력 거점을 확보한 반달족이 로마를 약탈했고, 심지어는 아틸라의 명성을 등에 업은 훈족마저 로마를 침공할 정도였다.

　이처럼 이민족의 위협과 침략이 이어지는 상황 속에서도 서로마제국 내부에서는 제위帝位를 놓고 서로 죽고 죽이는 권력 암투가 끊임없이 이어졌다. 당연히 황제의 얼굴은 자주 바뀌었고, 그로 인해 이민족의 간섭과 침략에 대해 별다른 방책을 내세울 수도 시도할 수도 없었다. 황제의 자리는 군권을 장악한 이민족 지휘관의 손아귀에 달려 있었다. 이때 등장한 인물들 중 하나가 바로 아틸라 충신忠臣의 아들로서 아틸라 사후 추종자 무리를 이끌고 다뉴브강 유역에서 서로마제국으로 넘어온 오도아케르였다. 쿠데타를 통해 정치적 권력까지 장악한 그는 476년 허수아비에 지나지 않던 로물루스 황제를 형식상 원로원의 의결을 거쳐서 재위 1년 만에 폐위시키고 말았다. 이 사건은 당시 로물루스 이전 20년 동안 무려 9명의 황제가 연이어 바뀔 정도로 혼란했던 정치사의 연장선에 있는 단막극에 불과했을지 모르나, 이후 역사는 이를 로마제국의 몰락을 최종적으로 선고한 사건으로 기억하고 있다.

2막

476년 이민족 혼성 부대의 수장首將이던 오도아케르는 무기력한 존재였던 로물루스 아우구스투스를 서로마제국 마지막 황제 자리에서 쫓아냈다. 이와 함께 천년 제국 로마의 영광도 저물었다. 그렇다면 왜 명색이 서로마제국의 최고 통치자였던 로물루스는 아무런 반항도 하지 못한 채 일개 게르만 족장의 강요에 순응해야만 했을까? 이에 대한 답을 찾기 위해서는 1964년 제작된 영화 〈로마제국의 멸망〉(소피아 로렌과 스티븐 보이드 주연) 이래로 대중매체에서도 단골 메뉴로 다루곤 하는 로마제국의 몰락 원인에 대해 주

오도아케르에게 왕관을 넘기는 로물루스 아우구스투스

목해야 한다. 로물루스가 허망하게 퇴위할 수밖에 없던 이면에는 로마 제국 국력의 쇠퇴라는 긴 그림자가 짙게 깔려있었기 때문이다.

그렇다면 '영원의 제국' 로마는 왜 몰락했을까? 무려 천년이나 이어진 거대 제국이 사라졌으니 그 원인에 대한 설명도 당연히 다양하고 복합적일 수밖에 없다. 로마제국 멸망 직후부터 이어져 온 원인 논쟁에서 가장 잘 알려진 인물은 아마도 18세기 영국의 역사가 에드워드 기번 Edward Gibbon(1737~1794)이 아닐까 한다. 그는 1776년 《로마제국 쇠망사》 제1권을 시작으로 1788년까지 총 6권의 책을 선보였다. 시간상으로는 1세기 로마부터 15세기 비잔티움제국까지 망라하면서 로마제국의 몰락 과정과 원인을 고찰하고 있다. 그가 제국 멸망의 주요인으로 지목한 것은 그리스도교였다. 로마의 그리스도교화로 투쟁보다는 이웃 사랑을, 현세보다는 내세의 삶과 행복을 강조하는 경향이 우세해지면서 로마인의 전통적인 애국심과 상무정신이 쇠퇴하여 결국 멸망으로 이어졌다는 논리였다.

기번 이래로 서양의 역사가 흘러오면서 다양한 주장들이 제기됐다. 이는 게르만족의 이동, 로마 내부의 취약성 심화, 그리고 그리스도교의 영향 등으로 개괄할 수 있다. 역사가와 시대에 따라 몰락 원인을 바라보는 강조점이 달라져 왔으나 르네상스 이래로 줄기차게 큰 비중을 차지한 요인은 게르만족의 이동과 침략이 로마 사회에 가한 충격이었다. 그런데 여기에서 게르만족과 로마와의 관계가 하루아침에 형성된 것이 아니라는 점을 주목할 필요가 있다. 공화정 말기 이래 로마제국이 그 영역을 유럽 북동부로 확장하면서 라인강과 다뉴브강 주변에 살고 있던 게르만족과의 접촉 및 충돌은 불가피했다. 거의 300여 년을 회유와 매수買受를 통한 분열정책, 간헐적으로 벌인 응징 성격의 원정작전 등을 통해 그런대로 유지되어 온 통제정책이 4세기 중반에 접어들면서 효력을 잃고 말았다. 그러다가 이후 게르만족의 파상적 침략을 막아내지 못하고 끝내는 몰락하고 말았다.

사태가 이 지경에 이른 이면에는 로마제국 국력의 점진적인 위축과 그로 인한 로마군대의 약화를 꼽을 수 있다. 하지만 반면에 오랜 기간 야만족이라고 경멸하면서 무시해 온 게르만족의 흥기興起를 결코 무시할 수 없다. 로마가 하드리아누스 황제 이래 영토팽창을 자제하고 라인강과 다뉴브강 이남 지역을 방어하는 시스템으로 전환하면서 게르만족은 정복 대상에서 관리 및 활용 대상으로 바뀌었다. 변경지대에서부터 점차 로마인들과 인적 및 물적 교류가 이뤄지면서 게르만족도 문명화의 싹을 틔우게 됐다. 더욱이 병역 기피 풍조의 만연으로 부족해진 로마군단병의 빈자리를 게르만족 청년들로 채우게 되면서 이들을 통해 로마의 문화와 재화가 자연스럽게 게르만 사회에 전파됐다. 한마디로 조직력과 경제력 향상으로 꾸준히 축적되어 온 게르만족의 힘이 4세기 후반 훈족의 서진이라는 충격이 가해지면서 로마제국을 향해 본격적으로 발산되기 시작한 것이었다.

그렇다면 왜 서로마제국은 게르만족의 침략을 막을 수 없었을까? 무적을 자랑하던 로마군단에 무슨 일이 벌어진 것일까? 장기간 누적되어 온 결과이기는 하나 5세기 초에 이르러 로마군단은 형편없이 약화되어 있었다. 다양한 요인 중에 가장 분명한 것은 제국의 변경지방 수비대 유지에 필요한 중앙정부로부터의 인적 및 물적 지원이 빠르게 고갈되어 갔다는 점이다. 해마다 중앙의 세수稅收가 급감하면서 지원은 고사하고 제국 중앙정부를 유지하기에도 급급한 실정이었다. 이러한 상황에서 변경의 주둔 병사들은 훈련보다는 먹고 사는 일에 더 많은 관심과 시간을 쏟게 됐고, 로마군단의 전투력은 빠르게 약화됐다.

설상가상으로 그나마 남아있던 로마군단의 정예병력 대부분은 사산조 페르시아제국의 위협으로부터 부유한 제국 동부를 지키기 위해 계속해서 소아시아 방면으로 이동 배치됐다. 상황이 이러하다 보니 강력해진 게르만족 군대가 라인강을 건너서 물밀 듯이 쳐들어왔을 때, 로마군은 속수무책일 수밖에 없었다. 심지어는 게르만 군대에 자진하여 투항하는 사례도 비일비재하게 벌어졌다. '무적의 로마군단'이라는 명성은 어느새 신화 속 저편으로 사라져버리고 말았다.

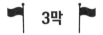

3막

476년 서로마제국의 몰락은 이후의 역사전개에 어떠한 영향을 끼쳤을까? 직접적으로는 서유럽 세계를 한동안 아수라장으로 만들었다. 사실상 로물루스 황제의 폐위는 상징적인 사건에 불과했다. 장기간 지속된 이민족들의 이동으로 5세기 후반기에 이르면 서로마제국의 영토는 이미 게르만의 다양한 부족들에 의해 점령되어 겨우 이탈리아반도만 남은 상태였기 때문이다. 서로마제국 곳곳에 게르만족 왕국들이 등장해 서로 치열하게 경합을 벌였다. 이후 약 2~3세기 동안의 분열시대를 거치면서 유럽은 점차 프랑크 왕국을 중심으로 재통일되기 시작했다. 본격적인 중세시대로 접어든 것이었다.

정치체로서 로마는 사라졌으나 "로마는 세계를 세 번 정복했다"는 말처럼 이후 세계사 전개에 지속적으로 영향을 미쳤다. 특히 문화적 및 사상적 측면에서 두드러졌다. 우선, 유대인의 종교에서 배태한 그리스도교를 수용하고 국교화해 중세 유럽인들의 삶과 정신세계를 지배했다. 실질적인 측면에서는 로마법과 각종 제도(관료제도, 군대제도, 조세제도 등)의 모형을 창안함으로써 서구문명이 발전할 수 있는 토대를 제공했다. 창의성에서는 그리스인들에게 뒤졌을지 모르나 광대한 제국의 통치와 운용에 필요한 실용적 문명을 창출한 측면에서 로마인들은 가히 천재적 수완을 발휘했다.

엄밀한 의미에서 476년은 서로마제국이 몰락한 해에 불과할 뿐 로마제국 전체의 소멸은 아니었다. 제국의 동부는 여전히 건재했고, 그곳 주민들은 자신들을 여전히 로마인으로 인식하고 있었다. 무엇보다도 이들은 1453년 오스만튀르크 군대에 함락될 때까지 또 다른 천년의 세월을 버텨갈 것이었다.

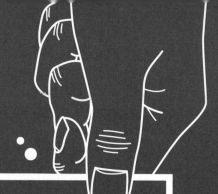

726년 성상파괴령 선포

레오 3세는 왜?

성상숭배를 금지시키려고 했을까?

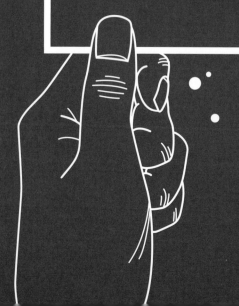

오늘날 그리스도교는 여러 갈래로 나뉘어져 있다. 하지만 1517년 마르틴 루터가 불붙인 종교개혁 이전만 하더라도 서방의 로마가톨릭과 동방의 그리스(러시아)정교로 대별할 수 있었다. 그렇다면 '보편적Catholic'이란 단어의 의미처럼 원래 하나였던 그리스도교가 언제 그리고 왜 둘로 분열됐을까? 그 직접적 계기가 된 사건이 바로 726년에 반포된 성상聖像 파괴령이다.

그렇다면 당시 동로마제국의 황제였던 레오 3세Leo Ⅲ(재위 717~741)는 왜 성상파괴령이란 극단적 조치를 발했을까? 이에 대한 저항은 없었을까? 그리고 이는 이후 교회사 및 세계사에 어떠한 영향을 끼쳤을까?

🚩 1막 🚩

476년 서로마제국이 게르만족에게 숨통이 끊기면서 '영원한 제국' 로마도 그 기운이 다하는 듯이 보였다. 하지만 이는 역사 전개의 한쪽 측면일 뿐이었다. 제국의 동부에서는 콘스탄티노플에 뿌리를 내린 동로마제국(이하 비잔티움제국)이 이후 1천년 동안이나 더 버티었다. 특히 유스티니아누스 황제 통치기(재위 518~527)에는 적극적인 서진西進 정책으로 발칸 및 이탈리아반도, 더 나아가서는 북아프리카까지 탈환, 로마제국의 옛 영광을 재현하는 위세를 보였다. 아쉽게도 유스티니아누스 이후에는 점차 세력이 약화되어 7세기 중반 이후에는 중동 지역에서 새로운 강자로 떠오른 이슬람 세력의 위협에 끊임없이 시달려야만 했다.

원래 아라비아 사막에서 무함마드에 의해 창시된 이슬람은 초기에는 별다른 위협세력이 아니었다. 하지만 점차 강성해져서 비잔티움제국의 오랜 숙적이던 사산조 페르시아제국을 멸망시키고, 이어서 비잔티움제국의 소아시아와 이집트 영토를 잠식해 갔다. 이후 북아프리카를 거쳐 모로코까지 이르렀고, 급기야 710년에는 내분에 휩싸인 서고트 왕국의 지원 요청을 빌미로 지브롤터 해협을 건넜다. 상륙하기가 무섭게 이들은 이베리아반도에 할거하던 대소大小 왕국들을 차례로 점령해 갔다. 8세기 중엽엔 피레네 산맥 이남의 대부분 영토를 차지한 것도 모자라 그 너머 갈리아 땅을 위협하기에 이르렀다.

동시에 동부에서는 두 차례(668~669, 716~718)에 걸쳐서 콘스탄티노플에 대한 직접 공격을 시도했다. 비밀병기인 일명 '그리스 불'의 도움으로 간신히 이슬람군의 침략을 막은 비잔티움제국은 이후 1453년 멸망할 때까지 이슬람제국과 한 치의 양보도 없는 사생결단의 싸움을 벌여야만 했다. 설상가상으로 제국의 북부에서는 또 다른 이민족들이 끊임없이 비잔티움제국의 영토를 노렸다. 결국 발칸반도와 다뉴브강 남부 영토는 북방 이민족의 수중으로, 그리고 시리아, 이집트, 북아프리카 지역은 이슬람 군대의 손아귀로 떨어지고 말았다.

비잔티움제국의 약화는 직접적으로는 이슬람제국의 흥기와 그에 따른 위협이라는 외부요인에 있었으나, 최전성기라고 하는 유스티니아누스 1세 때부터 이미 쇠퇴의 조짐이 싹터 왔다고 보는 것이 타당하다. 유스티니아누스 황제가 역사에 남을 만한 업적들을 남긴 것은 분명하다. 하지만 속을 들여다보면 이는 모두 막대한 비용을 요구하는 과업들이었다. 예컨대, 성^聖 소피아 성당 건설, 국경지대에 수많은 요새 건설, 서방 원정, 무엇보다도 사산조 페르시아와 평화조약 체결 조건으로 지불한 막대한 조공금 등의 지출로 인해 튼실했던 제국의 재정상태가 악화되기 시작했던 것이다. 늘어나는 비용 충당을 위해 새로운 세금 항목들이 늘어나면서 제국 주민들의 부담은 커졌고, 이에 비례하여 비잔티움 황제의 통치에 대한 불만도 고조됐다.

이처럼 유스티니아누스 황제가 제국을 재정 불량 상태로 남겨 놓으면서 그의 후계자들은 제국 운영에 어려움을 겪었다. 9세기에 이르러 재정 능력이 어느 정도 회복될 때까지 비잔티움제국은 내우외환에 시달리게 됐다. 7~8세기에 제국은 빠르게 쪼그라들었다. 용병에 의지하고 있던 군사조직은 재정 부족으로 와해됐다. 그러다 보니 제국의 북방에서 가해오는 아바르족과 슬라브족의 위협과 남방에서 올라오는 이슬람군의 침입에 속수무책으로 당할 수밖에 없었다.

이러한 이민족의 침략은 고립무원이던 비잔티움제국에게 이중고로 작용했다. 왜냐하면 6세기에 대외교역을 주축으로 번성하던 제국의 상공업은 이슬람 군대가 곡물의 주 생산지인 이집트와 동방 물산의 집결지인 시리아를 점령하고, 이어서 크레타섬까지 차지한 탓에 해상무역이 거의 막혀 버렸기 때문이다. 물론 제국의 북방 및 서방과의 교역까지 단절된 것은 아니었기에 그럭저럭 견디기는 했다. 현상유지의 상황 속에서도 거래 품목과 거래량의 감소 및 교역 지역의 축소는 불가피했다.

바로 이처럼 대내외적으로 제국이 힘든 시기에 레오 3세가 비잔티움제국의 황제 자리에 올랐다. 원래 그는 시리아의 로마 도시 게르마니키아(현 터키의 마라시)에서 평범한 농민의 아들로 태어났다. 이후 제국의 이주정책에 의해 어린 시절 트라키아 지방으로 옮겨 갔다. 그곳에서 큰 재산을 모은 그는 재력과 정세 변화를 간파하는 처세술로 출세 가도를 달렸다. 715년에는 소아시아 지방 최대 군관구(전국을 몇 개로 나누어 통치한 행정·군사 단위)인 아나톨리콘의 사령관 자리에 올랐다. 이후 뛰어난 외교 솜씨를 발휘하여 이슬람군의 소아시아 침공을 저지하면서 전국적인 인물로 부상했다. 이러한 명성을 등에 업고 비잔티움제국 내 정치 파벌들끼리의 알력을 십분 활용, 마침내 717년 3월 테오도시우스 3세 황제를 밀어내고 황제의 자리에 올랐다.

레오 3세

황제로서 그가 만난 첫 시험대는 이슬람군의 콘스탄티노플 침략이었다. 공교롭게도 그가 등극한 원년 여름 그동안 제국의 이집트 및 시리아 지역을 점령하면서 기세등등해진 8만에 달하는 이슬람 대군이 이번에는 제국의 심장인 콘스탄티노플로 쇄도한 것이었다. 이들은 거의 1년 동안 도시로 통하는 모든 길을 봉쇄한 채 콘스탄티노플을 공격했다. 이미 제위에 오르기 전부터 소아시아에서 이슬람인들을 상대해온 레오 3세는 당시 대내외적 요인들을 적절히 활용하여 이슬람 대군을 격퇴하는 데 성공했다. 그의 명성이 올라간 것은 당연했다. 그런데 이러한 상황에서 그는 왜 성상파괴령이라는 악수惡手를 두었을까?

2막

이슬람 세력의 위협이 상존하는 상황에서 왜 레오 3세는 교회의 반발이 예상됨에도 불구하고 성상파괴령을 내렸을까? 로마교회와 비잔티움교회(요즘에는 이를 로마가톨릭, 그리스정교회로 칭함)의 공식적인 분열은 1054년이었다. 긴 세월을 두고 갈등 관계가 점진적으로 누적되어 온 결과였으나, 동서교회가 서로 돌아올 수 없는 강을 건너도록 만든 결정적 계기는 바로 726년 레오 3세의 조치였다.

엄밀한 의미에서 동서교회 분열의 씨앗은 로마제국 통치기까지 거슬러 올라갈 수 있다. 하나의 제국 내에서 서방과 동방은 서로 이질적인 문화를 형성해 왔다. 제국이 속주로 삼은 지방들의 문화적 전통이 다른 점은 차치하고라도 무엇보다도 공식 언어가 달랐다. 로마제국은 오늘날 크로아티아 지역을 경계로 서방에서는 라틴어를, 동방에서는 헬라어(그리스어)를 공식 언어로 사용했다. 게다가 4세기 중반 이후 벌어진 콘스탄티노플로의 수도 이전, 서로마제국의 멸망 등 굵직한 사건들은 양측의 차이를 가속화시켰다. 6세기 말 이후에는 지중해의 제해권마저 이슬람 해군에게 빼앗기면서, 동서 양 진영 간의 교류는 더욱 줄어들었다.

교회사적인 측면에서도 로마와 콘스탄티노플 간의 경쟁 관계는 점차 심화되어 왔다. 313년 밀라노 칙령으로 그리스도교가 공인된 이래 지중해를 중심한 그리스도교 세계에는 5개의 총대주교 도시들(로마, 콘스탄티노플, 예루살렘, 안티오크, 알렉산드리아)이 있었다. 그런데 7세기에 접어들어 이집트와 시리아 지역이 이슬람 세력의 수중으로 떨어지면서 자연스럽게 로마와 콘스탄티노플, 두 도시만 남게 됐다. 이러한 상황에서 로마는 베드로의 순교지이자 교황이 그의 후계자라는 성경상 근거를 내세운 데 반해, 콘스탄티노플은 황제가 거주하고 있는 로마제국의 진정한 수도라는 현실을 강조하면서 그리스도교 세계의 주도권 다툼을 벌였다.

바로 이러한 때 공포된 레오 3세의 성상파괴령은 그나마 남아 있던 동류의식을 날려버리고 말았다. 성상 허용 여부를 둘러싼 논쟁은 동서 로마가 정치체제, 지역적 상황, 그리고 언어 등에서 장기간 서로 다른 길을 걸어왔음을 일거에 표출시킨 사건이었다. 726년 황제 레오 3세는 당시 교회와 수도원에서 통상적으로 이뤄지고 있던 성상聖像숭배를 성경 말씀에 위배되는 우상 숭배로 간주하고 제국 영내의 모든 성상을 없애라는 명령을 내렸다. 물론 이에 대해 비잔티움제국 내부에서 반발이 없었던 바는 아니었다. 문맹이 대부분이던 시절에 성상은 일반대중에게 예수와 그와 관련된 교회의 교리를 교육하고 이해시키는 데 매우 효과적인 도구였기 때문이다. 황제는 자신의 권력이 작동한 동방에서는 이를 관철시키는 데 나름대로 성공했다.

하지만 문제는 그가 이를 자신의 영향력이 미약한 서방교회에도 강요한 점이었다. 당시 로마교회의 수장首長이던 그레고리우스 2세Gregorius II(재위 715~731) 교황은 종교 문제에 대한 레오 3세의 개입을 부당한 처사라고 항의하면서 성상파괴 정책을 공식적으로 반대했다. 성상 사용여부는 교회가 결정할 사안으로 황제는 교회의 일에 간섭할 권한이 없다고 선언했다.

사실상 동방교회에서처럼 서방교회에서도 오래 전부터 이교도들에 대한 선교와 교화라는 현실적 목적을 위해 예수, 마리아, 성인 등을 그린 그림이나 조각상 및 십자가상을 교회에 설치 및 활용해 왔다. 그 결과 6세기경에 이르면 교회에서의 성상 사용은 이미 보편적 현상으로 자리 잡았다. 이러한 실상을 무시한 채 레오 3세가 서방교회에 대해서조차 성상파괴 조치를 강제하려하자 그동안 쌓여온 불만이 터지고 말았던 것이다.

그렇다면 레오 3세는 왜 성상파괴 정책을 밀어붙였을까? 앞에서 살펴보았듯이, 레오 3세는 이슬람 군대의 거센 침략으로 풍전등화의 위기에 처했던 콘스탄티노플을 지켜낸 황제였다. 이슬람 세계와 접촉 및 투쟁하는 과정에서 원래 신앙심이 돈독했던 그는 모든 종교적 형상形像을 철저하게 금지하는 이슬람 교리에 깊은 감명을 받았다. 그 결과 황제가 제국의 종교 상태를 성서 기록에 입각해 정화淨化할 필요가 있다는 결단에 도달했다는 추론적 주장이 있다. 이러한 종교적 요인에 더해 아마도 급진적인 종교정책을 통해 날로 영향력이 강해지고 있던 교회에 대한 통제권을 재정비하고, 성상숭배를 빙자한 재산 증식으로 국가재정을 좀먹고 있던 수도원 세력을 견제하려는 속셈을 갖고 있었다. 물론 무엇이 진정한 동기였는지는 아마도 레오 3세 자신만이 알 것이었다.

3막

레오 3세의 성상파괴령은 이후 역사 전개에 어떠한 영향을 끼쳤을까? 물론 성상숭배를 둘러싼 논쟁은 726년 이후에도 금지와 허용을 반복하면서 지속됐다. 하지만 이러한 와중에 종교적 관용의 폭은 더욱 좁아졌고, 특히 비잔티움제국의 경우 종교를 통치 이데올로기로 활용하려는 경향은 더욱 노골화됐다. 성상파괴 정책으로 인해 소중한 문화유산들이 우상이라는 명목으로 대거 파괴됐다. 종교가 중시된 시대인지라 예술품이란 것이 대부분 그리스도교와 관련된 것들이었기에 성상이나 성화 등을 제외할 경우, 당대 예술세계는 진공상태나 마찬가지였다. 물론 황제의 권력이 미약했던 제국 변경의 수도원에는 일부 성상들이 보존될 수 있었고, 이것들을 통해 그나마 당대 종교와 문화의 흐름을 엿볼 수 있다.

무엇보다도 이 조치로 인해 서방 라틴어권과 동방 그리스어권 간의 종교적 간극은 더욱 벌어졌다. 서로 다투기는 했으나 그 이전까지 로마교회의 교황은 비잔티움 황제의 권위를 인정하고 가능한 한 황제의 요구에 순응하는 태도를 보였다. 그런데 성상파괴령 강요로 인해 로마교황은 노골적으로 황제에게 반대하는 방향으로 나아갔다. 결국, 이는 단기적으로는 800년 프랑크 왕국의 지도자 샤를마뉴가 로마교황으로부터 세례를 받고 로마제국의 정통 후계자로 인침漲沈 받는 사건으로 표출됐다. 장기적으로는 1054년 동서방 교회의 공식적인 분열과 대립으로 나타났고, 양자 간의 적개심은 1204년 제4차 서유럽 십자군 원정대에 의한 콘스탄티노플 약탈로 더욱 심화됐다. 이처럼 누적되어 온 동서 교회의 갈등과 반목은 다른 다양한 요인들과 결합되어 1453년 이슬람 군대의 콘스탄티노플 공략 시 그리스도교권 전체의 일치된 대응을 불가능하게 만들었다. 고립무원에 처한 비잔티움제국의 멸망은 단지 시간문제에 불과했다.

성상파괴를 묘사한 그림

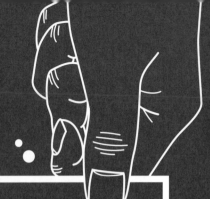

732년 투르-푸아티에 전투

카를 마르텔은 왜?
병력을 이끌고 프랑스 남서부로
황급히 달려갔을까?

그리스도교 사회라는 관점에서 유럽의 역사를 볼 때, 유럽 전체가 이교도의 수중으로 떨어질 뻔한 경우가 적어도 두 차례 있었다. 8세기 중엽 남쪽으로부터 치고 올라온 이슬람군의 위협과 13세기 중엽에 동쪽으로부터 쇄도한 몽골군의 침략을 꼽을 수 있다. 후자의 경우 외적이 스스로 홀연히 사라져버린 천운天運 덕분이었던데 비해, 전자의 경우 자력自力으로 위기를 극복할 수 있었다. 476년 서로마제국이 몰락한 이래 우후죽순처럼 등장한 게르만 왕국들중 하나에 불과했던 프랑크 왕국은 7세기에 오면서 갈리아의 강국으로 대두하기 시작했다. 특히 메로빙거 왕조 시대에 프랑크 왕국의 정복사업은 보다 활기를 보였다. 그 중심에 바로 궁재宮宰, Mayor of Palace로서 왕국의 실력자였던 카를 마르텔Karl Martell(라틴어 원명은 카롤루스 마르텔루스)의 활약상이 있었다.

그런데 732년 가을, 그는 황급하게 왕국의 정예 병력을 이끌고 갈리아 남서부로 출동해야만 했다. 왜 그랬을까? 과연 그곳에서는 무슨 일이 벌어졌던 것일까? 그리고 이 사건이 이후 중세 유럽사 및 세계사에 미친 영향은 무엇일까?

1막

476년 서로마제국이 몰락한 이래 과거 로마제국의 서부영역에는 게르만족의 다양한 부족들이 세운 독립왕국들이 우후죽순으로 들어섰다. 이들은 바로 갈리아(오늘날 프랑스 지역) 동남부에 등장했던 부르군트 왕국, 갈리아에서 이베리아반도로 밀려난 서고트 왕국, 이탈리아반도 동남부를 장악했던 동고트 왕국, 이탈리아 북부의 롬바르드 왕국, 그리고 북아프리카에서 반짝했던 반달 왕국 등이었다. 하지만 이들 중 최종적으로 갈리아 지방을 차지하고 이후 중세 유럽 초기 역사의 주인공으로 대두한 세력은 바로 프랑크 왕국이었다.

그렇다면 프랑크 왕국은 어떻게 갈리아 지방의 강자로 부상할 수 있었을까? 5세기 중엽 서로마제국이 몰락한 이후 갈리아의 맹주는 서고트족이었다. 당시 서고트족의 리더였던 에우리크는 오도아케르에게 협력하는 대가로 갈리아 거의 전체에 대한 지배권을 양도 받았다. 심지어 그는 갈리아를 넘어 이베리아반도까지 넘볼 정도였다. 그런데 서고트족 단합의 구심점이었던 에우리크의 이른 사망 후 그의 어린 아들(알라리크 2세)이 즉위하면서 서고트족의 위세도 시들기 시작했다.

이와는 대조적으로 오늘날 프랑스 북부와 벨기에 사이의 아헨 지방에서 출발한 프랑크족이 점차 새로운 강자로 부상했다. 그 중심에 클로비스Clovis I(재위 481~511)라는 인물이 있었다. 어린 나이에 프랑크족의 통치권을 이어받은 클로비스는 탁월한 지도력을 발휘하여 휘하 병력을 이끌고 군사적 승리를 이어갔다. 특히 그는 노획한 전리품을 병사들에게 분배하는 아량으로 다른 부족민들도 유인하는 지도력을 발휘했다. 먼저 5세기 말에 독일의 쾰른을 거점으로 독일 남부로 세력을 확장한 다음, 6세기 초엽에는 갈리아의 맹주였던 서고트족에게 도전장을 던졌다. 내부 분쟁에 휩싸여 있던 서고트 왕국의 알라리크 2세는 병력의 우세에도 불구하고 클로비스의 상대가 되지 못했다. 서고트족에 이어서 갈리아 동부의 부르군트 왕국도 클로비스 군대의 말발굽에 굴복당하고 말았다. 6세기 중엽 비옥한 갈리아 전체를 차지한 클로비스는 메로빙거 왕조를 창건했다.

클로비스는 세상의 변화에 민감하게 반응한 지도자였다. 그는 일찍이 정통 그리스도교(아타나시우스파)로 개종하고 교황으로부터 세례를 받았다. 그 덕분에 그는 합법적인 군주이자 교회의 구원자라는 칭송을 받았다. 또한 그는 풍요로운 데다가 로마화의 정도가 높았던 갈리아를 부족의 뿌리로 둔 이점을 십분 활용했다. 즉, 다른 게르만 부족들이 일거에 한 곳에서 다른 곳으로 근거지를 옮겨 다닌 데 비해, 프랑크족은 초기 정착지인 아헨 지방을 본거지로 고수한 채 영토를 축차적으로 넓혀갔던 것이다. 이처럼 이동의 폭이 짧았던 덕분에 설혹 일시적으로 패배하더라도 수월하게 재기할 수 있었다.

그러나 클로비스 사후에 메로빙거 왕조의 프랑크 왕국은 점차 팽창의 여력을 상실했다. 어리고 허약한 국왕의 계승이 반복되면서 7세기 중엽 이래 실제 권력은 일명 '궁재宮宰'라고 불린 귀족 실력자의 손아귀에 놓이게 됐다.

한편, 서로마제국 멸망 후 벌어진 권력 판도의 변화가 서유럽 지역에만 국한된 것은 아니었다. 저 멀리 지중해 남쪽 열사熱砂의 땅, 중동 지역에서도 빠르게 지각변동이 일어나고 있었다. 아라비아반도의 통상 및 종교 중심도시 메카 출신인 무함마드가 신의 계시를 받아 610년경에 창시한 이슬람이 바로 그 주인공이었다. 이슬람이라는 종교 교리로 아랍 유목민들을 결속시킨 무함마드의 후계자들(칼리프라 불림)이 그의 사후 축적해온 폭발력을 외부로 발산하기 시작했다. 그 첫 번째 대상은 오랫동안 중동 지역을 차지하고 있던 비잔티움제국이었다. 아라비아반도 북서쪽 시리아의 중심도시인 다마스쿠스에 대한 공격을 신호탄으로 636년경에는 팔레스타인의 유서 깊은 도시들까지 점령했다.

이어서 중동의 전통적 강국 사산조 페르시아마저 손아귀에 넣은 이슬람군은 630년대 말부터 정복의 말머리를 반도 서쪽으로 돌렸다. 전광석화로 이집트를 차지한 이슬람군은 북아프리카 사막을 가로질러 8세기 초반에는 서쪽 끝인 모로코의 탕헤르에 이르렀다. 기병 위주의 이슬람 군대가 빠른 기동성을 발판으로 이룩한 놀라운 성취였다. 무함마드가 신흥종교를 창시한 지 불과 100년도 지나지 않아서 이슬람 세력은 중동에서부터 북아프리카에 이르는 대제국을 건설한 것이었다.

그런데 이슬람의 영토 팽창을 향한 열망은 여기에서 만족하지 못했다. 특히 비잔티움제국의 심장인 콘스탄티노플에 대한 두 번에 걸친 점령 시도에 실패하면서 유럽의 다른 지역을 노렸다. 절호의 기회가 의외로 빠르게 찾아왔다. 710년 내분에 휩싸였던 서고트족이 모로코에서 이베리아반도를 노리고 있던 이슬람 군대에게 도움을 요청한 것이었다. 이후 벌어진 상황은 토끼굴로 여우를 불러들인 거나 마찬가지였다. 지브롤터 해협을 건넌 이슬람 군대가 잠깐의 망설임도 없이 숨겨온 이빨을 드러냈기 때문이다. 빠르게 이베리아반도를 석권한 이들은 8세기 초경 피레네 산맥 넘어 갈리아 남부까지 넘보기에 이르렀다. 막강한 이슬람 기병대의 위력 앞에 망연자실하고 있던 서유럽 세계에 한 구원자가 등장했으니, 그가 바로 프랑크 왕국의 궁재 카를 마르텔이었다.

732년 10월 카를 마르텔은 오늘날 프랑스 남서부 투르에서 벌어진 충돌Battle of Tours에서 이슬람 군대를 물리치고 승리했다. 이전에 벌어진 다른 유명 전투들에 비해 실제 동원된 병력의 규모는 크지 않았다. 하지만 이 전투가 지닌 역사적 의미는 매우 컸다. 일찍이 역사가 에드워드 기번이 "전 세계의 역사를 바꿔놓은 적과의 조우"라고 평가한 것처럼, 이날의 승리로 유럽 그리스도교 세계는 지속되어 온 이슬람 세력의 위협으로부터 한시름 놓을 수 있었다. 전장인 투르로부터 당대 유럽의

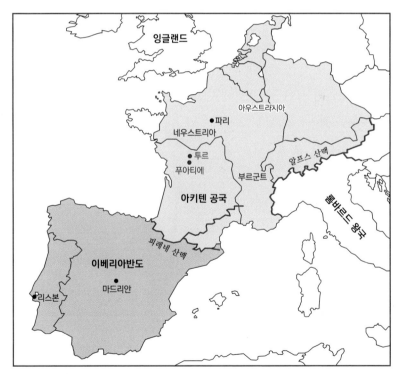

투르-푸아티에의 위치

중심도시 파리까지의 거리는 200여 마일(약 321킬로미터)에 불과했다. 따라서 이 전투에서 패했을 경우 이슬람 군대가 곧장 파리로 진격했을 것이라는 주장은 상당한 설득력을 갖고 있다.

이슬람 정복자들이 노리고 있을 당시 갈리아 지방은 통합된 국가권력이 부재한 채 군소 왕국들이 난립하고 있었다. 일찍이 로마를 쳐부수고 갈리아에 터전을 마련했던 서고트족은 프랑크족에게 패해 이베리아반도로 쫓겨난 상태였다. 서고트족은 새로운 땅에서 조차 힘센 귀족들 간의 알력 다툼으로 7세기 이후 왕권이 유명무실해졌다. 이전투구의 와중에 외세를 끌어들여서라도 권력을 차지하려는 자들이 나타났다. 급기야 지브롤터 해협 너머에서 침략의 기회를 엿보고 있던 이슬람 세력에게 손을 내밀고 말았다.

711년 타리크가 이끄는 이슬람 군대가 해협을 건너서 이베리아반도에 상륙했다. 이들의 침공에 맞선 서고트족 로데릭 왕의 군대는 별다른 저항도 해보지 못한 채 무너지고 말았다. 서고트 왕국을 정복한 이슬람군은 파죽지세로 북상하여 718년경 이베리아반도 전체를 장악하기에 이르렀다. 하지만 이슬람 군대의 진격은 여기에서 멈추지 않았다. 반도를 평정한 이슬람 기병대의 일부 병력이 피레네 산맥을 넘어 갈리아 남서부 아키텐 공작령에 출몰했다. 이후로도 약탈 성격의 기습공격이 지속적으로 이어

카를 마르텔

졌다. 마침내 732년 여름 코르도바의 이슬람 통치자 압둘 알 라흐만이 지휘하는 2만여 명의 기병대가 피레네 산맥을 넘어와 갈리아 남부를 휩쓸기 시작했다.

이에 다급해진 아키텐 공국의 오도 대공大公이 프랑크 왕국의 실권자였던 카를 마르텔에게 도움을 요청했다. 원래 로마 시대에 세도가 집안 노예들의 우두머리를 지칭한 용어였던 궁재는 이 시기에 이르러 왕궁의 귀족 신하들 중 가장 유능하고 신임을 받는 인물에게 부여한 직책으로 변했다. 메로빙거 왕들의 왕권이 약화되면서 상대적으로 귀족집단의 대표 격이던 궁재가 실질적 권력자로 부상했던 것이다. 최초의 궁재였던 피핀이 사망한 717년 새로 궁재에 오른 인물이 바로 피핀의 서자庶子로서 뛰어난 군사적 능력을 발휘한 카를 마르텔이었다. 그는 오도 공작의 지원 요청에 신속하게 응했다. 이슬람 군대가 빠르게 갈리아의 중심부로 접근하고 있다는 첩보를 접하면서 나름대로 고심해 왔기 때문이다.

732년 늦여름, 카를 마르텔은 약 1만 5천 명의 병력을 이끌고 출정했다. 주력군은 쇠미늘 갑옷을 입고 대형방패와 창칼을 든 중무장 보병이었다. 서둘러 갈리아 남부를 향해 이동한 이들은 732년 10월, 북상하고 있던 이슬람 군대에 맞서기 위해 투르 부근에 진을 쳤다. 특히 투르는 프랑크족의 국가적 성소聖所인 생 마르탱 성당의 소재지로서 이교도의 공격으로부터 반드시 수호해야만 하는 성스러운 장소였다. 바로 이곳에서 프랑크 왕국의 궁재 카를 마르텔과 이슬람군의 라흐만 장군이 역사에 회자될 만한 일전一戰을 벌일 참이었다.

처음에 양군은 진을 친 채 약 일주일 동안 간헐적인 소규모 탐색전으로 일관했다. 그러다가 8일째 되는 날 드디어 기병대를 앞세운 이슬람군이 본격적인 공격을 감행했다. 청년 시절부터 전장에서 잔뼈가 굵은 마르텔은 영리했다. 그는 주로 기병으로 구성된 이슬람 군대에 효과적으로 대응할 수 있는 장소와 전투방식을 택했다. 즉 병사들을 언덕배기 상단부에 그것도 과거 로마군의 방진方陣 대형으로 배치했다. 방패가 서로 맞물릴 정도로 밀착한 병사들은 창과 칼을 앞으로 내밀어서 기병의 돌격에 맞섰다. 이슬람 기병대의 파상공격에도 프랑크족 군사들은 필사적으로 방진 대형을 유지했다. 당대 한 목격자의 기록처럼 마치 '얼음벽'처럼 꿈쩍도 하지 않았던 것이다.

온종일 접전을 벌인 양측은 승패를 가리지 못한 채 야영에 들어갔다. 이튿날 날이 밝으면서 곧 닥쳐올 이슬람 기병대의 거센 공격을 대비하고 있던 프랑크족 병사들은 이상한 낌새를 느꼈다. 한참 시간이 지났는데도 이슬람 군 진영에서 아무런 기미가 없었기 때문이다. 곧 이슬람 군대가 밤사이에 감쪽같이 사라졌다는 정찰대의 보고가 들어왔다. 이후 알려진 바에 의하면, 전날 전투 중 이슬람군의 총사령관 압둘 라흐만 장군이 전사하면서 전의를 상실한 부대원들이 일부 전리품만을 챙긴 채 황급히 퇴각한 것이었다. 그동안 유럽 내에서 실전을 겪으면서 전술과 전기戰技를 연마해 온 카를 마르텔이 서유럽의 병사들을 이끌고 이슬람 기병대에 맞서서 승리했던 것이다. 이로써 유럽에서 거의 한 세기 이상 이어져 온 이슬람 세력의 위세는 그 동력을 잃고 말았다.

3막

투르 전투의 의미를 둘러싼 후대의 갑론을박이 어떠하든 간에 이는 분명히 기념비적인 승리였다. 이슬람 세력의 공세로부터 그리스도교 유럽을 구했음은 물론이고, 이날의 승전을 계기로 '무서운 악마의 군대'

로 각인된 이슬람군에 대한 공포를 떨쳐버릴 수 있었다. 더욱이 유럽의 군대는 이후 700여 년에 걸친 '재再정복운동'이라는 반격의 불씨를 마련할 수 있었다. 투르 전투 승리 후 프랑크 인들은 카를에게 마르텔, 즉 '망치'라는 별명을 붙여 주었고 이후로 그는 '카를 마르텔'로 불렸다. 더구나 그의 아들이 개창한 카롤링거 왕조에서 서로마 몰락 후 유럽을 재통일한 카를 대제(재위 768~814, 라틴어 원명은 카롤루스 마그누스)가 등장하여 오늘날 유럽문명의 정치적 초석을 놓았다.

투르 전투는 군사적 측면에도 유용한 영향을 미쳤다. 이슬람군과의 실전을 경험한 카를 마르텔은 기동의 중요성을 간파하고 기병을 양성하는 방향으로 군 개혁을 추진했다. 승리의 일등공신이 중무장 보병대임은 분명하나 개활지라는 갈리아 지방의 지리적 특성상 기동성이 결여된 보병부대로는 외적의 침입에 효과적으로 대처하기가 힘들다고 판단한 것이었다. 그가 물꼬를 튼 변화의 물결은 점차 확산되어 화약무기의 시대가 본격화되는 15세기 이전까지 거의 700년 동안 기병 우위의 시대를 열었다.

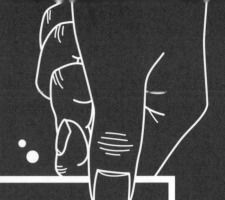

1066년 헤이스팅스 전투

월리엄 1세는 왜?

노르만 공작임에도

잉글랜드 왕위쟁탈전에 참여했을까?

우리가 영국을 여행하다보면, 웨스트민스터 사원이나 런던탑 등 런던 시내의 명소들이나 인근의 윈저성 등을 방문한다. 그런데 이곳들에서 빠짐없이 접하게 되는 이름이 있으니, 그가 바로 노르만 공작 윌리엄, 즉 윌리엄 정복왕William the Conqueror이다. 그는 영국의 왕위계승을 둘러싸고 벌어진 세력 다툼의 와중에 프랑스 노르망디의 영지에서 대규모 군대를 이끌고 브리튼 섬을 침공, 1066년 가을 잉글랜드 남부 헤이스팅스에서 영국 해럴드 왕의 군대를 격파하고 잉글랜드의 새로운 주인공으로 역사에 이름을 남겼던 것이다.

노르만계의 후손인 그는 왜 영불英佛 해협을 건너야만 했을까? 상륙한 후 벌어진 전투에서 어떻게 해럴드 왕의 군대를 무찔렀을까? 그리고 그의 승리는 이후 영국사에 어떠한 영향을 끼쳤을까?

서기 476년 서로마제국이 몰락한 이후 서유럽 지역은 스칸디나비아반도 일대에 흩어져 살고 있던 일명 바이킹Vikings(노르만족)의 침탈로 호된 시련을 겪었다. 9~11세기에 극성스럽게 자행된 이들의 무차별적인 약탈 행위로 인해 서유럽 사람들은 공포에 떨어야만 했다. 이 시기에 바이킹의 후예들이 이룩한 최대 성과는 노르만 공公 윌리엄의 잉글랜드 정복이었다. 그

정복왕 윌리엄

는 1066년 잉글랜드 남부에서 벌어진 헤이스팅스 전투Battle of Hastings의 승리로 '정복왕 윌리엄'이라 불리게 됐다.

서로마제국 멸망 후 무질서 속에 빠져있던 서유럽 지역을 재차 통합하고 안정화시킨 것은 다름 아닌 프랑크족Franks이었다. 오늘날 독일과 벨기에 국경 부근의 온천 도시인 아헨을 중심으로 영토를 확장한 프랑크족은 샤를마뉴Charlemagne 대제大帝 통치기에 서로마제국의 옛 영토를 거의 장악하기에 이르렀다. 하지만 강력한 군주 샤를마뉴의 사망 후 그의 제국은 세 아들에게 분할 상속됐는데 그로 인해 국력은 쇠퇴하고 지방분권화가 가속화됐다.

제국의 삼분三分으로 형제들 간에 갈등과 불안정이 지속되고 있던 상황에서 서유럽 세계는 로마 말기를 연상케 하는 또 다른 이민족의 침입으로 시련에 처하게 됐다. 9~10세기 말에 유럽의 중심부로 사방에서

이민족들이 밀려 들어왔다. 남쪽에서는 사라센인들이, 동쪽에서는 마자르인들이, 그리고 북쪽에서는 노르만인들이 쇄도하여 약탈과 파괴를 자행했다. 이러한 외침을 막아줄 강력한 중앙정부가 부재不在한 상황인지라 서유럽 전체가 혼돈의 나락으로 떨어졌다.

이들 세 이민족들 중 장기간에 걸쳐서 유럽의 심장부에 가장 큰 타격을 가한 것은 북쪽에서 내려온 노르만인들Normans이었다. 바이킹으로 더 잘 알려진 이들은 스칸디나비아반도 연안에 거주하면서 조상 대대로부터 발전시켜 온 뛰어난 조선술과 항해술을 이용, 9세기 말~11세기 중엽 유럽의 거의 모든 해안지방에 기습적으로 출몰해 만행을 저질렀다. 심지어 이들은 한때 서쪽으로는 아이슬란드와 그린란드까지, 동쪽으로는 우크라이나를 관통하여 비잔티움제국까지, 그리고 남쪽으로는 북아프리카까지 그 세력을 떨쳤다. 이들은 앞뒤가 거의 동일하게 생긴 가볍고 빠른 배를 타고 해안가에 인접한 마을과 도시를 약탈한 후 도주하는 '히트 앤드 런hit and run' 전술로 당시 유럽인들의 간담을 서늘하게 만들었다.

처음에는 해안지대에 국한되어 있던 바이킹의 공격은 점차 하천과 이어진 내륙지방 깊숙한 곳으로까지 확대됐다. 특히 그 지리적 위치상 8세기 이래 바이킹의 부단한 침략에 시달려온 프랑스 서부 해안지대는 거의 무법천지나 다름없었다. 더구나 당시 프랑크 왕국은 샤를마뉴 이래 세 조각으로 분열되어 격심한 내분에 휩싸여 있던 터인지라 이러한 바이킹의 약탈에 대해 거의 무방비 상태나 다름없었다. 이때 가까스로 찾아낸 묘책이 차라리 프랑스 중남부의 노르망디 지방을 힘센 바이킹 부족에게 양도하고, 이들을 이용해서 다른 바이킹의 약탈을 막자는 방안이었다. 오랑캐로 오랑캐를 견제한다는 유럽판 '이이제이以夷制夷' 방책이었다.

마침내 프랑크 왕국의 샤를 3세는 911년 바이킹의 한 세력과 생클레르쉬렙트 조약을 맺고, 최고 우두머리인 롤로Rollo에게 루앙Rouen 주변 및 센 강 하구 어귀를 봉토로 수여했다. 기대에 부응이라도 하듯 이곳에 정착한 롤로는 점차 약탈 행위를 멈추고 정착에 집중했다. 이러한 롤로 집단의 정착 생활에 대한 소식은 얼마 후 바이킹의 본거지인 스칸디나비아반도에도 전해졌다. 척박한 자연환경에서 항상 생계를 걱정해야만 했던 주민들이 대거 오늘날 노르망디 지방으로 이주해 왔다. 이들은 프랑스 왕국의 언어, 관습, 그리고 종교를 적극적으로 수용하면서 안정적으로 뿌리를 내려갔다. 927년 롤로의 뒤를 이어 공국公國을 이어받은 윌리엄 이래의 통치자들도 선조가 남긴 '공국의 생존은 프랑스 왕국과의 친선관계 여부'에 달렸다는 유지遺志를 잘 받들며 프랑스 서부 해안지방에서 점차 세력을 확장해 왔다.

제6대 노르망디 공작에 해당하는 윌리엄은 노르망디 공 로베르 1세와 평민 출신의 애첩 에를르바 사이에서 태어났다. 모친이 정식부인이 아니었기에 윌리엄은 속칭 서자庶子였다. 그의 부친이 초반부터 윌리엄이 자신의 후계자임을 강조하고 유언한 덕분에 1035년 로베르가 성지순례 귀환 중 병사했음에도 불구하고, 그는 큰 어려움 없이 노르망디 공작의 지위를 계승할 수 있었다. 하지만 그는 겨우 7세라는 어린 나이에 공국을 물려받았기에 계승 초반부터 각종 위협에 시달려야만 했다. 반대세력들은 그가 서자 출신이라는 점과 그러기에 대를 이어받을 자격이 없다는 점을 집요하게 물고 늘어졌다.

그러나 오히려 이러한 초기의 어려움들을 극복하면서 윌리엄은 의지력과 결단력을 겸비한 유능한 지도자로 성장했다. 1042년 어렵사리 15세가 된 윌리엄은 정식으로 기사 작위를 받을 수 있었다. 1047년에는 반대파 연합세력을 격파하면서 명실공히 자타가 공인하는 노르망디 공국의 실질적 통치자로 올라섰다. 그는 6척이나 되는 장신長身에 넓은 어깨를 가진 건장한 외모의 소유자였다. 어린 나이에 후계자가 되어 반대세력에 시달린 쓰라린 경험 덕분인지, 그는 굳센 의지와 집요한 집념, 무엇보다도 적시適時에 결단을 내릴 줄 아는 자질을 겸비하고 있었다. 그는 상황의 유·불리를 빠르게 판단하는 교활한 면모마저 풍기고 있었다. 그렇다면 그는 왜 1066년 배에 병력을 가득 채운 채 영불英佛 해협을 건넜을까?

2막

911년 노르망디에 정착한 노르만족은 점차 주변 지역으로 영토를 넓혀갔다. 일곱 살에 공국을 이어받은 윌리엄은 1066년까지 30여 년을 통치하면서 유능한 영주이자 지략이 탁월한 군인으로 성장했다. 앙주 백작 조프루아 5세와의 다툼에서 승리하면서 노르망디에 대한 자신의 지배권을 확고하게 다진 그는 이제 눈을 해협 건너 영국으로 돌렸다.

수년 간 준비 작업을 벌여온 그에게 드디어 기회가 찾아왔다. 1066년 영국 왕 에드워드(재위 1042~1066)가 후사後嗣 없이 죽으면서 왕위 계승 문제가 표면화됐다. 최종적으로 세 명의 유력자가 왕위계승권자임을 자임했다. 노르웨이 왕 해럴드 하르드라다, 에드워드의 왕비였던 에디스의 아들 해럴드 고드윈선(통상 해럴드로 칭함), 그리고 노르망디 공 윌리엄이 바로 그들이었다. 공교롭게도 세 명 중 누구에게도 잉글랜드 왕실의 피가 흐르지 않고 있었기에 왕위 쟁탈전은 무력으로 결판날 수밖에 없었다.

먼저 유리한 고지를 점한 것은 해럴드Harold였다. 죽음 직전에 에드워드와 유력 귀족들이 그를 왕위계승자로 결정하고, 신속하게 웨스트민스터 수도원에서 즉위식을 거행했다. 당연히 나머지 두 사람이 강력하게 반발했다. 특히 윌리엄은 왕위 계승 서열상으로 자신이 에드워드의 진정한 계승자임을 내세웠다. 게다가 한때 노르망디에 망명해 있던 에드워드가 자신을 후계자로 인정했고, 1064년에는 해럴드마저도 자신의 왕위 상속을 지지하기로 서약했음을 내세웠다. 물론 이러한 주장을 인정하는 사람은 거의 없었으나, 아무튼 그는 이를 명분 삼아 침공 계획을 구체화했다.

나름 용감하고 능력을 갖춘 해럴드였으나 불행하게도 운運이 없었다. 윌리엄이 침공하기 직전에 그는 잉글랜드 북부로 쳐들어온 이복동생 토스티그 및 노르웨이 왕의 연합군대와 일전을 벌여야만 했기 때문이다. 9월 25일, 요크 인근 스탬퍼드 브리지에서 벌어진 전투에서 해럴드는 대승을 거두었다. 하지만 승리의 기쁨도 잠깐, 변덕을 일삼는 날씨로 한동안 노르망디에 발이 묶여 있던 윌리엄의 군대가 9월 28일 잉글랜드 남부에 상륙했다는 급보를 접하게 됐다. 피로가 누적된 상태였으나, 해럴드는 급한 대로 정예병력만이라도 이끌고 400킬로미터나 떨어진 잉글랜드 남부로 진격하는 수밖에 없었다.

드디어 양군은 10월 14일 영국 남부 헤이스팅스의 완만한 구릉지에서 대치했다. 쌍방 간 약 6천~8천 명의 병력을 거느리고 있었으나 주력군의 모습에는 차이가 있었다. 대부분 보병으로 편성된 해럴드의 잉글랜드 군대는 약 1천 명의 왕실 호위대가 주력이었다. 이들은 철제 투구에 칼, 창, 대형도끼, 그리고 원형 방패로 무장하고 있었다. 주력군이 아닌 주로 현지現地에서 동원된 다른 병사들의 무장 상태는 매우 허술했다. 일부는 석궁과 활을 갖고 있었으나 대부분은 창, 벌목용 철제도끼나 심지어는 조잡한 돌도끼로 무장하고 있었다. 먼저 도착해 구릉지의 높은 지대를 선점한 것이 그나마 해럴드 군에게는 천만다행이었다.

언덕을 올려다보며 공격해야만 하기에 지형적으로 불리했으나 윌리엄의 군대는 편성과 무장 측면에서 우위에 있었다. 약 6천~7천 명에 달한 전체 병력 중 절반이 기병과 궁수였다. 특히 유럽대륙에서 명성을 떨쳐온 중무장 기병대가 위용을 자랑했다. 윌리엄은 제1전열에 궁수부대, 제2전열에 중보병부대, 그리고 제3전열에 기병대를 배치하는 전투대형을 취했다. 공격명령이 떨어지자 맨 먼저 궁수들이 적진을 향해 화살을 날리고, 이어서 보병대가 공격을 가했다. 적군의 방패막이 이를 버텨내자 후방에 있던 노르만 기병대가 돌격을 감행했다. 이후 밀물처럼 쇄도한 후 치고 빠지는 노르만 기병대의 파상공격으로 해럴드 군의 진용은 점차 허물어지기 시작했다.

전체 병력 중 절반이 기병과 궁수였던 윌리엄 군

드디어 해가 질 무렵, 윌리엄의 군대가 마지막 총공세를 펼쳤다. 이번에는 먼저 궁수들이 잉글랜드군 진영으로 화살을 높이 쏘아 올린 후 방어대형이 흐트러진 틈을 타서 대기하고 있던 기병들이 돌진했다. 궁수병과 기병을 동시에 투입하는 혼합형 작전 덕분에 마침내 해럴드 군대를 무찌르고 언덕을 점령할 수 있었다. 격전 중 눈에 화살을 맞고 쓰러진 해럴드는 노르망디 기사들에게 죽임을 당했다. 헤이스팅스 전투에서 승리한 윌리엄은 잉글랜드 남부지방을 유린하면서 런던으로 진격했고, 그해 성탄절에 요크 대주교의 입회 아래 웨스트민스터 사원에서 잉글랜드의 왕으로 즉위했다. 영국사에서 앵글로-색슨 왕국이 끝나고 이른바 '정복왕 윌리엄'의 노르만 왕조가 탄생하는 순간이었다.

3막

윌리엄의 잉글랜드 정복은 이후 영국 역사와 유럽사에 어떠한 영향을 미쳤을까? 우선, 영국에 대륙의 제도인 봉건제를 도입했다. 신제도의 정착을 위해 그는 1086년 각 주에 조사관을 파견하여 토지를 축으로 형성된 장원의 실태를 조사하고, 이를 『둠즈데이 북Domesday Book』(1086)으로 집대성했다. 하지만 세월이 흐르면서 왕권은 약화됐고, 상대적으로 대귀족들의 세력은 강화됐다. 윌리엄 사후 거의 200년 동안 노르만계 왕들의 주된 관심은 브리튼 섬이 아니라 프랑스에 있었다. 국왕을 비롯한 노르만 귀족들은 피통치자인 앵글로-색슨인들과 의사소통도 원활하지 못했을 뿐만 아니라 무엇보다도 이들은 노르망디에 광대한 영지를 갖고 있었기 때문이다. 이러한 상황은 왕권과 귀족 간의 역학관계 형성에 영향을 끼침으로써 영국의 독특한 제도인 의회가 태동할 수 있는 토양을 제공했다.

사실상 윌리엄의 잉글랜드 정복이 가장 큰 영향을 끼친 곳은 군사 분야였다. 승리의 일등공신이 바로 그가 심혈을 기울여 양성해온 기사들이었기 때문이다. 두 지도자의 리더십과 전술상의 차이도 무시할 수 없으나, 헤이스팅스 전투에서 기병이 승패를 가르는 견인차였음은 분명하다. 이날 윌리엄의 기병대는 그리스-로마시대 이래 이어져 온 보병 주도 시대가 저물고 기병의 시대가 도래했음을 만천하에 과시했다.

이러한 전장 주역의 변화는 중세사회의 기본모형 형성에 심대한 영향을 끼쳤다. 당시 말馬은 물론이고 기사의 무기나 갑옷 등은 매우 비싼 물품이었다. 따라서 중세에 대규모 기병대를 유지할 수 있던 부류는 경제력을 갖춘 국왕이나 대영주로 국한됐다. 이들은 예하 부하들에게 일정량의 토지를 주고 기사로 임명한 후 유사시에 기병으로 동원했다. 결국에는 정치 권력이 중무장 기병의 자격을 갖춘 소수의 지배계층에게 집중되고, 그렇지 못한 자들은 생산 활동에만 종사하는 중세 봉건사회가 출현했다. 봉건제와 장원제라는 두 축을 근간으로 한 중세사회의 형성에 윌리엄의 잉글랜드 원정이 중요한 계기를 제공했다고 볼 수 있다.

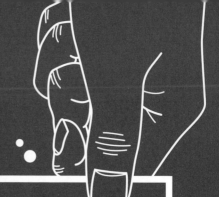

1077년 카노사의 굴욕

하인리히 4세는 왜?
황제의 자존심을 버리고
교황에게 용서를 빌어야만 했을까?

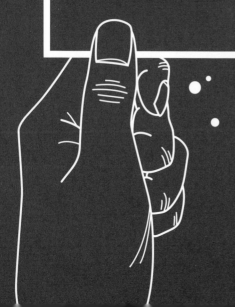

1077년 1월 28일, 이탈리아 북부의 카노사성城. 한겨울 날씨답게 눈보라를 동반한 차가운 바람이 스산하게 불고 있었다. 이때 고상하게 생긴 한 젊은 남자가 카노사의 성문 밖에 꿇어 엎드려 있었다. 그는 벌써 3일째 이러한 자세로 무언가 간절하게 호소하고 있었다. 그는 바로 얼마 전까지 알프스 이북 지방 거의 전체를 호령했던 독일 신성로마제국 황제 하인리히 4세Heinrich IV(재위 1056~1105)였다. 그가 성문 밖에서 외롭고 쓸쓸하게 엎드려 있는 동안 성 내부의 따스한 거실에서 사태의 추이를 관망하고 있던 이는 다름 아닌 교황 그레고리우스 7세였다.

도대체 이러한 일은 왜 벌어진 것일까? 다시 말해, 막강한 권력을 자랑하던 하인리히 황제는 왜 추운 겨울에 서둘러 이탈리아반도로 남행南行을 결행해야만 했을까? 과연 그 결과는 어떻게 됐을까? 그리고 이는 이후 서양 중세사회에 어떠한 영향을 끼쳤을까? 이러한 사태의 이면에는 서양 중세사회의 두 핵인 황제와 교황 간의 끈질긴 힘겨루기 주제였던 '성직 서임권' 문제가 놓여 있었다.

1막

476년 서로마제국이 멸망한 이후에도 로마교회는 서유럽의 새로운 주인공으로 등장한 게르만족을 그리스도교화하면서 교권을 유지해 왔다. 그러다가 9~10세기에 접어들어 서유럽 지역에 일대 지각변동이 일어나면서 일대 위기를 맞게 됐다. 이때 잘나가던 프랑크 왕국이 샤를마뉴 사후 분열과 내전을 거듭하면서 쇠퇴하고, 사방으로부터 이민족들(바이킹, 이슬람, 마자르족)의 침략이 줄을 이었다. 이러한 외침을 막아줄 중앙권력이 부재한 상황에서 상대적으로 지방의 유력 귀족 가문의 세력이 매우 강해졌고, 이것이 유럽의 종교지형도에도 심대한 영향을 미쳤다.

장기간 교회 개혁가들이 기울여온 노고가 무색하게 혼란의 와중에 지방의 헤아릴 수 없이 많은 교회들이 방치되거나 파괴됐다. 다행히 화禍를 면한 교회들은 지방 유력가문의 수중으로 떨어졌다. 심지어 교구교회는 장원 내의 다른 시설들처럼 영주의 소유물로 간주될 지경이었다. 상황이 이러하다 보니 주교직마저도 유력가문의 사유물처럼 인식되어 친척을 주교로 임명하거나 심지어 주교직을 금전으로 거래하는 경우도 있었다. 각지에 산재한 수도원의 상황은 더욱 엉망이었다. 수도修道서약조차 하지 않은 귀족의 아들들이 득실거렸고, 평신도가 수도원장으로 재임하는 사례도 있었다. 설상가상으로 이러한 상황을 개선할 책무를 지닌 로마교황청마저 추문과 부패에 찌들어 있었다.

이러한 타락과 혼돈의 와중에 교회 갱생을 추진할 유일한 희망은 개혁적 성향의 수도원들이었다. 일찍이 10세기에 개혁에 성공, 전 유럽에 명성을 떨친 프랑스 부르고뉴 지방의 클뤼니Cluny 수도원이 대표적이었다. 이는 수도사의 청빈, 정결, 복종을 강조하며 유럽 각지에 수도원 네트워크를 구축하고 영향력을 미쳤다. 이러한 교회 갱생更生 운동이 커다란 호응을 얻으면서 로마교황청에서도 개혁의 바람이 불기 시작했다. 성직 매매를 금지하고 사제의 청빈과 독신을 요구하는 선까지 나아갔다.

그런데 개혁 과정에서 왕권의 도움과 협조가 절실했기에 그 결과 교회에 대한 세속권력의 영향력이 더욱 커졌다는 점이 문제였다. 진정한 개혁을 위해서는 교회의 독립과 이에 합당한 교황권의 확립이 필요했는데, 이는 세속권력인 왕권과의 마찰을 초래할 소지가 다분했다. 특히 11세기 당시 영국 및 프랑스와 비교해 상대적으로 국왕의 권위가 강했던 독일 지역에서 갈등이 벌어질 가능성이 농후했다.

당시 독일 지방을 다스리고 있던 신성로마제국 황제는, 제국 영토가 반半자치적 성격의 수많은 공국公國들로 분열되어 있었으나, 이른바 카롤링거 왕조 이래의 전통—신성한 왕권의 전통, 교회와의 긴밀한 동맹 관계 유지 등—에 힘입어서 강력한 군주권을 유지하고 있었다. 저지대 지방으로부터 북부 이탈리아까지 포괄하는 광대한 영토를 통치하기 위해 황제는 교회와의 제휴에 깊은 관심을 기울여야만 했다. 이러한 전통으로 인해 카롤링거 왕조이래 제국 정부의 주요 행정가들은 황실과 연줄이 있는 대주교나 주교인 경우가 많았다. 이들은 황제로부터 임명장과 직책에 어울리는 특권과 봉토를 하사받았다. 심지어 당시 교황 중에는 황제에 의해 임명된 자들도 있었다.

그런대로 현상 유지되어 오던 시스템은 11세기 중엽에 이르러 변화에 직면하게 됐다. 황제의 위상 약화 그리고 이와는 대조적으로 개혁적 성향이 강한 교황들의 등장이 시스템을 뒤흔든 핵심 요인이었다. 그동안 교회의 개혁작업에 협조적이었던 황제 하인리히 3세가 1056년 6살에 불과한 하인리히 4세를 후계자로 남긴 채 서거했다. 겨우 철들 나이였던 하인리히가 신성로마제국의 황제이자 독일의 국왕 자리에 오른 것이었다. 어린 황제를 대신하여 모후 아그네스가 섭정을 했으나 점차 황제권은 약화되고 역으로 귀족계급인 제후들의 입김은 세졌다. 아나나 다를까 하인리히는 11살이 됐을 때, 당시 쾰른의 실권자였던 안노 대주교에게 거의 납치되다시피 하여 그의 처소에서 장기간 머물러야만 했다. 이러한 상황에서 각지의 제후들이 앞다투어 권력욕을 드러내면서 정국은 더욱 어지러워졌다. 무엇보다도 로마교황청도 마찬가지로 이러한 기회를 이용하여 황제의 영향력에서 벗어나 교권의 독립과 위상 강화를 꾀했다.

1065년 부활절에 어느덧 15세가 된 하인리히 4세가 엄숙한 의식을 통해 실질적인 권력을 가진 황제로 등극한다. 이후 본격적으로 권한을 행사하기 시작하면서 그동안 누적되어 온 갈등이 표면화됐다. 특히 자질이 검증되지 않은 젊은 청년들을 궁정에 대폭 기용하고 이들을 통해 기존 귀족세력을 견제코자 했을 때 급기야 갈등은 무력충돌로 번졌다. 우선, 1073년 황제와 독일 북부 작센의 귀족들 간에 전쟁이 벌어졌다. 내분을 힘겹게 해결하고 나자 이번에는 교황 그레고리우스 7세와의 힘겨루기가 시작됐다. 주교 시절부터 교황청 내의 대표적 개혁인사로 명성을 떨쳐온 힐데브란트가 공교롭게도 1073년 알렉산더 2세 교황의 뒤를 이어서 그레고리우스 7세 교황(재위 1073~1085)으로 선출됐던 것이다. 바야흐로 황제권과 교황권의 본격 대결무대가 개막될 참이었다.

2막

젊은 시절부터 교회 정화淨化의 필요성을 절감해온 그레고리우스는 교황으로 선출되자마자 이를 행동으로 옮기기 시작했다. 그는 진정한 교회개혁을 위해서는 교회에 대한 평신도(황제)의 개입을 금지하는 것이 급선무라고 판단했다. 궁극적으로 이는 정치 권력으로부터 교회의 독립을 보장받는 것이었고, 실제적으로는 주교와 수도원장에 대한 서임권을 황제가 아니라 교황이 갖는 것이었다. 1075년 2월 로

그레고리우스 7세

마에서 종교회의를 주재한 신임 교황은 향후 어떠한 주교나 수도원장도 세속 통치자로부터 서임을 받아서는 안 된다는 법령을 공포했다. 또한 '교황의 교의'라는 공식문서를 발행하여 오직 로마교황만이 보편적 존재이고 그에게는 황제를 폐위시킬 수 있는 권한이 있다고 주장했다.

그동안 전통적으로 임명권을 행사해온 황제가 이를 좌시하지 않으리란 점은 분명했다. 더구나 이는 표면적으로는 성직자 서임에 관한 문제였으나 내면적으로는 '누가 세계에 대한 지배권을 행사하는가?'라는 중세사회의 헤게모니와 관련되어 있었다. 때마침 작센의 반란을 진압하고 한숨을 돌린 하인리히 4세는 1076년 1월 보름스 제국회의에서 독일 지역 주교들의 압도적 지지를 등에 업고 교황 그레고리우스 7세를 폐위하는 조치로 대응했다. 황제는 로마교황과의 절연을 담은 선언문에서 "신의 뜻으로 왕위에 오른 나 하인리히는 나의 전체 주교들과 더불어 선언한다. '교황의 자리에서 내려오라. 교황의 자리를 떠나라. 너, 몇 세기에 걸쳐 저주받을 인간이여!'"라고 맹비난했다.

황제가 자신을 폐위시켰다는 소식을 전해 들은 그레고리우스 7세는 그해 2월 로마에서 종교회의를 소집하고 즉시 반격을 가했다. 하늘로부터 지상에서 맺고 푸는 권세를 부여받은 교황의 권한을 근거로 내세우며 교회법에 따라 황제를 파문하고 황제에 대한 독일인 신자들의 충성 의무를 해제했다. 교황은 교황청에 운집한 추기경과 주교들이 지켜보는 현장에서 하인리히 4세는 더 이상 교회의 신실한 아들이 아니기에 독일 백성의 왕도 아니라고 선언했다. 젊은 사제시절부터 교황청 내의 수완가로 명성을 날린 교황은 결코 만만한 인물이 아니었다. 교황이 되기 전 힐데브란트로 불린 그는 "교회정치사에서 가장 강력한 인물"이라는 역사가 랑케의 평가처럼, 개성이 강한 개혁적 성향의 인물이었다. 산전수전을 겪은 노련한 교황의 눈에 하인리히는 철부지 청년에 불과했으리라.

독일 내 힘의 역학관계를 꿰뚫고 있던 교황은 그동안 하인리히 4세와 대립각을 세워온 작센의 제후들과 손을 잡고 행동을 개시했다. 그동안 황제의 간섭에 불만을 품어온 독일의 제후들로서는 황제의 지배 상태에서 벗어날 수 있는 절호의 기회였다. 초기의 기대와는 달리 점차 정세가 황제에게 불리한 방향으로 흘렀다. 혼란스러운 상황 속에서 주교와 수도원장들은 점차 교황 쪽으로 돌아섰다. 더구나 신앙이 개인의 삶 전체에 영향을 미치고 있던 중세사회에서 아무리 황제라고 하더라도 교회로부터 파문을 당한 이상 백성들 앞에서 권위를 유지하기가 어려웠다. 황제에 대한 파문으로 인해 독일 내 모든 교회에서의 예배는 금지됐고 독일인들에게는 성례가 집전되지 않았다. 요즘이라면 쉽게 무시할 수 있을지 몰라도 정기적으로 예배와 성찬에 참석하지 못할 경우 천국에 들어갈 수 없다고 믿고 있던 당시 정서에서 이는 매우 심각한 문제였다.

작센 제후들과의 무력충돌은 물론이고 일반 백성들조차도 황제를 비난하면서 등을 돌리는 기색이 역력했다. 급기야 황제에 반대해 온 제후들을 주축으로 교황을 초청하여 아우크스부르크에서 하인리히 4세에 대한 재판을 개최한다는 결의가 채택됐다. 만일 재판장에서 교황이 유죄를 선언할 경우 하인리히 4세를 퇴위시키고 새로운 황제를 옹립하기로 약속했다는 소문마저 들렸다. 실제로 얼마 후 교황은 재판을 주재하기 위해 로마교황청을 떠나 독일 남부의 아우크스부르크로 향했다.

카노사 성문 앞에서 기다리는 하인리히 4세

진퇴양난의 상황에서 사태의 긴박성을 간파한 하인리히 4세는 하는 수없이 1076년 말에 알프스를 넘어서 교황이 머물고 있던 북이탈리아의 카노사성으로 달려갔다. 앞선 회의에서 이미 제후들이 1077년 2월까지로 시한을 정해 놓은 상황인지라 그에게는 머뭇거릴 만한 시간도, 그렇다고 다른 선택의 여지도 없었다. 어떠한 일이 있어도 교황이 독일 땅에 발을 들여놓는 사태는 막아야만 했다. 그나마 서둘러 강행군한 덕분에 하인리히 4세와 그의 일행은 1077년 1월 카노사에 도착할 수 있었다.

하지만 교황의 냉대로 인해 그는 카노사 성문 앞에서 참회복을 입은 채 장장 3일 동안 교황의 대면을 간청해야만 했다. 차가운 겨울 공기가 온몸을 파고드는 상황에서 성문을 두드리는 공허한 울림과 용서를 호소하는 황제의 처량한 목소리가 울려 퍼졌다. 그나마 다행스럽게도 3일 후 교황이 그의 참회를 인정하고 알현을 허락한 다음 파문을 풀어줬다. 아무리 상황이 절박했다고 하더라도 하인리히 4세의 입장에서는 결코 잊을 수 없는 치욕적인 경험이었다. 이것이 바로 서양 역사에서 교회의 권위가 세속권력의 상위에 서는 계기로 기억되는 '카노사 굴욕사건'이 었다.

3막

그렇다면 이 사건으로 교황권과 황제권의 관계가 정녕 전자의 우위로 결론이 났단 말인가? 아니다. 교황과 황제 간의 힘겨루기는 무려 1122년까지 이어졌다. 무려 반세기에 걸친 충돌 끝에 하인리히 4세의 계승자 하인리히 5세와 새로운 교황 간에 타협이 이뤄졌다. 일명 보름스 협약Concordat Worms에 따라 주교와 수도원장에 대한 서임권은 교황에게 있으나 이들에게 봉토를 지급하고 그에 따른 봉건적 충성을 받는 권한은 황제에게 부여됐다. 성격상 절충적인 결정이었으나 이후로 신성한 왕권이라는 카롤링거 왕조 이래의 전통은 유명무실해졌다. 반면에 교회는 모든 세속의 통치자들에 맞서서 독립적인 사법권을 갖게 됐다.

'카노사의 굴욕'으로 상징되는 서임권 투쟁에서의 승리로 교황의 권한은 지속적으로 강화됐다. 마침내 1092년 교황 우르반 2세의 '성지 탈환'을 향한 메시지는 십자군 원정의 빗장을 열기에 이르렀다. 하지만 긴 호흡으로 볼 때, 중세 교권의 강화는 '양날의 검'이었다. 절제하여 사용할 경우 교회 부흥의 유용한 도구가 될 수 있으나 자칫 남용할 경우 세속사에 몰입되어 교회를 파탄으로 이끌 수 있었다. 아쉽게도 이후 교회는 후자로 흘렀다. 세월이 흐르면서 더욱 비대해진 교회는 점차 부패와 비효율의 늪으로 빠져들었고, 새로운 종교적 변화의 열망을 제대로 감지하지 못하는 화석화된 집단으로 변하고 말았다. 로마교황청의 폐단은 더욱 심해져서 급기야는 1517년 마르틴 루터의 종교개혁이라는 철퇴를 맞고야 말았다.

1095년 십자군 원정 호소 연설

교황 우르바누스 2세는 왜?

십자군 전쟁에 불을 붙였을까?

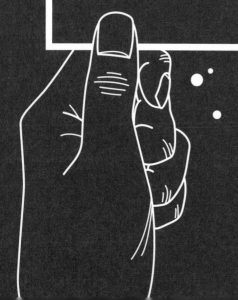

1095년 11월 말 쌀쌀한 날씨 속에서도 수많은 인파가 프랑스 클레르몽의 주교좌 성당에 운집했다. 몰려든 인파로 인해 성당 안은 물론 건물 밖까지 북적댔다. 이들은 이곳에서 종교회의를 주재하고 있던 교황 우르바누스 2세의 연설을 듣기 위해 모여든 성직자와 다양한 신분의 평신도들이었다. 모두의 시선이 쏠린 가운데 등단한 교황은 이교도 이슬람의 수중에 놓인 성지 예루살렘을 수복하고 위기에 처한 '그리스도교 세계의 방파제' 비잔티움제국을 수호해야 한다고 열변을 토했다. 이러한 교황의 호소에 참석자들은 "신이 바라고 계시다"는 우렁찬 함성으로 답했다. 이후 거의 2세기 동안 이어질 십자군 운동이 시작된 것이었다.

그렇다면 교황은 하필 이 시기에 이러한 연설을 했을까? 이러한 유럽 세계의 움직임에 대해 이슬람 세계는 어떻게 대응했을까? 이는 이후 세계사 전개에 어떠한 영향을 끼쳤을까?

우선 우르바누스가 어떠한 인물인지 살펴보자. 본명이 오동 드 라주리인 우르바누스 교황은 프랑스 귀족 가문 태생으로 원래는 그 자신이 기사였다. 1064년 당시 서유럽 수도원운동의 중심지였던 클뤼니 수도원의 수사가 되면서 성직자 생활을 시작했다. 이후 그는 수도원에서 두각을 보이며 출세를 거듭해 수도원장이 되었고, 1080년경 개혁 교황 그레고리우스 7세에 의해 오스티아의 주교급 추기경으로 서임됐다. 그는 그레고리우스 교황이 추진한 교회 개혁의 적극적인 지지자이자 핵심적인 활동가로 명성을 얻었다. 그 덕분에 1084년에는 교황의 특사 자격으로 독일 지역으로 파견되어 교황의 개혁작업에 반대하는 자들을 단죄했다. 이후 그레고리우스 7세를 계승할 가장 적합한 교황 후보자라는 명성을 얻기 시작한 그는 마침내 단임短任했던 교황 빅토르 3세의 후임으로 1088년 3월 드물게도 프랑스 출신 교황으로 선출되기에 이르렀다.

우르바누스 2세

우르바누스 2세는 즉위하자마자 독일과의 전쟁, 교회 내부의 갈등 등 복잡한 현안들에 직면했다. 하지만 당시 가장 시급하고 심각한 문제는 비잔티움제국의 처지였다. 11세기 초 황제 바실리우스 2세 치세(재위 976~1025) 하에서 잠시나마 과거의 영광을 회복하는 듯하던 비잔티움제국은 그의 죽음과 더불어 쇠퇴하기 시작했다. 특히 1071년 소아시아의 만지케르트에서 벌어진 셀주크튀르크와의 전투에서 대패하면서 소아시아 지역 대부분을 상실하는 등 제국의 영토는 더욱 축소됐다. 성도聖都 예루살렘 역시 수니파 이슬람 세력의 수중으로 떨어졌다. 제국 내부적으로도 비잔티움의 황제와 제국 동부의 실세였던 유력 가문들 사이에 알력이 깊어진 탓에 외부의 침략에 효과적으로 대응할 수 없었다. 치열한 제위 다툼 끝에 1081년 동부 유력 가문들의 후원을 받은 알렉시우스 콤네누스(재위 1081~1118)가 신임 황제가 됐으나 제국을 괴롭히고 있던 대내외적인 문제들을 해결하기에는 역부족이었다.

이러한 사면초가의 상황 속에서 제위에 오른 알렉시우스 황제는 제국의 재건을 꿈꾸면서 공식적으로 서유럽에 지원을 요청했다. 교황은 1095년 3월 이탈리아의 피아첸차에서 열린 성직자 회의에서 비잔티움제국의 사절단을 접견했다. 사절단에 들려 보낸 서한에서 알렉시우스 황제는 "이방인들이 콘스탄티노플 성벽에 도달하는 대부분 영토를 점령하였노라"고 한탄하면서 "이교도들에게 맞서서 성스러운 교회를 수호할 수 있도록 지원군을 보내달라"고 간청했다. 사절단을 통해 비잔티움 황제의 청원을 경청한 교황은 소아시아에서 벌어지고 있는 사태의 중요성과 시급성을 인식하고 즉시 행동으로 나아갔다. 그는 이탈리아와 프랑스의 여러 지방을 직접 방문해 자신의 의향을 내비쳤다. 서유럽 수도원운동의 중심지로서 한때 자신이 수도원장으로 있던 클뤼니에서는 대大수도원을 축성하는 극적인 장면까지 연출했다.

이러한 준비과정을 거친 후 마침내 그해 11월 말에 프랑스 클레르몽에서 개최된 공의회에서 이 문제를 전격적으로 이슈화했다. 그는 이탈리아와 부르고뉴, 프랑스 등지에서 온 주교 및 기사(귀족) 무리가 참석한 이 자리에서 성지탈환의 필요성을 역설했다. 교황은 청중을 마주한 연단 위의 옥좌에서 일어나 연설을 시작했다. 동방의 그리스도교 형제들이 이교도 이슬람 세력에 의해 고통당하고 있으며, 무엇보다도 지상에서 가장 성스러운 장소인 예루살렘마저 이교도들에 의해 훼손당하고 있다고 말했다. 결론은 하루속히 무기를 들고 가서 형제 그리스도인들을 보호하고 성지를 탈환하자는 것이었다. 이에 대해 청중들로부터 교황조차도 예상하지 못한 열띤 반응이 일어나 "이것은 신의 뜻이다Deus Le Volt"는 거대한 함성이 클레르몽 성당 주변으로 울려 퍼졌다. 이날로부터 채 1년도 지나지 않아서 황제 자신도 깜짝 놀랄 정도로 엄청난 규모의 서유럽인들이 지중해 동부로 몰려갔다. 바야흐로 십자군 원정이 시작된 것이었다.

오늘날 당시 그의 연설을 그대로 옮겨 적은 정확한 필사본은 존재하지 않는다. 현재 내용이 약간씩 다른 총 다섯 가지의 버전이 전해지고 있을 뿐이다. 이들 기록 모두 우르바누스 2세 본인이 실제로 이야기했다기보다는 후대 기록자들의 생각이 첨가됐다고 보는 것이 정확할 것이다. 그럼에도 불

클레르몽에서의 연설

구하고 당시 공의회에서 우르바누스 2세가 십자군 원정을 호소한 사실은 분명하다.

이처럼 서방에서 대규모 군사원정이 점화되려고 할 즈음에 팔레스타인 지역의 무슬림들은 서로 싸우는 데 정신이 팔려서 심각한 기류를 전혀 감지하지 못하고 있었다. 팔레스타인 지역을 놓고서 크게는 시아파인 파티마 왕조의 이집트인들과 수니파인 튀르크인들이 다투었고, 좁게는 수많은 작은 공국들과 도시들로 분열되어 반목하고 있었다. 어떠한 대규모 공격에 대응하기가 매우 어려운 상황에 놓여 있었다. 이때 서유럽에서는 성인들의 유골에 대한 예찬과 성지순례 행위가 유행하면서 서유럽인들의 마음속에 성지 예루살렘에 대한 신성성이 극대화되어 있었다. 이러한 심성적 기류에 복잡한 이해관계와 얽힌 다른 요인들이 결합하면서 서유럽 그리스도교 세계는 과연 누가 성지탈환이라는 화약고에 불을 붙일 것인가 하는 문제만 남겨 놓고 있었다.

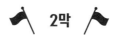

2막

1077년 초에 벌어진 카노사 굴욕 사건을 계기로 교황권이 높아졌다고는 해도 1095년 우르바누스 2세의 성지탈환 요청에 서유럽인들이 보인 반응은 교황조차 예상하지 못했을 정도로 뜨거웠다. 그렇다면 이때 교황이 성지회복을 호소하는 설교를 전한 진정한 의도는 무엇일까? 당시 교황과 서유럽 교회가 처했던 상황을 고려해 볼 때 그 이유는 간단하지 않다. 물론 표면적으로 명시된 최고의 목적은 예루살렘 성지의 회복이었다. 중세에 예루살렘은 예수 그리스도가 태어난 곳이자 세상의 중심, 한마디로 최상의 성지였다. 이처럼 거룩한 장소를 이교도의 수중으로부터 해방하는 일은 그리스도교 기사라면 마땅히 수행해야만 하는 임무였다.

이러한 이유 이외에 교황에게는 내심 의도한 또 다른 현실적 목적이 있었다. 카노사 사건으로 독일 황제 하인리히 4세의 위세를 눌렀다고는 하지만 이로써 황제와의 힘겨루기가 종결된 것은 아니었다. 사건 후 파문을 면한 황제가 독일로 귀국한 뒤 반격을 시도했기 때문이다. 20여 년간 우위 다툼이 이어지는 상황에서 교황은 십자군 원정을 기선 제압의 호기로 여겼다. 성지회복을 위한 십자군이라는 대의를 직접 호소함으로써 서유럽 세계의 진정한 지도자는 바로 교황 자신임을 만천하에 과시할 수 있었기 때문이다. 실제 군사력 동원에 성공할 경우 분명히 교황의 위신은 크게 높아질 것이었다.

또한 군사적 측면에서 이 시기에 서유럽 지역에서는 대규모 무력충돌이 거의 사라졌다. 그러다 보니 전사집단의 무력을 해소할 수 있는 일종의 배출구가 필요했다. 더구나 사회적으로 장자상속법이 일반화되면서 차남 이하의 자식들이 유산으로 물려받을 수 있는 토지의 양이 매우 부족하게 됐다. 따라서 장남이 아닌 수많은 귀족의 자제들은 교회나 수도원에서 경력을 쌓거나 해외로 나가서 새로운 토지를 획득해야만 했다. 클레르몽 공의회에서 당시 서방교회가 힘쓰고 있던 평화운동에 대해 전폭적 지지를 선언한 교황은 운집한 기사들에게 유럽 내에서 그리스도교 형제들끼리 다투지 말고 해외로 나가 교회의 대의를 위해 이교도들과 싸우라고 역설했다.

당대인들에게 예루살렘 회복은 초미의 관심사였다. 11세기가 되면 서유럽 사회에서 순례가 중요한 신앙 고백의 방식으로 성행했다. 이때 성지 예루살렘 순례야말로 가장 성스럽고 효험이 있는 행위로 인식되고 있었다. 이 점을 간파한 때문인지 클레르몽에서 교황은 십자군 참가

자에게는 교회에서 요구하는 다른 모든 고해가 면제된다고 선언했다. 수도사들은 앞다투어 교황의 설교 내용을 확대해석했다. 이들은 십자군 원정 참여를 독려한다는 취지에서 십자군에 참가할 경우, 그때까지 자신이 범한 모든 죄에 대한 내세에서의 연옥 형벌이 모두 면제되고 원정 도중 사망할 경우 그 영혼이 곧바로 천국으로 올라간다고 선전했다. 교회가 일상사까지 지배하면서 특히 사후에 죄의 처벌이 매우 끔찍한 현실로 널리 수용되고 있던 중세사회에서 이는 너무나 파격적인 은사였기에 사람들의 귀를 솔깃하게 자극했다.

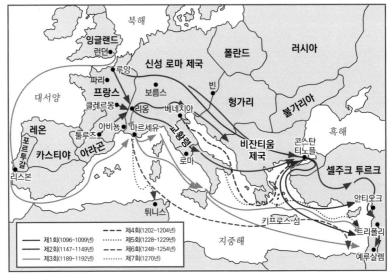

십자군 원정로

레반트 지역 이슬람 세계의 분열이라는 행운이 겹치면서 우여곡절 끝에 1097년 서유럽 지역을 출발한 제1차 십자군 원정은 기대 이상의 성공을 거두었다. 시리아 해안지대에 교두보를 마련하는 데 성공한 원

정대는 마침내 1099년 성지 예루살렘을 점령할 수 있었다. 이때 십자
군 병사늘은 예루살렘 수민늘을 무사비하게 살육하는 만행을 서질렀
다. 물론 이들은 종교의 이름을 내걸고 이러한 끔찍한 일을 저질렀으나
이는 진정 신神이 원하는 바는 아니었으리라.

이후 이슬람 세력에 의한 반격이 이어지면서 예루살렘을 재차 상실
한 서유럽 세계는 1291년 지중해 연안의 마지막 점령지인 아크레가 이
슬람 군대에 함락될 때까지 거의 2세기 동안 간헐적으로 십자군을 보
냈다. 제1차 십자군 원정이 시작된 후 195년 만에 동방 그리스도교 왕
국 건설의 꿈은 사라지고 말았다. 마지막까지 모두로부터 버림받은 채
팔레스타인에 남아 있다가 지중해의 몰타로 이동한 성전기사단마저 프
랑스 왕의 탐욕에 의해 처참하게 해체되는 운명을 맞고 말았다.

그렇다면 거의 200년 동안이나 지속된 십자군 원정은 이후 역사 전
개에 어떠한 영향을 끼쳤을까? 우선, 종교적 측면에서 이 사건을 계기
로 양측은 자신 종교의 교리를 더욱 교조적으로 적용했다. 십자군 원정
이 진행되는 동안 서유럽에서 교황과 교회의 권위는 더욱 높아져 중세
인들의 삶 전반에 깊은 영향을 미쳤다. 이러한 신앙적 붐이 단기적으로
는 서방교회에 도움이 됐을지 모르나 장기적으로는 독이 됐다는 점도
기억할 필요가 있다. 십자군 원정이 장기간 전개되면서 초기의 종교적
이상은 퇴색했다. 그 대신 야만스러운 서방 군주들의 탐욕을 자극함으
로써 종교적 자비와 포용이 아니라 악행이 판을 치는 결과를 초래하고
말았다. 결국에 이러한 만행은 그리스도교 세계의 방파제였던 비잔티

움제국의 약화는 물론이고 서방교회의 부패와 타락을 조장하는 부메랑으로 돌아왔다.

보다 근원적으로 오늘날까지 이어지는 그리스도교와 이슬람 간의 갈등과 반목의 골을 만드는 계기로 작용했다. 십자군 원정대가 보인 종교적 광신주의와 그로 인한 잔인한 학살행위는 팔레스타인과 주변 지역 무슬림들 사이에 격렬한 증오심을 남겨 놓았다. 이러한 두 종교 간의 숙명적 적대 관계는 팔레스타인을 떠나가는 최후의 십자군 부대를 향해 토해 낸 당대 이슬람 연대기 작가의 다음 언급에 고스란히 담겨 있다: "신이여, 다시는 그들이 이곳에 발붙이지 못하게 하소서." 이후 이슬람 근본주의자들도 비슷한 악행을 저지른 사실을 회상해 볼 때, 십자군 원정이 남긴 가장 중요하고 분명한 교훈은 '증오는 증오를 낳는다'는 명제였다. 십자군 원정은 그가 어떠한 종교를 갖고 있었든 상관없이 모든 관련자에게 불행과 슬픔이라는 쓰디쓴 경험을 안겨줬다.

다른 한편, 현실적으로 십자군 원정은 서로마제국 멸망 후 거의 단절됐던 지중해 교역의 물꼬를 트는 데 일조했다. 원정이 지속되면서 자연히 수많은 사람들이 왕래하게 됐고, 더불어 물자 교역도 활발하게 이뤄졌다. 덕분에 지중해 교역로의 요지에 있던 베네치아, 피렌체, 제노아 등과 같은 이탈리아의 도시들이 번성하게 됐다. 상대적으로 그동안 동지중해의 교역을 주도했던 비잔티움제국의 위상은 더욱 쪼그라들었다. 특히 제4차 십자군 원정대의 콘스탄티노플 약탈은 이러한 경향을 더욱 부채질했다.

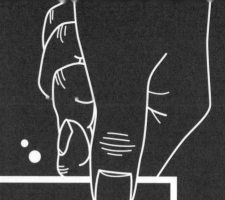

1346년 흑사병 창궐

자니베크는 왜?
전염병으로 죽은 병사를
도시의 성벽 안으로 날려 보냈을까?

1346년 킵차크한국汗國의 통치자 자니베크가 지휘한 몽골군이 흑해 크림반도의 카파Kaffa(현재명 페오도시야)를 포위 공격하기 시작했다. 이 도시는 13세기 초반에 이탈리아 제노바 상인들이 세운 교역 도시였다. 몇 해 전 새로운 칸으로 등극한 그는 이 무역거점을 넘어서 서방으로 진출하려는 야심을 품고 있었다. 포위 공격전이 한창인 와중에 몽골군 진영에서 전염병이 발생해 일시에 수십 명씩 쓰러져 나갔다. 부득불 퇴각해야만 했던 몽골군은 마지막 공격을 가하면서 전염병으로 죽은 병사의 시체를 투석기에 장착해 성벽 내부로 날려 보냈다. 가공할 선물(?)을 보낸 것이었다.

포위된 도시의 협소한 공간은 전염병이 퍼지기에 최적의 환경이었다. 미지의 질병이 빠르게 퍼지면서 카파 주민들은 극도의 공황 상태에 빠졌다. 이때 일단의 제노바 상인들이 도시를 빠져나와 이탈리아로 피신을 도모했다. 불행하게도 전염병 병균에 감염된 쥐들도 이들과 동승同乘했다. 얼마 후 이들이 탄 무역선이 이탈리아 남부 시칠리아의 메시나 항구에 입항하면서 이 원인 불명의 질병은 유럽에 발을 디뎠다. 잘 알려진 대로 이후 엄청난 참극이 유럽인들을 덮쳤다.

그렇다면 도대체 이 병의 정체는 무엇이며, 도대체 어느 곳에서 시작되어 어떻게 유럽까지 온 것일까? 이 재앙은 이후 서양 역사에 어떠한 영향을 미쳤을까?

1막

14세기 중엽 유럽을 아니 세계를 초토화한 재앙인 흑사병黑死病, Black Death은 오늘날까지 그 이름만 들어도 뭔가 전율을 느끼게 한다. 그도 그럴 것이 당시 흑사병에 감염됐다는 사실은 곧 다가올 참혹한 죽음을 의미했기 때문이다. 일단 감염되면 고통스럽게 저승으로 향하는 것 이외에는 다른 방법이 없었다. 이 병을 치료하거나 피할 수 있는 길은 없었다. 언제 어디에서 어떤 모습으로 나타날지 모르는 가히 불가해한 질병이었다. 이 악마가 곧 자신의 마을에도 내습하리라 예감하고 엄습하는 공포 속에서 속수무책으로 떨고 있는 중세인들을 상상해 보라. 흑사병은 이렇게 유럽인들의 뇌리에 깊숙이 박혀서 오늘날까지 공포와 죽음, 더 나아가서는 '세상의 종말'을 의미하는 단어와 동일시되곤 한다.

인류 역사에 등장하는 대부분의 큰 사건 이면에는 전조前兆가 있는 바, 흑사병도 예외가 아니었다. 이 역병疫病이 창궐하기 직전인 14세기 초 유럽의 상황은 좋지 않았다. 웬일인지 무시무시한 재앙이 곧 닥칠지도 모른다는 불안감이 고조되고 있었다. 약 200년간 이어져 온 온난한 기후가 14세기에 들어서면서 하강기로 접어든 뒤에도 장기간 계속됐다. 연평균 기온이 1~2도 정도씩 내려갔다. 이로 인해 초래된 강우량 변화가 농작물의 성장 기간을 단축한 탓에 농업 생산성이 떨어졌다. 그 결과 1315년 대기근이 유럽 지역을 덮쳤고, 이는 줄곧 7년간 이어졌다. 사람들은 영양실조로 허덕였고 사방에서 아사자가 속출했다. 게다가 약간씩 상승했다고는 하나 추운 겨울은 1330년경까지 이어졌다. 설상가상으로 홍수와 쓰나미 같은 이상 기후 현상마저 빈발해 사람들의 마음을 불안하게 만들었다. 뭔가 큰일이 터질 것만 같은 음울한 분위기가 감돌았다.

아니나 다를까, 실제로 대재앙이 점차 유럽인들에게로 다가오고 있었다. 의학 명으로 페스트, 감염자의 팔과 다리에 검은 반점이 생겼기에 통상적으로 흑사병黑死病이라 불린 이 질병의 원산지는 카파가 아니었다. 원래는 미얀마 북부지방의 풍토병이었으나 이것이 몽골 병사의 몸을 업고 북중국으로 전파되어 1331년 허베이에서 크게 위세를 떨친 바 있었다. 여기로부터 병균을 지닌 벼룩에 감염된 쥐들이 농부들의 곡물 마차와 교역물자에 숨어들어 사방으로 퍼졌다. 드디어 1340년대 후반에 제노바 선원들에 의해 서유럽에까지 발을 디딘 것이었다.

그렇다면 지구상 저 먼 곳, 아시아의 귀퉁이에서만 생존하고 있던 병균은 어떻게 먼 곳 유럽까지 오게 됐을까? 근본적으로는 13세기 중반부터 몽골족에 의해 구축된 동서 교통로의 등장에 해답이 놓여 있다. 1206년 몽골 초원의 거의 전체 부족장들이 참석한 쿠릴타이(부족장 회의)에서 '우주의 지도자'라는 의미의 칭기즈 칸으로 추대된 한 인물이 얼마 후 동서東西 교역로의 기초를 놓았다.

이른바 '중세 온난기'의 끝자락이던 13세기 초경에 몽골의 초원지대는 극심한 가뭄에 시달렸다. 풀은 마르고 줄어든 강물 탓에 사막은 빠르게 넓혀져 갔다. 오랜 세월 이곳에서 목축으로 생계를 유지해 온 유목민들에게 일대 위기가 닥친 것이었다. 이러한 위기의 시대에 등장한 지도자 칭기즈 칸은 초원의 유목세계를 통일하고 그 힘을 모아 비옥한 농경지대로 눈을 돌렸다. 이들의 자랑거리는 몸집은 작으나 기동성이 뛰어난 몽골산 말과 작지만 강력한 탄성을 지닌 각궁角弓이었다. 불과 30년도 지나지 않은 기간에 칭기즈 칸과 그의 후계자들은 중국에서 지중해에 이르는 모든 땅과 사람을 지배하기에 이르렀다.

무엇보다도 몽골인들은 역참驛站 제도를 창안하여 이 광활한 땅들을 서로 연결했다. 동서 무역로가 열린 것이었다. 몽골 통치자들이 제공하는 편의와 안전보장 아래 동서 간에 상인, 물품, 그리고 사상이 거침없이 왕래했다. 하지만 이때 들쥐와 거기에 붙어있던 벼룩도 함께 움직였다. 물론 이러한 '암묵의' 동행사를 눈여겨 본 사람은 아무도 없었다. 더군다나 벼룩은 눈에 잘 보이지도 않았다. 얼마 후 이들로 인해 엄청난 재앙이 도래하리라고는 꿈에도 생각하지 못했다. 엄밀한 의미에서 당시 세계의 진정한 지배자는 가시적인 몽골의 권력이 아니라 눈에 보이지 않는 병균이라는 절대권력이었다.

　보다 근원적으로 흑사병의 창궐 원인은 인간사회의 문명화文明化에 숨어 있었다. 문명화로 인해 사람들은 마을과 도시를 이뤄 공동체 생활을 하게 됐다. 좁은 공간에서 사람들이 밀집하여 거주한 탓에 전염병은 쉽게 전파될 수 있었다. 그리고 어느 면에서는 전염병균 자체도 인간의 문명화 진전과 비례하여 그 파괴력과 생존능력을 업그레이드해왔다고 볼 수 있다. 윌리엄 맥닐의 지적처럼, 문명화 이후 인류의 역사는 병원체와의 끊임없는 싸움에 관한 이야기라고 말할 수 있다.

2막

　카파를 통해 서유럽으로 상륙한 흑사병이 이후 초래한 결과는 파국 그 자체였다. 그 무서운 위력 앞에 당대인들은 망연자실할 수밖에 없었다. 이 질병으로 죽은 자가 당시 서유럽 전체인구의 1/3에 달할 정도였다. 마을과 도시마다 시체가 넘쳐났고 평민, 권력자, 심지어는 성직자도 무사할 수 없었다. 전염성이 너무나 강해서 심지어는 환자와 말만 섞어도 감염된다는 소문마저 돌았다. 당시 유럽은 흑사병에 대한 면역력이 전혀 없는 상태였기에 사람들이 할 수 있는 일은 거의 없었다. 더구나 이 병이 왜 생기는지 그리고 어떻게 퍼지는지 알 수 없었기에 기도 이외에는 달리 묘책이 없었다.

더욱 심각한 문제는 이 질병의 확산 속도였다. 이동하는 인간과 함께 했기에 외부와 교역이 이뤄지는 사방으로 빠르게 퍼져 나갔다. 먼저 해안의 항구를 기습했고, 이어서 내륙지방으로 이동해 불과 2~3년 사이에 유럽 대륙 전체를 휩쓸었다. 1346년 이탈리아 남부의 교역항 메시나에 상륙해 몇 달 안에 제노바나 피렌체 같은 이탈리아 중북부도시로 퍼진 전염병은 상선 교역로를 따라 파리, 저지대, 런던 등지로 확산됐다. 특히 당시 서유럽 지역은 지구상 어느 곳보다도 인구밀도 및 도시화가 높았기에 감염이 빨랐다. 1349년경에는 중북부 유럽에까지 도달했다.

일단 감염되면 발작과 구토, 환각 증세 등을 보이다가 대부분 일주일 안에 사망했다. 더구나 망자亡者의 시신 곳곳에 검은 반점이 생겨나 섬뜩한 공포를 자아냈다. 사방에 죽음이 넘쳐났고, 수많은 소도시와 마을이 폐허로 변했다. 운 좋게도 흑사병에서 살아남은 당대 이탈리아의 작가 조반니 보카치오는 "점심은 친구와, 저녁은 조상님과 함께"라는 말을 남길 정도였다. 흑사병이 강타한 이탈리아의 소도시 피아첸차의 상황을 기록한 한 사료의 내용은 더욱 처절하다. "공동묘지로는 부족했다. 시신을 매장할 구덩이를 곳곳에 파야 했다. 일가족이 한 구덩이에 묻히는 일이 비일비재했다. 인근 도시와 마을도 상황은 비슷했다."

이 가공可恐할 전염병에 대한 당대인들의 반응은 크게 두 방향으로 나타났다. 질병의 원인으로부터의 도피와 이방인에 대한 배척이었다. 우선, 보카치오의 『데카메론』에서 엿볼 수 있듯이 실행할 만한 여력이 있는 사람은 도시로부터 탈출하여 시골로 숨어들었다. 부득이 도시에 남게 된 자는 집에 틀어박힌 채 오염된 외부세계로부터 자신을 격리했다. 신실한 자들은 이 질병을 "죄인에 대한 신의 분노"로 인식했다. 따라서 피가 날 정도로 자신의 몸을 채찍질하는 고행苦行 의식으로 신의 노

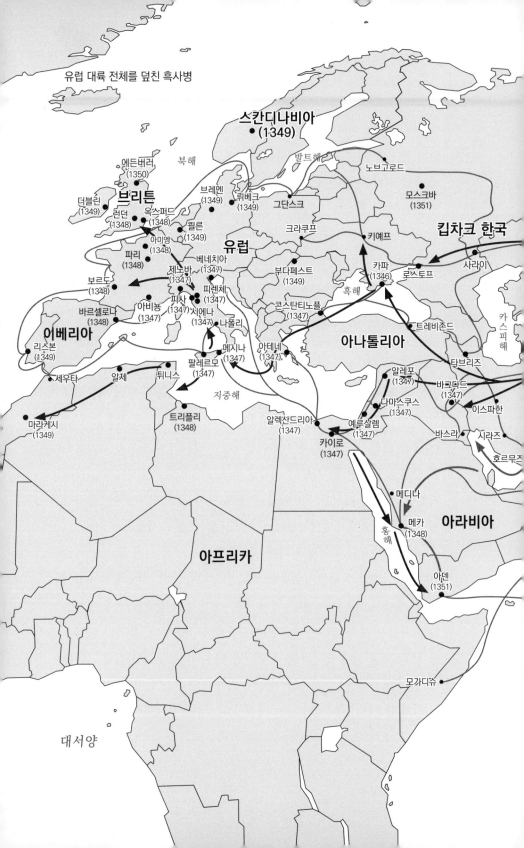

유럽 대륙 전체를 덮친 흑사병

스칸디나비아
(1349)

북해
에든버러
(1350)
브리튼
더블린   옥스퍼드
(1349) 런던   (1348)
        (1348) 아미엥
        파리   (1348)
        (1348) 제노바
보르도   (1347)
(1348)   피사
바르셀로나 아비뇽 (1347) 시에나
(1348)   (1347)   (1347)

브레멘
(1349) 뤼베크
        (1349) 그단스크
                크라쿠프
                부다페스트
                (1349)
유럽
베네치아
(1347)
피렌체
(1347)
나폴리

스칸디나비아

발트해
노브고로드

모스크바
(1351)
키예프

킵차크 한국

카파   사라이
(1346) 로스토프

흑해
콘스탄티노플
(1347)
트레비존드

카
스
피
해

아나톨리아

타브리즈

아테네   알레포
(1347)   (1347)   바그다드
                          (1347)
메시나   다마스쿠스   이스파한
(1347)   (1347)
           예루살렘   바스라
팔레르모   (1347)   시라즈
(1347)   알렉산드리아
어베리아   (1347)   호르무즈
리스본   카이로
(1349)   (1347)
  세우타   알제
        튀니스
마라케시
(1349)   트리플리   지중해
         (1348)

메디나

메카
(1348)
아라비아

홍
해

아프리카

아덴
(1351)

모가디슈

대서양

여움을 달래고자 했다. 이처럼 히스테릭한 행위들이 유행하자 1349년 교황은 이를 금시하는 명령을 내렸다.

이러한 개인 차원의 반응과는 달리 집단적 발작은 또 다른 무고한 희생을 불러왔다. 해당 사회의 소수자(집단)나 이방인에 대한 배척과 탄압이 곳곳에서 자행됐다. 공포에 질린 사람들은 낯선 자를 질병의 유포자로 보았다. 특히 당시 동방과의 교역에 주로 종사했던 유대인이 주 공격대상으로 지목됐다. 흔히 그러하듯이 유대인이 우물에 독을 풀어서 질병을 유발했다는 뜬 소문이 횡행했다. 점차 유럽 전역에 걸쳐서 유대인에 대한 박해가 현실화됐다. 어떤 유대인들은 무조건 죄를 자백하라는 고문을 당했고, 다른 유대인들은 심지어 불에 타 죽기도 했다. 유럽 내 수많은 지역에서 유대인 공동체가 공격을 당했으나, 이들 중 가장 심각한 박해는 프랑스 북서부의 교역 중심지였던 슈트라스부르크에서 벌

《데카메론》에 묘사된 1348년 피렌체 흑사병의 참상 (ⓒWellcome Collection)

어졌다. 흥분한 군중들에 의해 이곳에 살고 있던 수천 명의 유대인이 학살되고 추방을 당했다.

사태가 심각해지자 급기야 1348년 6월 교황 클레멘스 6세(재위 1342~1352)가 사태 수습에 나섰다. 교황은 유럽의 유대인들을 보호하라는 요지의 서신을 각지로 보내어 유대인에 대한 폭력행사를 중단시키려고 했다. 하지만 만연한 죽음 앞에서 이성을 상실한 군중에게 이는 한낱 소귀에 경 읽기일 뿐이었다. 흑사병이 창궐한 4년 동안 당시 유라시아 대륙 인구의 거의 절반에 해당하는 1억 5천만 명 이상이 사망했다. 갑작스러운 인구 감소는 곧 다방면에 영향을 미쳤다.

3막

흑사병의 여파는 전방위적이었으나 무엇보다도 사회경제적 측면에서 두드러졌다. 흑사병이 크게 창궐한 1348~1350년에 무수한 사람들이 죽으면서 곡식은 들판에서 썩었고, 제조업은 중단됐으며 외부세계와의 교역망도 와해됐다. 생필품이 부족해지자 가격은 급등했고, 생존자들의 생활여건은 더욱 열악해졌다. 하지만 이로부터 반세기가 지나면서 상황은 반전反轉됐다. 살아남은 자들만이 누릴 수 있는 축복이랄까. 곡물 생산량은 줄었으나 이를 소비할 인구는 더욱 큰 폭으로 감소했기에 곡물 가격은 하락하고 임금은 상승했다. 노동자들의 식단은 풍성해졌고 생활은 안정됐으며, 더불어 사회 내에서의 목소리도 점차 높아졌다.

대지주의 대응방식은 지역마다 약간씩 달랐다. 서유럽에서는 소작농에게 추가로 무상노동을 요구하거나 이른바 '금납제金納制'로 전환했다. 그로 인해 새로운 기회를 찾아서 영주의 땅을 이탈, 도시로 이동하는 현상이 빈번해졌다. 사회적 유동성이 높아진 서유럽과는 달리 인구가 희박했던 동유럽에서는 농민들이 재차 중세의 농노 신분을 강요당하는 이른바 '재판 농노제再版 農奴制'가 출현했다. 발트해를 통한 대규모 곡물 수출이 주 수입원이던 대지주들은 증가하는 곡물 수요에 부응하기 위해 안정적인 노동력 공급이 절실했던 것이다.

다른 한편으로, 흑사병이 초래한 새로운 사회변화가 모두에게 유리했던 것만은 아니었다. 항상 그러하듯이 변화의 조짐을 간파하고 그 흐름에 동참하거나 적어도 순응하는 자는 풍요를 누렸으나 그렇지 못한 자는 더 심한 곤경에 처했다. 아니나 다를까, 1350~1425년에 중세 유럽은 수백 건에 달하는 대중 반란으로 몸살을 앓았다. 예컨대, 1358년 프랑스 파리 인근 농촌에서 일어난 '자크리' 농민반란에서부터 1378년 피렌체에서 모직산업 노동자들이 주도한 '치옴피의 난亂' 및 1408년 북유럽의 무역도시 뤼베크에서 터진 도시민 반란까지 다양했다. 물론 기존 체제에 대한 이들의 저항은 대부분 실패했으나, 이때 확립된 대중 반란의 전통은 이후 200년 이상 유럽인의 삶 속에서 '자유'를 향한 동력으로 작용했다.

이처럼 14~15세기는 유럽인에게 고난과 역경의 시대였다. 앞에서 살펴본 바처럼 기근과 흑사병은 당대 인구의 거의 절반을 죽음으로 내몰았고, 백년전쟁과 같은 이 시기 무력충돌은 이러한 고난을 가중시켰다. 하지만 우리는 이처럼 열악한 환경 속에서도 유럽 문명은 살아남아 오늘날까지 이어지고 있음을 기억해야 할 것이다. 이는 어둠의 시기에도 용기와 희망을 품고 흑사병에 맞서 싸운 중세인들이 있었기에 가능했으리라. 고로 어느 면에서 중세 말기는 서양문명의 쇠퇴기가 아니라 역경에 굴하지 않고 유산遺産을 지켜낸 창조와 혁신의 시대였는지도 모른다.

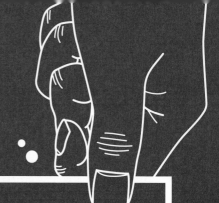

1429년 오를레앙 공성전

잔 다르크는 왜?
평범한 소녀가 기사처럼 무장한 채
오를레앙으로 달려갔을까?

1429년 봄, 지속적인 승리로 들떠 있던 오를레잉의 영국 포위군은 깜짝 놀랐다. 바로 자신들의 요새 앞에 웬 남장 처녀가 갑옷으로 중무장한 채 프랑스 왕실 깃발을 들고 서 있었기 때문이다. 그녀는 바로 연속적 패전으로 위기에 처한 프랑스의 구원투수, 잔 다르크 Jeanne d'Arc였다. 이날 벌어진 오를레앙 공성전은 일명 '백년전쟁 the Hundred Years' War(1337~1453)'의 결정적 분기점이었다. 그동안 줄곧 수세에 몰렸던 프랑스가 이후로 승기를 잡아 종국에는 백여 년에 걸친 전쟁을 마무리하고 영국 세력을 유럽대륙으로부터 몰아낼 수 있었기 때문이다. 이러한 전세 역전의 중심에 바로 오를레앙의 성녀聖女, 잔 다르크가 있었다.

한낱 무명의 시골처녀였던 그녀는 왜 그리고 어떻게 백년전쟁의 한복판에 서게 됐을까? 오를레앙 해방 작전에서 어떤 활약을 했을까? 그리고 이 전투의 결과가 이후 영국과 프랑스 관계에 미친 영향은 무엇일까?

1막

잔 다르크는 중세 말기의 유럽을 피로 물들인 백년전쟁의 후반기에 살았다. 그 명칭부터 긴 느낌을 주는 백년전쟁은 1337년부터 1453년까지 프랑스의 왕좌와 영토를 차지하기 위해 영국과 프랑스의 통치자들이 벌인 전쟁을 말한다. 이 전쟁은 중세 말에 벌어진 군사적 충돌들 중가장 규모가 크고 일시적 휴전으로 간혹 중단되기도 했으나 장기간 광범한 영역에서 수행됐다. 충돌의 주인공은 영국과 프랑스였으나 전쟁의국면 변화에 따라 서유럽의 여러 개 국가들이 연루됐다. 전쟁은 유럽대륙의 정치지형도를 변화시켰음은 물론이고 무엇보다도 전쟁 당사국인 영국과 프랑스의 백성들에게 엄청난 고통과 희생을 초래했다. 바로이러한 고난의 시대에 잔 다르크가 활동한 것이었다.

그렇다면 영국과 프랑스는 왜 이토록 긴 전쟁을 벌이게 됐을까? 가장 근본적인 이유는 영국 왕실이 프랑스 남부에 영지(가스코뉴 공국)를갖고 있었다는 사실이었다. 11세기에 노르망디 공 윌리엄이 잉글랜드를정복한 이후 영국 왕실은 결혼으로 맺은 복잡한 혈연관계 덕분에 프랑스 땅에 넓은 영지를 보유할 수 있었다. 그런데 중세 말기에 유럽 각국에서 왕권이 강화되기 시작하면서 '일정한 국경 안에서 단일한 왕이 지배하는 영토적 실체가 바로 왕국'이라는 인식이 높아졌다. 이에 따라 프랑스 땅에 있던 영국인들의 영지가 프랑스 왕실에는 눈엣가시 같은 존재로 부각됐다. 더구나 이 시기에 프랑스는 나름 유럽대륙의 패권 국가를 꿈꾸고 있었기에 자국 영토 안에 버티고 있는 영국인들의 존재를 인정하기가 매우 힘들었다. 이처럼 불만이 고조되면서 프랑스는 무슨 수를 써서라도 영토를 회복해야겠다고 벼르게 됐다.

드디어 14세기 초경 기회가 찾아 왔다. 주요 양모산업 지역이던 플랑드르 지방에서 문제가 불거졌다. 오래전부터 이곳에서는 모직물 산업이 발달해 왔는데, 문세는 원료인 양모羊毛를 내부분 영국에서 수입했다는 점이다. 그러다 보니 이곳 주민들은 형식상으로는 프랑스 국왕에 속하나 실질적으로는 영국과 긴밀한 상업적 유대관계를 맺고 있었다. 양국 간 누적되어 온 갈등에다가 플랑드르 주민들의 어정쩡한 태도에 화가 난 프랑스가 1328년 기습적으로 플랑드르 지역을 점령했다. 이에 대항해 영국 왕 에드워드 3세가 양모 수출 금지 조치를 발동하자 진퇴양난의 상황에 처한 플랑드르 주민들은 신민臣民의 의무보다는 경제적 이해를 중시한 채 에드워드 3세를 자신들의 영주로 인정하기에 이르렀다.

이처럼 갈등이 첨예하게 고조된 상황에서 터진 프랑스의 왕위 계승 문제가 양국의 군사적 충돌에 불씨를 던졌다. 1328년 프랑스 카페 왕조의 샤를 4세가 후계자 없이 죽자 프랑스 귀족회의에서 발루아 왕조의 필리프 6세를 새로운 국왕으로 추대했다. 이에 대해 얼마 후 영국 왕 에드워드 3세가 강력하게 반대하고 나섰다. 한발 더 나아가서 그는 자신은 프랑스의 이전 왕 필리프 4세의 외손자이기에 합법적인 프랑스 왕위 계승자라고 주장했다. 갈등의 골이 깊어진 와중에 1337년 5월, 프랑스 왕 필리프 6세가 프랑스 내 영국 땅을 몰수하는 조치를 단행하자 같은 해 가을 에드워드 3세가 도버해협을 건너 프랑스로 쳐들어왔다. 이것이 이후 무려 1세기 동안이나 계속되

장궁병과 기마병

리라고는 초기엔 누구도 짐작하지 못했으리라.

백년전쟁은 크게 세 단계로 진행됐다. 우선 영국의 군사적 승리가 이어진 첫 단계(1337~1360)이다. 백년전쟁 전반기를 대표하는 크레시(1346) 및 푸아티에(1356) 전투에서 영국군은 대승을 거뒀다. 프랑스군은 수적으로는 우세했으나 대부분 이탈리아 용병인데다가 믿었던 중장기병대마저 영국군의 신무기였던 장궁長弓의 공격에 속수무책으로 무너졌던 것이다. 이러한 상황에 농민반란까지 겹치면서 프랑스는 더 이상 전쟁을 지속하지 못하고 굴욕적인 브레타니 조약(1360)을 체결했다. 이에 따라 프랑스는 칼레 및 서남부의 대부분 영토를 영국에 내어줄 수밖에 없었다.

그러나 애초부터 승자의 강요로 맺어진 조약인지라 그 효과는 길지 못했다. 양국 간의 불안한 평화가 조만간 깨어질 거란 조짐은 1364년 강력한 리더십을 갖춘 샤를 5세가 프랑스 국왕으로 등극하면서 짙어졌다. 즉위 후 그는 왕권을 강화하여 국내의 질서를 회복하고, 용병대장 출신의 유능한 인물을 군사령관으로 등용하여 영국군에 필적하는 강력한 상비군을 육성하는 데 성공했다. 드디어 1372년 바다와 육지에서 동시다발적으로 시도된 프랑스군의 공격 앞에서 영국군은 제대로 된 대응을 할 수 없었다. 당시 영국은 흑사병의 여파로부터 아직 벗어나지 못하고 있었기에 대륙 원정군을 동원할 만한 여력이 없었다. 결과적으로 1380년 샤를 5세가 갑자기 죽었을 때, 프랑스 내 영국 왕실 영지는 보르도와 칼레 부근의 작은 영역으로 대폭 축소되어 있었다.

하지만 굴욕적 패배는 기억되어 언젠간 복수를 불러오는 법! 치열한 왕위계승 경쟁을 통해 권좌에 오른 영국의 헨리 5세는 즉위하자마자 프랑스와의 전쟁 준비를 선포했다. 야심만만한 성격에 탁월한 외교력까지 겸비한 헨리 5세는 독일 황제 및 당시 자국 왕실과 대립각을 세우고 있던 프랑스 부르고뉴 공작과 동맹을 맺었다. 국내외적으로 준비 작업을 끝낸 헨리 5세는 마침내 1414년 8월 대군을 이끌고 프랑스 원정을 감행했다. 1415년 10월 말 아쟁쿠르 전투에서 대승을 거둔 영국군은 이듬해에는 노르망디의 중심도시인 루앙마저 점령, 프랑스 중심부로 진격할 수 있는 교두보를 확보했다. 곧 영국군이 중북부 지역마저 장악하자 달리 방도가 없었던 프랑스는 1420년 5월 헨리 5세와 트루아 조약을 맺고, 그를 프랑스의 왕위를 이어받을 후계자로 인정하기에 이르렀다.

바로 여기에서 전쟁은 잔 다르크의 활약이 펼쳐지는 제3단계로 이어진다. 갑작스러운 영국의 국내 정세 변화가 프랑스인들의 저항심을 자극했다. 1422년 헨리 5세가 급서하면서 불과 두 살도 안 된 왕세자가 헨리 6세로서 영국-프랑스 연합국의 왕위를 계승했다. 왕권이 약화되면서 영국 정계에서 치열한 권력 다툼이 다반사로 벌어졌다. 프랑스에 있는 자국 영지에 대한 통제력이 당연히 약화될 수밖에 없었다. 이 틈에 프랑스 남부의 영주들이 주도하여 그곳에 피신해 있던 왕세자를 국왕으로 옹립하려고 모의했다. 이러한 정보를 입수한 영국군이 1428년 가을 프랑스 남부로 통하는 요충지인 오를레앙 성을 포위하고 공격하기 시작했다.

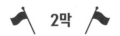

2막

이러한 상황 속에서 프랑스를 구원할 수호자로 잔 다르크가 출현했다. 흔히 우리나라의 유관순 열사와 비교되곤 하는 잔 다르크는 누구일까? 그녀는 1412년 당시 프랑스 왕국의 동쪽 경계지대였던 로렌 지방의 동레미라는 작은 마을에서 태어났다. 부친 자크 다르크는 방목지가 딸린 작은 농장을 갖고 있었고, 한동안 마을 대표를 맡아 볼 정도로 식견도 있었다. 독실한 가톨릭 집안에서 자란 잔은 마을 성당에서 세례를 받았다. 어릴 때부터 잔은 가사를 돕고 가축에게 꼴을 먹이고, 오빠들이 없을 때는 양을 돌보기도 했다. 그러던 어느 날 13세쯤 됐을 때 그녀는 처음으로 장차 자신을 역사의 소용돌이 속으로 밀어 넣을 신의 음성을 접하게 됐다.

이러한 현상이 반복되면서 그녀는 곧 이를 천사의 소리라고 믿게 됐다. 음성의 핵심 내용은 "길을 떠나 프랑스로 가라"는 것과 오를레앙에서 영국군을 몰아내리라는 것이었다. 그럴 때마다 그녀는 자신은 전쟁은 고사하고 말을 탈 줄도 모르는 힘없는 소녀일 뿐이라고 대답했다. 결국에는 계속 들려오는 '왕을 구하라'는 신의 음성을 거역할 수 없었다. 기록에 의하면, 잔 다르크는 친척 아저씨와 동행한다는 명목으로 부모를 안심시킨 후, 수차례 도전 끝에 1429년 1월 인근 도시의 수비군 지휘관을 면담하고 그의 도움으로 마침내 1429년 3월 초에 왕세자 샤를을 알현할 수 있었다. 왜 왔고 무엇을 원하느냐는 샤를의 질문에 잔은 "하나님께서 내게 두 가지를 말씀하셨는데, 첫째는 오를레앙을 해방시키는 일이고, 둘째는 왕세자를 랭스로 모시고 가서 왕좌에 앉히는 일이오"라고 대답했다.

그렇다면 왕세자 샤를은 왜 무명의 시골 소녀를 만나려고 결심했을까? 이는 당시 샤를 자신과 프랑스가 처한 상황이 지푸라기라도 잡을 정도로 절박했음을 반증하는 것이었다. 당시 26세였던 샤를의 경우, 부친인 선왕 샤를 6세로부터 출생의 합법성을 의심받은 탓에 선왕이 죽은 이후에도 여전히 왕좌에 오르지 못하고 있었다. 더구나 자신과 대립한 부르고뉴 공국이 영국군과 손을 잡고 연이어 프랑스군을 궁지로 몰아넣고 있었다. 이러한 진퇴양난의 상황에서 왕세자 자신이 할 수 있는 것은 없었다. 전쟁 수행 관련해서도 거의 전적으로 참모들의 조언에 의존할 뿐 독자적인 판단력과 결정력을 보여주지 못하고 있었다.

이러한 처지에 있던 샤를에게 잔은 무엇인가 돌파구를 제공할 인물로 여겨졌다. 첫 면담 후 검증과정을 거친 잔은 군사들을 이끌고 오를레앙 성으로 가라는 허락을 받았다. 오를레앙 성은 영국군이 프랑스 남부로 진출하기 위해서는 반드시 점령해야만 하는 당시 인구 3만 명에 달한 요충도시였다. 그래서 1429년 4월 말 잔이 전장에 도착하기 반년 전부터 약 5천 명의 영국군이 오를레앙 성을 포위한 채 일진일퇴의 공방전을 이어오고 있었다. 양측 모두 기진맥진한 상황에서 신으로부터 도시를 해방시키라는 명령을 받은 신의 사자使者가 왔다는 소식이 전장에 퍼지면서 프랑스군의 사기는 크게 올라갔다. 갑옷으로 남장을 한 잔 다르크가 군기를 들고 선봉에서 독려한 덕분에 사기가 오른 프랑스군이 5월 10일경 영국군의 마지막 보루였던 루렐 요새를 함락시키고 오를레앙을 해방시키는 데 성공했다. 이어서 1430년 왕세자 샤를은 랭스의 노트르담 성당에서 정식으로 프랑스 왕 샤를 7세로 즉위할 수 있었다. 이제 잔 다르크는 프랑스를 구할 민중의 영웅으로 알려지기 시작했고, 샤를이나 다른 귀족들도 그녀의 말을 무시할 수 없었다.

그러나 예나 지금이나 정치의 세계는 냉엄한 법! 평범한 소녀였던 잔 다르크가 민중의 주목을 받으면서 권력자와 귀족들이 점차 불편함을 느끼게 됐다.

오를레앙으로 입성하는 잔 다르크

신의 위임을 받았다고 주장하는 잔 다르크가 국가적 영웅이 아니라 국왕에 대한 충성심을 뒤흔드는 골칫거리로 변한 것이었다. 지배층의 잔 다르크 제거 음모는 곧 현실로 나타났다. 1430년 영국군과 동맹 관계에 있던 부르고뉴 가문의 군인들이 전투 중 잔 다르크를 생포하여 영국군에 팔아넘기는 사태가 발생했다. 아니나 다를까 잔 다르크의 활약 덕분에 옥좌에 오를 수 있었던 샤를 7세는 수수방관한 채 아무런 조치도 취하지 않았다. 결국에 잔 다르크는 마녀로 고발되고 이단으로 심문과 고문을 당한 뒤. 1431년 5월 루앙의 시장 광장에서 19살의 꽃다운 나이에 화형火刑을 당하고 말았다.

잔 다르크의 희생은 프랑스 국민과 군의 사기를 크게 고무했다. 계속된 영국군과의 전투에서 프랑스군은 연전연승을 거두었다. 마침내 1453년 영국군의 점령 아래에 있던 보르도를 해방시킴으로써 백년 동안 이어져 온 전쟁에 종지부를 찍었다. 이후 프랑스 영토에 대한 영국의 지배권은 프랑스 북부 끝의 칼레 항구로 국한됐고, 이마저도 1558년 프랑스에 빼앗기고 말았다.

3막

거의 1세기 동안 이어진 백년전쟁은 이후 영국과 프랑스의 역사 및 유럽사에 어떤 영향을 미쳤을까? 우선, 영국부터 살펴보자. 유럽 대륙의 영토를 상실한 영국에서는 백년전쟁에 이어서 일명 '장미전쟁'이라고 불리는 내전이 30년 동안이나 이어졌다. 국왕 헨리 6세의 무능을 더이상 참지 못하고 귀족계급이 반란을 일으킨 것이었다. 요크 가문과 랭커스터 가문 간의 최종 대결로 압축된 귀족의 반란은 1485년 랭커스터 가문의 왕위 주창자인 헨리 튜더가 보스워스 평야 전투에서 요크 가문의 리처드 3세를 무찌르면서 끝났다. 이어서 실권을 장악한 헨리 튜더가 요크 가문의 엘리자베스와 결혼함으로써 내전을 완전히 종결 짓고, 튜더 왕조를 개창했다. 본의 아니게 섬나라로 변한 영국은 이후 국가발전의 방향을 해양에 두고 해외교역과 해군력 강화에 주력한 결과, 18세기에 세계적인 해양강국으로 올라설 수 있었다.

실제 전쟁터였던 프랑스에는 어떠한 영향을 끼쳤을까? 무엇보다도 백년전쟁을 통해 프랑스는 왕권 강화의 기틀을 마련할 수 있었다. 전쟁 기간 중 부르고뉴나 가스코뉴와 같은 대귀족 가문의 도전으로 힘든 상황에 직면한 적도 있었으나, 프랑스 왕국은 항상 놀라운 회복력을 발휘했다. 특히 전쟁 수행이라는 불가피한 명분 덕분에 신설할 수 있었던 국세國稅는 1789년 프랑스 혁명으로 왕정이 무너질 때까지 왕실 재정의 대들보 역할을 했다. 신설 재원을 바탕으로 프랑스 왕실은 상비군을 창설 및 육성하여 이후 어떠한 귀족의 도전도 물리칠 수 있었다. 15세기 말에 이르러 프랑스는 한 명의 국왕이 통치하는 통일왕국을 이룩할 수 있었다.

그러나 국왕과 프랑스를 외적의 침략으로부터 구하는 데 일등공신이 분명한 잔 다르크는 절대왕정 기간에는 별다른 주목을 받지 못했다. 오히려 '성녀聖女'가 아니라 '마녀'의 이미지로 덧칠됐다. 왕권신수설 아래 모든 것이 국왕 한 사람에게로 집중되어야만 했기 때문이다. 하지만 왕정의 그늘에 가려져 있던 '오를레앙의 처녀' 잔 다르크는 프랑스 민족주의가 발아한 프랑스 혁명기와 나폴레옹 통치기에 애국의 화신이자 '오를레앙의 성녀'로 추앙되기 시작했다. 이후 민족주의의 확대 및 성장과 더불어 잔 다르크는 프랑스의 수호자이자 민중의 딸로 재탄생했고, 이러한 애국과 민중의 이미지는 프랑스 국경을 넘어서 세계 각지로 전파됐다.

1453년 동로마제국 멸망

메흐메트 2세는 왜?
콘스탄티노플 성벽 앞에
초대형 대포를 배치했을까?

1453년 4월 초순의 어느 날, 보스포루스 해협이 내려다보이는 언덕에서 하얀 터번을 두른 한 건장한 사내가 '천년 제국의 수도' 콘스탄티노플Constantinople을 유심히 응시하고 있었다. 얼핏 보기에도 도시는 난공불락의 요새처럼 보였다. 삼면은 바다로 둘러싸여 있고, 육지에 면한 쪽은 멀리서 보더라도 족히 10미터가 넘을 것 같은 이중성벽이 감싸고 있었기 때문이다. 이러한 도시를 이글거리는 눈으로 바라보고 있는 그는 유년기 이래 이 도시를 탐해 온 오스만제국의 술탄 메흐메트 2세Mehmed II(재위 1451~1481)였다. 도시를 둘러싼 성벽 안에서 비잔티움제국 황제 콘스탄티누스 11세는 제국의 수뇌부 인사들과 대책회의를 거듭하고 있었다. 여느 때와 달리 이들의 얼굴에는 불안감이, 그리고 회의장 안에는 긴장감이 감돌고 있었다. 무엇보다도 지난 며칠간 바람에 실려 성벽 안까지 울려 퍼지던 황소 떼의 울부짖음이 갑자기 멈췄기 때문이다. 얼마 후 도시의 운명을 가를 '우르반의 거포巨砲'가 성벽 앞에 모습을 드러내면서 콘스탄티노플 주민들을 경악시켰다.

왜 즉위한 지 겨우 2년 남짓한 젊은 술탄은 초대형 대포를 동원하면서까지 이 도시를 손아귀에 넣으려고 했을까? 무려 천년을 버텨온 이 도시는 왜 이번에는 수성에 실패했을까? 그리고 이 도시의 함락은 이후 유럽사 및 세계사에 어떠한 영향을 미쳤을까?

⚔ 1막 ⚔

5세기 말에 서로마가 멸망한 이후에도 동로마제국은 건재하여 이후 1천년 동안 비잔티움제국이란 이름으로 명맥을 유지했다. 6세기에는 유스티니아누스 황제의 통치 아래 과거 로마제국 영토의 상당 부분을 수복하는 등 위세를 떨쳤다. 수도 콘스탄티노플 주민들은 자신들의 도시가 로마제국의 유산을 이어받은 '세계의 중심'임을 자랑스러워했다. 이 도시는 유럽과 근동 아시아의 교차로라는 입지 덕분에 이후 오랫동안 막강한 영향력을 행사해 왔다. 유럽에서 가장 크고 중요한 거점도시로서 동방 물산을 서양으로 공급하는 물류창고 역할을 했다. 이곳에서는 먼 동양에서 온 중국산 비단과 도자기, 무엇보다도 인도와 동남아시아에서 온 후추를 비롯한 향신료가 집적된 후 베네치아 상인들을 통해 유럽 내륙으로 유통됐다.

이처럼 엄청난 부가 몰리는 도시이다 보니 일찍이 8세기경 이슬람 팽창의 물결이 들이닥친 이래 비잔티움제국과 그 중심지인 콘스탄티노플은 끊임없는 침략에 시달려야만 했다. 그때마다 주민들은 도시를 둘러싼 견고한 성벽에 의지하여 외침을 막아낼 수 있었다. 하지만 '가랑비에 옷 젖는다'는 말처럼 수 세기 동안 이어진 전쟁으로 비잔티움제국의 국방력은 점차 고갈되어 왔다. 무엇보다도 14세기 초반에 부상한 오스만튀르크의 위협을 막아내기가 더욱 버거워졌다. 1361년경에 이르면 오스만제국은 비잔티움제국이 전성기를 누릴 때 차지했던 영토 대부분을 점령했다. 심지어 흑해와 지중해를 연결하는 해협마저 빼앗긴 탓에 비잔티움제국은 콘스탄티노플이라는 도시국가나 진배없는 처지가 됐다.

이러한 상황은 아나톨리아의 고원지대에 거주하던 오스만튀르크족의 발흥에서 연유했다. 13세기 말에 오스만튀르크 왕조(이하 오스만 왕조)는 소아시아 변경지역에서 힐거하던 부족들 중 주도적인 가문으로 자리를 굳혔다. 새로운 환경과 상황에 슬기롭게 적응한 이들은 불과 반세기도 지나지 않아서 소아시아는 물론이고 발칸반도의 대부분 지역을 지배할 정도로 성장했다. 이제는 콘스탄티노플마저 넘볼 정도로 강국이 됐고, 실제로 1396년과 1402년 연거푸 콘스탄티노플에 대한 공략을 시도했다. 하지만 비잔티움제국에게는 운 좋게도 이 시기에 오스만제국이 티무르 몽골제국의 침략을 받는 덕분에 몰락을 면할 수 있었다. 이로부터 약 20년이 지난 후 오스만의 압박은 재개됐다. 이처럼 15세기 초반부터 콘스탄티노플에 대한 오스만의 위협이 상존하면서 조국을 등지고 서유럽으로 떠나는 사람들이 끊임없이 이어졌다. 동료 주민들 중에는 이들을 비난하는 사람도 있었다. 하지만 이로부터 반세기도 안 되어 이들의 비난은 어느 면에서는 부러움으로 바뀌었다.

1451년 메흐메트 2세가 오스만제국의 새로운 술탄으로 즉위하면서 흑해 연안에 전운戰雲이 감돌기 시작했다. 약관 19세였으나 그는 냉혹한 성격에 야심만만하고 비범한 인물로 알려졌다. 실제로 일거수일투족이 이전의 술탄들과는 근본적으로 다른 인물이었다. 어린 시절부터 그는 난공불락의 도시 콘스탄티노플을 수중에 넣는 것을 삶의 목표로 삼아왔다. 실제로 메흐메트는 평소에도 매일 밤 자신의 면전面前에서 알렉산드로스 대왕의 전기를 낭송케 할 정도로 전쟁사에 매료되어 있었다. 그는 자신의 꿈은 알렉산드로스와 카이사르를 결합한 진정한 세계의 지배자가 되는 것이라고 공언했다. 이러한 그의 호언이 빈말이 아님은 그가 당대 군사학에 매우 정통해 있었다는 사실을 통해 엿볼 수 있다. 그는 유럽 지도와 최첨단 공성전을 다룬 이탈리아의 군사학 논고들을 입수, 이를 토대로 연구함으로써 최신 군사기술을 습득할 수 있었다.

무엇보다도 술탄은 병참의 중요성을 인식하고 공성전에 필요한 대포와 화약 등 필수물자를 최대한 확보하는 한편, 무엇보다도 이의 동원시스템을 마련했다.

메흐메트는 사전에 치밀하게 계획된 마스터 플랜에 따라 콘스탄티노플 공략 작전에 시동을 걸었다. 도시를 직접 공격하기 이전에 먼저 콘스탄티노플을 외부와 고립시키는 일부터 시도했다. 1452년 4월 중순 술탄은 흑해로 통하는 길목인 보스포루스 해협에 연한 유럽 지역의 가장 협소한 병목 구간에 새로운 성채 건설을 착수했다. 요새의 설계 단계에서부터 깊숙이 개입할 정도로 술탄은 열의를 보였다. 성채를 신설하는 목적은 분명했다. 아시아 쪽에 있는 기존 성채(아나돌루 요새)의 맞은편에 새로운 요새를 건설하여 흑해로 통항하는 모든 선박을 감시 및 통제하려는 것이었다. 직접적으로는 인원과 물자가 바다를 통해 콘스탄티노플로 보급되는 것을 완전히 차단하여 본격적인 공격 개시 이전에 도시의 숨통을 단단하게 조이려는 조치였다. 술탄의 독려에 강행군한 결과 마침내 1452년 8월에 새로운 성채인 '루멜리 요새'가 완공되어 그 웅장한 모습을 드러냈다. 기쁨에 넘친 술탄은 잠시 이곳에 머물면서 저 멀리서 그 자태를 뽐내고 있는 '천년의 도시' 콘스탄티노플을 날카롭게 살펴보았다.

소문대로 도시는 가히 '철옹성'이라 불릴 만했다. 거의

술탄 메흐메트 2세

완벽한 방어시설을 갖추고 있는 듯했다. 넓은 마르마라 만灣 쪽은 거센 물살과 높고 두꺼운 성벽으로, 좁은 금각만金角灣, Golden Horn으로 통하는 입구는 수면 아래에 설치된 굵은 봉쇄용 쇠사슬로 방비되고 있었다. 발칸반도로 이어진 육지 쪽은 더욱 난공불락이었다. 육지 쪽을 막고 선 이중성벽은 총 길이가 6.5킬로미터에 이르고, 사이사이에 192개의 우뚝 선 망루가 설치되어 있었다. 이중벽의 외벽은 높이가 7.6미터이고 내벽은 무려 12.2미터에 달했다. 외外성벽 앞에 설치된 방책과 넓이 20여 미터에 달한 해자垓子까지 고려할 경우, 가히 삼중 성벽이라 불리기에 충분했다.

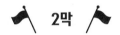

2막

수차례에 걸쳐서 도시의 방어 상태를 면밀하게 관찰한 메흐메트 2세는 제국의 전 역량을 투입할 필요가 있다고 판단하고, 콘스탄티노플을 공략하기로 최종 결단을 내렸다. 전군全軍에 동원령을 발동해 총 10만 명에 육박하는 대군을 모았다. 여기에는 오스만제국의 정예병력인 예니체리 군단 및 아나톨리아 보병대는 물론이고 슬라브인, 헝가리인, 그리스인 등 다양한 민족으로 구성된 비정규군들도 수천 명씩 포함되어 있었다. 하지만 다른 무엇보다도 주목을 끈 것은 헝가리 태생의 대포 제작자 우르반Urban과 그의 손을 통해 탄생한 거대한 대포였다. 자신의 아이디어와 제안을 선뜻 받아들인 젊은 술탄의 환대에 감동한 우르반은 헝가리 출신 기독교도였음에도 불구하고 혼신을 다해 대포 제작에 매진했다.

얼마 후 마침내 세계사를 바꾼 무기로 거론되는 '우르반의 거포ㅌ

砲'가 그 모습을 드러냈다. 제작이 완성된 대포는 포신의 길이만 8.5미터에 청동제 포열의 두께는 무려 20센티미터에 달했다. 어찌나 무거운지 오스만제국의 수도인 에디르네에서 제작한 대포를 콘스탄티노플 외곽까지 운반하는데 육중한 황소 60마리가 동원될 정도였다. 대포는 지름이 64센티미터에 이르는 석환石丸을 1.6킬로미터까지 날려 보냈다. 당대에 이에 필적할 만한 무기가 없을 정도로 가히 가공할 화력을 지닌 술탄의 비밀병기라 불리기에 손색이 없었다.

우르반의 거포

만반의 준비를 끝낸 메흐메트 2세는 드디어 1453년 3월 초 당시 비잔티움제국의 황제 콘스탄티누스 11세에게 '즉각 항복하고 성문을 열라'는 내용의 최후통첩을 보냈다. 지난 수세기 동안 그랬던 것처럼 이번에도 난공불락의 성벽이 지켜 주리라고 굳게 믿은 비잔티움 황제는 술탄의 항복 요구를 거절했다. 하지만 이러한 콘스탄티누스 황제의 낙관이 심각한 비관으로 바뀌는 데는 긴 시간이 필요하지 않았다. 베일 속에 감추어져 있던 비밀병기 우르반의 대포가 그 진가를 드러낸 것이었다. 대포에 대해 보고를 받은 콘스탄티누스 황제는 소스라치게 놀랐으나 이미 주사위는 던져진 상황이었다. 한달 여 숨 고르기 끝에 술탄은 드디어 도시를 포위하고 있던 군대에 공격 개시 명령을 발했다.

1453년 4월 12일, 최전방에 배치된 포대가 불을 뿜으면서 역사적인 전투에 막이 올랐다. 우르반의 거포가 하루에 거의 일곱 번씩 콘스탄티노플 성벽을 향해 육중한 석환을 날려 보내기 시작했다. 이렇게 장장 53일 동안 콘스탄티노플에 대한 포격이 이어졌다. 사전에 포격에 필요한 인원과 물자, 특히 다량의 화약을 확보해 놓았기에 가능한 일이었다. 알려진 바에 의하면, 술탄의 군대는 공성 기간 중 화약 25만 톤을 사용하여 거의 5만 발에 달하는 거대한 대포알을 콘스탄티노플 성벽으로 발사했다. 이날의 공성전은 화약무기 시대의 본격 도래를 알리는 신호탄이었다. 매일마다 날아간 거대한 돌덩이들이 견고한 성벽에 점차 균열을 내기 시작했다. 천년에 걸쳐 강화되어 온 '테오도시우스 성벽'의 붕괴는 콘스탄티노플의 멸망을 의미했다. 거포에서 발사된 포탄은 성벽을 넘어 시내 한복판에 떨어지기도 했다. 도시 전체가 공포 분위기에 휩싸였다.

비잔티움제국 황제 콘스탄티누스 11세는 열세한 병력을 이끌고 성벽에 의지하여 거의 한 달 이상을 버텨냈다. 하지만 점차 수비병들의 피로가 누적되고 비축된 물자가 바닥을 드러냈다. 온갖 불길한 소문이 떠돌면서 도시민들의 사기마저 빠르게 떨어졌다. 오스만제국의 공격이 개시되기 이전에 동방정교회와 로마가톨릭의 통합을 조건으로 서방 진영에 지원을 요청한 바 있으나 이미 때가 늦었는지 아무런 소식이 없었다. 사실상 당시 서유럽 각국은 내부 문제로 인해 먼 동방에까지 신경 쓸 여력이 없었다. 영국과 프랑스는 오랜 백년전쟁으로 지쳐있었고, 독일의 제후들은 서로 싸움질하느라 정신이 없었다.

드디어 5월 29일 오스만군은 총공세로 돌입했다. 우선 비정규군으로 구성된 보조병 부대가 한바탕 휘저은 후 곧바로 정규군인 아나톨리

아 군단의 파상공세가 이어
졌다. 공격이 도시 북서쪽의
취약한 성벽지대에 집중된
탓에 점차 방어선이 흐트러
졌다. 이때 최정예부대 예니
체리 군단의 공세가 이어지
면서 잘 버텨오던 수비대의
전열이 무너지기 시작했다.
이 틈을 타서 침투한 예니체
리 병사가 외성 성탑에 오스
만제국의 초승달 깃발을 내
걸었다. 사투 끝에 오스만의
병사들이 내벽의 망루를 장

콘스탄티노플에 입성하는 메흐메트2세

악하고 성문을 여는데 성공했다. 그곳으로 오스만제국의 병사들이 물
밀 듯이 쏟아져 들어왔다. 성벽에 의지하여 불과 7천 명의 병력으로 수
성守城에 임하던 비잔티움제국의 최후 황제 콘스탄티누스 11세는 격전
의 와중에 장렬하게 전사했다.

술탄의 병사들은 소피아 대성당 앞 황제의 광장으로 몰려들었다. 대
성당의 청동문 뒤편으로는 수많은 도시 주민이 몰려들어 각자의 수호
성인에게 도움을 빌고 있었다. 하지만 이러한 염원도 약탈과 살상을 막
을 수 없었다. 술탄은 이 도시를 오스만제국의 새로운 수도로 선포했다.
이어서 도시 및 동방교회의 상징이던 소피아 성당을 이슬람 모스크로
개조시켰다. 난공불락을 자랑하던 동방정교회의 심장도시 콘스탄티노
플은 이제 이스탄불이라는 이슬람의 중심도시로 명칭이 바뀌었다.

3막

1453년 5월 29일, 마침내 콘스탄티노플은 오스만제국의 젊은 술탄 메흐메트 2세의 수중으로 떨어졌다. 이 사건으로 천년의 세월 동안 존속해온 비잔티움제국은 역사의 뒤안길로 사라졌다. 지난 수 세기 동안 이슬람의 유럽 진출을 막아준 방파제, 콘스탄티노플이 바로 그 이교도의 손에 떨어졌다는 소식은 온 유럽을 충격으로 몰아넣었다. 무엇인가 세상의 종말이 도래한 듯한 두려움이 유럽인들의 심성을 가득 채웠다. 그도 그럴 것이 긴 세월 동안 당연한 것으로 여겨온 '난공불락의 도시' 콘스탄티노플의 존재감이 갑자기 사라져버렸기 때문이다. 아니나 다를까 오스만제국은 이를 발판으로 동지중해 및 발칸반도에 대한 지배권을 한층 강화할 수 있었다.

군사적 측면에서 콘스탄티노플의 함락은 서양의 축성술 변화에 결정적인 영향을 미쳤다. 이제 대포의 위력 앞에서 중세의 기존 성곽은 거의 무용지물이나 다름없게 됐다. 중세의 성벽은 향상된 대포의 포격을 견디기에는 부적합했다. 높은 성탑은 적에게 포격목표와 그 사거리까지 가늠케 하는 애물단지로 변했다. 대포의 성능 향상과 반비례해 중세 성의 정치군사적 기능은 약화됐고, 포대의 공성攻城에 대응할 수 있는 고비용의 새로운 축성술이 절실해졌다. 중세처럼 한 지역의 영주가 자신의 성에 의지해 안보를 담보하던 시대는 이제 옛말이 됐다. 대포가 대형화되면서 마을의 대장간에서 망치질로 주조하던 시대도 기억 저편으로 사라졌다. 근력무기의 시대가 아닌 화약무기의 시대, 기병의 시대가 아닌 보병의 시대, 그리고 중세 봉건국가가 아닌 절대왕정의 시대가 바야흐로 개막된 것이었다.

화려함을 자랑한 한 세력이 쇠하면 다른 기운이 부상하는 것이 역사 전개의 이치인 듯, 비잔티움제국의 멸망은 유럽의 새로운 변화인 르네상스를 자극했다. 천년 넘게 그리스-로마의 문화를 간직해온 비잔티움제국이 사라지면서 다양한 유형의 사람들이 특히 이탈리아반도로 이주하면서 이들과 함께 온 고대 그리스의 지적 유산이 르네상스라는 근대의 흐름을 일으키는 원동력이 됐기 때문이다. 이러한 맥락에서 흔히 역사가들은 콘스탄티노플이 이슬람의 수중으로 떨어진 1453년을 중세와 근대의 분기점으로 설정하고 있다.

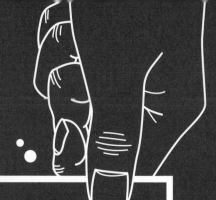

1492년 콜럼버스의 항해

콜럼버스는 왜?

무모하게도 서쪽으로 항해했을까?

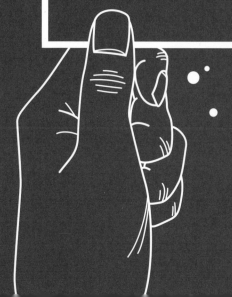

1491년 어느 날 이탈리아 북부지방 억양의 한 사나이가 스페인 남부 도시 그라나다 인근 군 지휘소에 나타났다. 그는 여러 힘든 관문을 극복하고 이사벨 여왕을 알현하기 위해 온 크리스토퍼 콜럼버스Christopher Columbus(1450~1506)였다. 그날의 면담 직전에 그는 이미 포르투갈 궁정에서 거절당한 씁쓸한 기억을 간직하고 있었다. 포르투갈 왕실이 국가적 사업으로 반세기 이전부터 야심차게 추진해 오고 있는 인도항로 개척에 찬물을 뿌리는 계획을 떠들고 다녔기 때문이다. 그는 동쪽이 아니라 서쪽으로 항해하면 아시아에 더 빨리 도달할 수 있다고 주장했다.

그렇다면 콜럼버스는 왜 서쪽으로 가고자 했을까? 이러한 콜럼버스를 이사벨 여왕은 왜 만나 주었을까? 그리고 이러한 두 사람의 만남은 이후 유럽사 및 세계사에 어떠한 결과를 초래했을까?

 1막 ↗

콜럼버스가 활동한 유럽의 15세기는 커다란 변화의 시기였다. 유럽 대륙은 14세기 중엽 이래 지속된 흑사병의 여파로부터 점차 벗어나면서 새로운 도약을 꿈꾸고 있었다. 이는 내부적으로는 이탈리아반도를 중심으로 시작된 르네상스로, 외부적으로는 이베리아반도의 포르투갈을 선두로 한 대양 항해로 표출됐다.

이처럼 15세기에 유럽인들이 역사의 물줄기를 지중해 서부 및 대서양 쪽으로 돌린 이유는 무엇일까? 1453년 이슬람 세력에 의한 콘스탄티노플 함락이라는 외적 충격이 가해지기 이전에 이미 근본적인 요인들이 대두하여 왔다. 중세 말에 유럽에서는 모로코의 지중해 연안에서 이뤄지고 있던 황금 교역의 중요성이 크게 높아졌다. 유럽인은 수 세기에 걸쳐서 무슬림 중간상인을 통해 아프리카의 황금을 거래해 왔다. 이들은 아프리카 서부의 니제르강 유역에서 채굴된 사금砂金을 낙타에 싣고 북아프리카 항구도시로 운반했다. 그러면 이곳에서 기다리고 있던 이탈리아 상인들이 유럽산 모직물과 황금을 교환했다.

이 시기에 유럽에서는 채굴 가능한 은광의 고갈로 은銀 부족 현상이 매우 심각해졌다. 설상가상으로 향신료 수입 대금으로 다량의 은이 동방으로 유출됐다. 이제 통치자들은 은화의 대안으로 금화를 주조하기 시작

크리스토퍼 콜럼버스

했고, 원활한 유통망을 유지하기 위해서는 다량의 금 공급이 절실했다. 이때 새로운 금 공급지로 부상한 곳이 바로 서부 아프리카 니제르강 주변의 말리였다.

그렇다면 왜 유럽인들은 동방의 향신료에 매료됐을까? 로마시대 이래 유럽인들은 아시아의 향신료 입맛에 길들여져 왔다. 서로마가 망하고 유럽이 혼돈에 처하면서 향신료 교역은 한동안 쇠퇴했다. 이후 11세기경에 유럽이 점차 기력을 회복하면서 동방 향신료에 대한 수요가 되살아났다. 그러자 지리적으로 유리한 위치에 있던 이탈리아반도의 베네치아와 제노바가 수 세기에 걸쳐서 향신료 교역을 둘러싸고 치열하게 경쟁을 벌였다. 13~14세기를 거치면서 점차 우위를 점하기 시작한 베네치아가 15세기에 이르러 동방 향신료 교역을 거의 독점했다. 교역로를 지키기 위해 베네치아는 무력도 불사했기에 다른 유럽 국가들은 지중해 무역에 감히 명함을 내밀 수 없었다. 한때 강성했던 몽골제국이 멸망한 터인지라 육로를 통한 교역도 불가능했다. 더구나 1453년 콘스탄티노플을 점령한 오스만제국은 그리스도교 유럽인들이 육로를 통해 아시아의 물산에 접근하는 것을 원천 봉쇄했다. 그나마 술탄으로부터 지중해 교역권을 허가받은 베네치아 상인의 활동 무대인 이집트 항구가 유일한 창구였다.

이러한 상황에서 대서양 연안 국가 포르투갈이 맨 먼저 돌파구 탐색을 시도했다. 포르투갈의 선도 이면에는 '항해 왕자'라는 별명을 가진 엔히크 왕자가 있었다. 그의 주도 아래 포르투갈은 지중해가 아닌 다른 곳에서 아시아 항로를 찾기 위해 대서양 남쪽을 탐험하기 시작했다. 1415년 이래 엔히크는 매년 아프리카로 탐험대를 보냈다. 이러한 노력의 결과, 1460년 그가 세상을 떠났을 때 포르투갈 탐험대는 적도 인근까지 도달해 면직물과 대포를 팔고 황금과 노예를 사들일 수 있었다.

엔히크 사후에도 인도 항로 개척을 위한 포르투갈의 노력은 이어졌다. 드디어 당대 유럽인의 꿈이었던 '인도에 이르는 뱃길'을 찾아줄 한 인물이 나타났으니 그는 바로 바르톨로메우 디아스였다.

수천 년 동안 유럽의 선원들은 지중해와 북해 연안을 벗어나 망망대해로 항해하는 것을 극도로 꺼렸다. 영영 고향으로 돌아오지 못하거나 바다 끝 깊은 낭떠러지로 떨어질까 두려웠기 때문이다. 이러한 편견을 무릅쓰고 디아스는 나침반과 해도海圖에 의지하여 아프리카 해안을 따라 남쪽으로 6주 동안이나 배를 몰아 지도에도 없는 미지의 바다로 접어들었다. 이제 진정 목숨을 건 항해가 시작된 것이었다. 거친 바람, 성난 파도와 10여 일 이상 사투를 벌인 끝에 디아스와 세 척으로 편성된 그의 선단은 예기치 않게 아프리카 최남단에 도달할 수 있었다. 1488년 2월 초순 이곳에 상륙한 디아스는 포르투갈의 영토임을 표시하는 십자형 기념석을 세웠다. 이곳에는 '희망봉'이란 명칭이 붙여졌는데, 아마도 인도항로 개척의 염원을 담았으리라 짐작된다.

그 때문일까? 디아스의 성과를 바탕으로 10년에 걸친 시도 끝에 마침내 1498년 바스코 다 가마Vasco da Gama가 인도 서남부의 캘리컷 항에 발을 들일 수 있었다. 이때 아프리카 동해안에서 인도양을 가로지르는 뱃길을 인도한 사람이 다 가마가 케냐의 말린디Malindi 항구에서 고용한 아랍인 항해사였다는 사실은 분명 역사의 아이러니였다. 적국 백성의 도움으로 그토록 원하던 인도에 이르는 뱃길을 찾을 수 있었기 때문이다. 이후 포르투갈은 우월한 화약무기를 앞세워 인도양의 이슬람 해군을 물리치고, 이어서 동남아시아 향신료 집산지였던 말라카를 점령했다. 그토록 염원한 동방 향신료 교역권을 장악한 것이었다.

이처럼 인도항로 개척에 매진하고 있던 포르투갈을 경계의 눈으로 살핀 국가가 있었으니 바로 인접국 스페인이었다. 11세기 말부터 시작한 '국토회복운동(이베리아반도를 지배하고 있던 이슬람 세력을 축출하는 과업)'을 거의 마무리한 스페인이 본격적으로 동방항로 개척에 나섰고, 바로 이때 등장한 인물이 콜럼버스였다.

이탈리아 제노바 출신의 콜럼버스는 요즘 같으면 국제적 벤처 사업가에 해당했다. 당대 최신의 해양 서적들을 독파한 그는 중국이 불과 5천 킬로미터 거리에 있다는 결론을 내리고, 대서양 서쪽으로 항해하면 보다 빨리 아시아에 도달할 수 있다고 주장했다. 그는 곧 자신의 항해 프로젝트에 자금을 댈 투자자를 찾아 나섰다. 포르투갈의 주앙 2세 궁정을 거쳐서 마침내 그는 1491년 이사벨 여왕이 머물고 있던 그라나다 외곽까지 나타난 것이었다. 처음에는 시큰둥한 반응을 보인 이사벨 여왕이 이듬해(1492)에 이슬람 세력의 마지막 보루 그라나다를 완전점령한 후 콜럼버스의 탐험 계획을 승인했다. 마침내 1492년 8월 3일, 콜럼버스는 여왕이 지원해 준 세 척의 배를 이끌고 역사적인 항해 길에 나섰다.

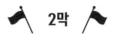

2막

콜럼버스는 왜 뱃길을 통해 아시아에 가려고 했을까? 당시 유럽인들이 목숨을 담보하면서까지 대양 항해로 나아간 이유는 무엇일까? 한마디로, 포르투갈 왕자 엔히크처럼 '아시아에 이르는 뱃길', 즉 인도항로를 찾기 위함이었다. 그렇다면 왜 그토록 인도에 집착했을까? 다양한 이유가 있으나 가장 중요한 요인은 동방물산, 무엇보다도 후추로 대표된 향신료香辛料를 얻기 위함이었다. 왜 향신료일까? 당시 후추, 계피, 정향 등은 황금과 맞먹을 정도로 값비싼 물품이 됐기 때문이다. 원산지인 인도 남부로 가서 한 배 가득 싣고 올 수만 있다면, 곧 바로 대박을 거머쥔 '벤처 부자'가 될 수 있었다. 콜럼버스 역시 이러한 당대 유럽인의 열망을 표출한 인간군상 중 한 명이었다.

그렇다면 왜 그는 동쪽이 아니라 서쪽으로 항해하고자 했을까? 동쪽 항로의 경우 이미 포르투갈이 개척 완료 단계에 있었고, 서쪽으로 항해할 경우 보다 빨리 아시아에 도달할 수 있다는 계산을 얻었기 때문이다. 당시 유럽에는 아메리카 대륙은 물론 거대한 태평양도 알려지지 않은 상태였기에 그의 거리 추정에 문제가 있었던 것은 아니었다.

중세 중기 이래 유럽에서 동양 세계에 관한 관심은 점차 확대되어 왔다. 몽골제국이 개통한 실크로드를 통해 중국의 비단과 도자기, 그리고 인도 남부에서 채집된 향신료가 유럽까지 유통되면서 동양에 관한 기대감을 높여왔다. 1453년 오스만튀르크에 의한 콘스탄티노플 정복은 아시아에 대한 인식을 단순한 호기심에서 모험적인 실행으로 이끄는 결정적 계기가 됐다. 오스만제국이 소아시아를 장악하면서 동방 교역로에 빨간불이 켜졌던 것이다. 점령 초기에는 고율의 통행세를 매기더니 급기야 교역 금지라는 철퇴가 내려졌다. 결과적으로 유럽으로 유입되는 향신료 물량이 대폭 감소했다.

이와는 반대로 중세 말 이래 유럽 경제가 살아나면서 동방물산에 대한 수요는 급증하기 시작했다. 당연히 그렇지 않아도 원래 고가高價였던 향신료 가격이 뜀박질했다. 절정기에는 무려 12번의 손바뀜을 거친 후 원산지 가격의 무려 500배까지 폭등했다고 알려져 있다. 따라서 배로 아시아에 갈 수만 있다면, 부자가 되는 것은 시간문제였다. 예나 지금이나 돈 앞에 초연한 사람이 어디에 있을까? 유럽 각지에서 모험가들이 이베리아반도로 몰려들었다. 그동안 지중해 교역의 혜택에서 비켜나 있던 포르투갈과 스페인이 새로운 흐름에 가장 적극적으로 대응했기 때문이다.

야심가들의 항해 의욕을 현실화할 수 있는 여건도 꾸준히 축적되어 왔다. 우선 대양 항해에 필요한 도구들—나침반, 아스트롤라베, 정교한 해도 등—이 보편화됐고, 무엇보다도 조선술 발달로 대서양의 거친 파도와 거센 바람을 헤치고 항해할 수 있는 대형 범선의 건조가 가능해졌다. 일명 갤리언선船으로 통칭된 이 배는 지중해를 누비던 갤리선과는 달리 여러 개의 대형 돛을 장착한 덕분에 어느 방향에서든지 바람의 힘을 이용할 수 있었다. 가장 압권은 배 안에 장착된 고성능 대포였다. 수세기 동안 인도양을 지배해 온 이슬람 해군을 1509년 디우 전투에서 제압하는데 기여한 일등공신도 바로 이들 화약무기였다.

그러나 아무리 여건이 무르익었다고 할지라도 예나 지금이나 이를 활용해 성과를 내는 것은 인간의 몫이었다. 바로 이때 의기투합한 두 인물이 이 글의 주인공 콜럼버스와 '상식을 벗어난' 그의 탐험 계획 후원자로 나선 이사벨 여왕이었다. 여왕은 왜 '떠돌이 모험가'였던 콜럼버스를 만나보기로 결심했을까? 디아스가 희망봉에 도달한 1488년 이후 포르투갈이 아시아로 가는 항로를 지배하리라는 점은 거의 기정사실화 됐다. 전통적으로 포르투갈과 경쟁 관계에 있던 스페인이 당시 상황에서 선택할 수 있던 유일한 대안은 정반대인 서쪽으로 항해해서 아시아를 찾아낼 정도로 대담한 인물을 후원하는 일이었다. 이베리아 반도에서 이슬람 세력 축출이라는 숙원을 막 완수한 이사벨 여왕에게 콜럼버스의 계획은 나름 설득력을 갖고 있었다. 카나리아 제도에서 서쪽으로 항해할 경우, 늦어도 한 달 이내에 아시아에 도달할 수 있다는 점을 그가 당대의 최신 해양 지식을 동원해 입증했기 때문이다.

드디어 콜럼버스는 1492년 8월 초 스페인 남부의 팔로스 항구를 떠나 서쪽으로 나아갔다. 바람만 잘 받으면 한 달 이내에 목적지에 당도할 수 있다고 믿은 선원들의 기대와는 달리 항해는 고난의 연속이었다. 우선, 아무리 바닷길을 헤치고 나아가도 콜럼버스가 약속한 아시아 땅은 도대체 나타나질 않았다. 무려 두 달이 지났는데도 상황은 변함이 없었다. 아니, 더욱 악화되어 선상船上 반란이 일어날 지경이었다. 급기야 콜럼버스가 나서서 육지를 맨 먼저 발견하는 자에게 금화와 비단옷을 주겠다고 공언했다. 지성이면 감천인지 드디어 스페인을 떠난 지 두 달이 훌쩍 지난 10월 12일 새벽, 망을 보던 한 선원이 큰 소리로 "육지다! 신이시여! 육지다!"라고 외쳤다.

도미니카공화국 산토 도밍고에 상륙한 콜럼버스

그날 먼동이 틀 무렵, 콜럼버스 일행은 울창한 야자나무가 백사장을 감싸고 있는 고요한 바닷가에 닻을 내렸다. 비단옷을 입은 중국인이 아니라 이후 인디언으로 불리는 반라半裸의 타이노족 원주민들이 이들을 맞이해줬다. 타이노족의 환대와는 달리 콜럼버스 일행의 관심은 오로지 황금을 찾는 데 있었다. 금과 향신료 등 귀한 동양물산을 찾아내야 한다는 강박관념에 사로잡혀 있던 때문인지 그는 1차 항해의 귀환

이래 죽을 때까지 자신이 인도의 서쪽에 도착했다고 믿었다. 이로 인해 미지의 세계였던 그곳에 이름을 붙이는 영예는 콜럼버스보다 한 발짝 늦게 신대륙에 도착한 아메리고 베스푸치(1454~1512)에게 돌아갔다. 그의 이름을 따서 오늘날 이 대륙은 아메리카라고 불린다. 콜럼버스가 어렵사리 발견한 항로는 아시아로 가는 길이 아니라 그동안 유럽인들에게 알려지지 않았던 전혀 새로운 뱃길이었던 것이다.

3막

콜럼버스의 항해는 이후 역사에 어떠한 영향을 미쳤을까? 바야흐로 세계의 모양새가 드러나는 계기가 됐기에 이것이 초래한 결과는 심대했다. 우선 공간을 유럽으로 한정할 경우, 이베리아반도의 두 국가가 유럽 장거리 무역의 주도 세력으로 등장하면서 유럽 경제의 무게 중심은 지중해에서 대서양으로 옮겨졌다. 그 결과 장기간 지중해 교역망을 장악해온 이탈리아 도시국가의 영향력이 쇠퇴하고 대서양에 연한 도시들—예컨대, 리스본, 암스테르담, 런던 등—의 비중이 높아졌다. 교역 물량이 엄청나게 늘어나고 더불어 품목도 다양해졌다. 특히 기존의 향신료 교역에다가 새로 발견한 아메리카에서 유입된 다량의 금은金銀 덕분에 유럽은 번영을 누리기 시작했다. 향후 산업혁명에 필요한 인적 및 물적 기반을 다질 수 있었다.

하지만 이는 동전의 한 면에 불과했다. 동전의 다른 면에는 어둠의 그림자가 길게 드리워졌다. 유럽인들의 번영이 저절로 이뤄진 것이 아니라 슬프게도 다른 대륙 사람들의 희생을 밑거름 삼아 달성된 성과라는 점이다. 콜럼버스의 상륙 이래 아메리카 대륙은 물적 수탈과 인적 압제로 큰 고통을 당했다. 무엇보다도 원주민들을 거의 멸절 수준으로 내몬 것은 유럽인들이 부지불식 중 몸속에 지니고 들어온 전염병균이었다. 유행성 감기와 특히 천연두의 면역체계가 없던 원주민들은 속수무책으로 쓰러져 콜럼버스 도착 후 반세기도 안 되어 아메리카 인구는 가히 홀로코스트 수준으로 떨어졌다. 비극은 또 다른 비극을 잉태했다. 급감한 원주민 노동력을 보충할 목적으로 아프리카 서부 해안지대로부터 흑인들을 데려오는 악명 높은 대서양 노예무역이 그 민낯을 드러냈다.

거시적 측면에서 볼 경우, 1492년 콜럼버스의 항해는 진정한 세계사의 개막을 알리는 신호탄이었다. 이제 완벽하지는 않으나 세계는 그 윤곽을 드러냈고, 평등한 관계망은 아닐지라도 대륙 간에 인적 및 물적 교류가 활발하게 이뤄지기 시작했다. 중국과 인도 등 동양으로 기울어져 있던 세계 경제의 축이 이제 서양 쪽으로 움직이는 중요한 계기가 됐다. 오늘날 '세계화'라고 불리는 현상의 원초적 토대가 콜럼버스의 항해를 통해 형성됐다고 볼 수 있다.

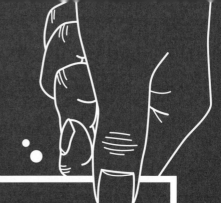

1517년 95개 조
반박문 발표

마르틴 루터는 왜?

죽음을 각오하면서까지

로마가톨릭과 싸웠을까?

'탕, 탕, 탕!' 1517년 10월 31일 독일 작센주의 신학교가 있는 소도시 비텐베르크에서 아침 공기를 가르는 난데없는 망치 소리가 울려 퍼졌다. 궁금증을 참지 못한 사람들이 하나둘씩 소리가 나는 곳으로 모여들기 시작했다. 이들의 발걸음이 멈춘 곳은 비텐베르크 신학대학 부속교회 입구였다. 그곳에는 낯익은 얼굴의 한 인물이 결연한 모습으로 서 있었다. 그는 바로 대학에서 성서 신학을 가르치고 있던 마르틴 루터Martin Luther(1483~1546)였다. 그는 당일 교회 출입문에 독일 중북부 지역에서 자행되고 있던 가톨릭교회의 면벌부 판매를 무려 95개 항목으로 비판하는 글을 못질해 놓고 있었다. 그런데 루터 자신을 포함해서 그 누구도 예상치 못한 엄청난 사태가 그의 이 무모한(?) 행동으로 인해 초래됐다. 이 사건으로 인해 로마가톨릭으로 단일화되어 있던 유럽에서 새로운 그리스도교 교파인 프로테스탄티즘Protestantism(개신교)이 탄생했음은 물론, 세속적인 측면에서도 서양이 근대화로 나아가는데 중요한 분기점이 됐다. Reformation이란 단어에서 엿볼 수 있듯이, 독일 중북부 태생의 시골뜨기 신학자 루터의 도전은 유럽 사회의 판을 새롭게 짜는 결과로 이어지고 말았던 것이다.

그렇다면 루터는 자칫하면 목숨을 잃을 수 있는데도 왜 이러한 결단을 내렸을까? 당대 유럽의 무수한 개혁가들 중 왜 하필이면 독일의 루터일까? 이로 인해 촉발된 종교개혁은 이후 유럽사에 어떠한 영향을 끼쳤을까?

중세 말 이래 교회와 성직자의 부패 및 타락은 매우 심각한 상태에 놓여 있었다. 카노사의 굴욕 사건이나 십자군 원정 등 중세를 관통한 역사적 흐름의 이면에서 황제권과 겨루면서 중세사회를 주름잡아온 로마 가톨릭교회는 너무 오랫동안 세속세계와 근접해 왔다. 종교가 세상사와 긴밀하게 얽혀 있다 보니 당연히 부패가 뒤따랐다. 이러한 종교적 타락의 중심에는 예나 지금이나 물질과의 관계 설정 실패가 놓여 있었다. 중세 말에 이르면 성직 매매가 다반사로 자행됐다. 심지어 문맹자가 있을 정도로 무자격 성직자 및 평소 자신의 교구엔 얼씬도 하지 않는 부재 성직자도 계속 늘어났다. 교회법에 어긋나는 일도 일정 금액을 교회에 납부하기만 하면 허가해 주는 특면장 판매도 거리낌 없이 남발됐다.

또 다른 문제는 만연한 유물참배였다. 돈 많은 개인이나 권력자는 예수나 성인 관련 유물수집에 혈안이 됐다. 일반인은 유럽 각지에 흩어져 있는 성지들을 순례하느라 경제적으로 허리가 부러질 지경이었다. 무엇보다도 이러한 교회의 요구사항들이 신앙의 본질을 벗어날 정도로 오용되고 있었다. 그리스도와 성인의 유물로부터 신비한 치유력이 나온다고 믿어 유물에 대한 참배가 성황을 이뤘다. 이름난 유물을 소장하고 있는 성당의 경우, 각지에서 몰려든 순례 인파로 항시 북적댔다. 더욱 이해하기 힘든 일은 성인마다 치유 능력을 발휘하는 전문영역을 갖고 있다는 소문이었다. 안질에는 성 클레르, 치통에는 성 아폴린, 그리고 수두에는 성 욥 등이 신통하다는 낭설이 진실인 양 퍼졌다.

하지만 당시 가장 문제가 많았던 항목은 바로 '면벌부indulgence' 판매였다. 가톨릭 신학에서 면벌免罰이란 고해 성사를 통해 죄를 용서받은 후 교황의 권위에 의해 해당 죄의 값으로 이승과 연옥에서 받을 벌의 전부 또는 일부를 사면하는 것을 의미했다. 원래 면벌부는 중세 말이나 루터 시대에 나온 것이 아니고 이미 11세기 말에 십자군 원정 참여를 독려할 목적으로 시작됐다. 교황은 '은혜의 보물창고'(그리스도와 성인들에 의해 축적된 여분의 선행을 모아놓은 창고)에서 저장된 은혜를 꺼내어 이를 필요한 신자에게 나눠줄 수 있다는 믿음이 보편적으로 수용되고 있었다. 그런데 일단 빗장이 풀리면서 그 적용 범위가 걷잡을 수없이 확대됐다. 얼마 후에는 교황이 이승에서는 물론이고 연옥에서 받을 형벌의 기간마저 단축할 수 있다는 선까지 나아갔다.

무엇보다도 심각한 문제는 이러한 면벌부가 점차 돈으로 거래됐다는 점이다. 14세기경부터 교황들은 성당이나 자선병원 건립 등 의미 있는 과업으로 인정되기만 하면 비용을 충당한다는 명목으로 면벌부를 팔기 시작했다. 그리하여 1476년 교황 식스투스 4세는 살아 있는 사람은 물론이고 죽어 연옥에 간 사람에게도 면벌부의 은사가 효력이 있다는 터무니없는 선언을 하기에 이르렀다. 이제 이승에 있는 가족들은 죽어 연옥에서 고통 받고 있는 부모 형제의 벌을 경감 또는 면제시킬 수

돈을 주면 살 수 있는 면벌부

있었다. 그런데 문제는 이것이 현세에서 합당한 돈을 내야만 가능했다는 점이다.

이토록 극단적인 단계까지 나간 이면에는 아이러니하게도 중세 가톨릭교회의 세력 약화가 놓여 있었다. 11세기 말부터 거의 2세기 동안이나 시도된 십자군 원정의 실패 이래 중세 가톨릭교회는 서서히 그 힘이 빠져 왔다. 쇠퇴기에 접어든 가톨릭교회의 위상에 결정타를 날린 것은 이른바 교황의 '아비뇽 유수(1305~1377)'와 이로 인해 발생한 가톨릭교회의 대분열(1377~1417)이었다. 전자는 강력한 프랑스 국왕의 후원으로 프랑스인 주교로서는 드물게 로마교회의 수장으로 선출된 교황 클레멘스 5세가 당시 이탈리아 정세가 불안정하다는 핑계로 로마로 가지 않고 프랑스 남부의 아비뇽에 눌러앉은 사건이었다. 이는 기원전 6세기에 유대민족이 바빌로니아로 끌려가 그곳에 억류된 구약의 사건에 비유하여 통상 교황의 '아비뇽 유폐'라 불린다.

설상가상으로 이후의 교황들마저 로마의 지속적인 귀환 요청에도 아랑곳없이 계속해 아비뇽에 머물자 이에 반감이 쌓인 로마에서는 독자적으로 새로운 교황을 선출하기에 이르렀다. 유럽에 두 명의 교황이 존재하는 초유의 사태가 벌어진 것이었다. 이에 따라 유럽의 그리스도교 세계 전체가 아비뇽 지지파와 로마 지지파로 나뉘어 서로 반목하게 됐다. 결과적으로 로마가톨릭교회와 교황의 권위가 쇠퇴하는 것은 불보듯 뻔했다.

다행히 1417년에 대분열 사태는 끝났으나 일단 시동이 걸린 교회의 위상 하락은 되돌리기가 어려웠다. 어느 면에서는 1417년부터 1517년 루터의 종교개혁이 일어나기 이전까지의 1세기 동안은 바로 로마교황청이 저하되는 교회의 위상을 막기 위해 노력한 기간이라고 볼 수 있다. 이때 교황들은 교황령의 확대 및 유지를 위해 세속군주들과 전쟁을 벌인다든가 무엇보다도 성 베드로 성당을 장대하게 재건축하고 화려하게 장식하려고 시도했다. 이러한 과업을 위해 엄청난 규모의 돈이 필요한 것은 당연지사였다. 이를 충당할 목적으로 앞에서 언급한 대로 거액을 받고 주교직을 임명하거나 급기야는 독일 지역에서 면벌부를 판매하기에 이른 것이었다.

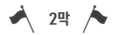

2막

고향인 비텐베르크까지 면벌부 판매가 이어지자 마침내 루터는 1517년 10월 말 '95개 조 반박문'을 내걸었다. 이는 성 베드로 성당 건축기금을 충당할 목적으로 당시 독일 지역에서 행해지고 있던 면벌부 판매의 부당성을 지적하는 일종의 개인 의견서였다. 면벌부 구입과 동시에 연옥에서 신음하던 영혼이 천국으로 올라간다는 주장은 잘못된

왼쪽은 95개 조 반박문을 내거는 루터, 오른쪽은 반박문을 건 교회 출입문의 모습

것이고, "근본적으로 교황과 사제에게는 죄의 사면권이 없다"는 것이 핵심 내용이었다. 이러한 루터의 견해에 대해 로마교황청이 강하게 반응하면서 독일의 한 신학 교수가 들어 올린 횃불은 거센 변혁의 바람을 타고 급기야 유럽 전체를 불바다로 만들고 말았다.

그렇다면 당대의 수많은 지식인들 중 왜 하필이면 루터가 종교개혁에 불을 붙이게 됐을까? 루터는 작센주 튀링겐 지방에서 원래는 농부였으나 광산 임대로 재산을 모은 부모 밑에서 자랐다. 그의 부친은 어려서부터 남달리 영특했던 루터만큼은 자신처럼 손에 흙을 묻히면서 살길 원치 않았다. 그래서 자식의 의향은 아랑곳하지 않은 채 루터를 당시 북독일 지방 명문대학이던 에르푸르트 대학에 보내 법학을 공부하도록 했다. 안정된 직업인 법률가의 길을 가도록 강요한 셈이었다.

하지만 1505년 여름 예기치 않은 사고를 당한 후 루터는 부친의 반대를 무릅쓰고 아우구스티누스 수도회의 수도사가 되고 말았다. 친구와 함께 시골길을 가던 루터가 갑자기 쏟아진 소낙비를 피해 나무 밑에 있을 때, 느닷없이 떨어진 벼락으로 친구는 즉사하고 자신은 간신히 목숨을 부지했던 것이다. 이에 큰 충격을 받은 루터는 법률가의 길을 포기한 채 부친의 간청을 뿌리치고 수도사의 길로 향했다. 신앙적 관점에서 본다면, 신이 타락한 중세교회를 쇄신할 의도로, 그 옛날 다메섹으로 향하던 사도 바울(본명 사울)을 회심으로 이끈 것처럼, 루터라는 인물을 들어 쓰고자 역사한 셈이었다. 아니면 에릭 에릭슨과 같은 심리사학자들의 주장처럼 자신의 장래에 대한 평생에 걸친 부친의 강압에 억눌려 있던 루터의 반항심이 드디어 폭발했는지도 모른다.

수도사 시절 루터는 가톨릭교회의 각종 규례를 지키기 위해 심혈을 기울였음에도 영적인 평안을 누릴 수 없었다. 신앙적으로 번민에 시달리고 있던 루터는 1508년경 수도원장의 권유로 비텐베르크 신학대학에 입학했다. 이후 박사학위를 취득한 루터는 모교에 성서신학 교수로 남아 연구와 교육을 지속했다. 여전히 구원의 문제로 고민을 거듭하던 루터는 마침내 1513년 그 해답을 성서에서 찾기에 이르렀다. 신약 〈로마서〉 1장 17절 "의인은 믿음으로 살리라"는 말씀을 접하고, 오직 믿음에 의해서만 신의 은혜로 구원받을 수 있다는 결론에 도달했다. 이처럼 선행을 강조한 가톨릭교회와는 다른 눈으로 성서를 해석하기 시작한 루터의 관점에서 볼 때, 당시 독일에서 자행되고 있던 면벌부 판매는 묵과하기가 힘든 문제였으리라. 더구나 그는 불같은 성격에 불굴의 의지력을 타고난 인물이 아니었던가?

이러한 루터의 신앙관은 이후 그가 면벌부 판매를 비판하는 '95개조 테제'를 내걸고, 로마교황청과 대립각을 세우기 시작하면서 보다 급진적으로 발전했다. 오직 믿음으로 의롭게 된다는 '믿음 지상주의sola fide'에 더해 그는 오직 성서를 통해서만 신에 대한 진리를 찾을 수 있다는 '성서 지상주의sola scriptura'를 주창했다. 이를 수용할 경우, 그동안 성서에 버금가는 신앙적 권위를 누려온 교황의 교서, 종교회의의 결정, 성인의 전기 등은 무용지물에 불과하게 된다. 중세 가톨릭교회 신앙의 사상적 기반을 무너뜨리는 셈이었다. 한발 더 나아가서 루터는 중세 가톨릭교회의 인적 기반마저 뒤흔드는 주장을 했다. 그는 인간은 오직 각자의 믿음에 의해서만 구원받을 수 있기에 신에게 이르는 길은 사제들에 의해서만 독점될 수 없고 모든 평신도에게 신과 직접 교통할 수 있는 길이 열려있다는 이른바 '만인萬人 사제주의'를 내세웠다. 이는 당시 종교적 상황에서 가히 혁명적인 선언이었다. 신의 대리자임을 내세우며 교황을 정점으로 중세 천년 간 구축되어온 사제계급의 존재 자체를 부정하는 교리였기 때문이다.

이러한 루터의 반발이 광야의 고독한 외침으로 끝나지 않고 당시 독일 민중에게 어필한 이유는 무엇일까? 다시 말해, 루터 이전에 로마가 톨릭교회에 도전했던 다른 개혁가들은 실패한 반면에 왜 루터는 성공할 수 있었을까? 이에 대한 답을 얻기 위해서는 종교문제 이외에 당대의 정치 및 경제적인 측면까지 고찰해야만 한다. 중세에 로마가톨릭과 교황권은 유럽인들의 정신세계만을 지배한 것이 아니라 중세인들의 생활 전반에 영향을 미쳤기 때문이다. 따라서 순수한 신앙적인 이유 이외에도 당시 독일인들 사이에서 로마교황청에 대한 불만이 쌓여온 점을 고려해야 한다. 이탈리아 사람인 교황이 독일의 교회문제에 일일이 간섭하는 것도 불합리한데, 여기에 더해 자신들이 낸 거액의 종교세가 고스란히 로마교황청 금고로 들어가 교황청의 사치스러운 행사 및 성당 치장 비용으로 낭비되고 있었기 때문이다. 이러한 현실에 분노한 독일인들은 교황권의 배제를 갈망하면서 누군가가 자신들의 억눌린 가슴에 불을 댕겨주길 고대하고 있었다. 이처럼 '종교적 민족주의'가 팽배한 상황에서 루터의 '95개 조'가 작은 불씨가 됐던 것이다.

한 개 피의 성냥불이 순식간에 장작불 더미로 변한 저변에는 구텐베르크가 발명한 활판인쇄술이 있었다. 1450년대 이래 인쇄기술은 제지술 및 잉크의 개량과 보조를 맞추면서 빠르게 발전하고 있었다. 그 덕분에 루터가 작성한 '95개조 반박문'은 루터의 의도와는 무관하게 불과 이틀 후 한 인쇄업자에 의해 팸플릿 형태로 인쇄되어 삽시간에 독일 각지, 아니 유럽 전체로 퍼져버린 것이었다. 본격적으로 로마교황청과 맞서기로 결단하는 과정에서 루터가 작성한 세 개의 팸플릿도 수만 부씩 인쇄되어 유럽 각지로 전파됐다. 당시 활판 인쇄술이라는 소프트웨어는 종교개혁을 성공으로 이끈 유럽 근대화의 비밀무기임에 분명했다.

3막

일단 루터가 물꼬를 터놓자 종교개혁의 물결은 유럽 각지로 퍼져 나 갔다. 이들 중 대표자로 장로교의 창시자인 칼뱅John Calvin을 꼽을 수 있다. 원래 프랑스 신교도였다가 종교박해를 피해 스위스로 이주한 그 는 1540년 초부터 제네바에 정착, 시정市政까지 장악하면서 종교적 기 반을 닦았다. 칼뱅은 1536년『크리스트교 강요綱要』를 통해 자신의 신 앙교리를 체계화했다. 무엇보다도 제네바의 신학교에서 교육받은 개혁 가들은 유럽 각지로 퍼져 나가서 위그노, 퓨리턴, 고이센 등의 이름으 로 불리면서 본격적으로 프로테스탄티즘의 시대를 열었다. 빠르게 발흥 한 프로테스탄트 세력과 이를 저지하려는 가톨릭 세력 간의 갈등은 급 기야는 30년 전쟁(1618~1648)이라는 대재앙을 초래하기도 했다.

1517년 루터가 방아쇠를 당긴 종교개혁은 거의 150년이라는 긴 세 월이 흐른 다음에야 개인의 종교 자유를 허용하는 선까지 나아갔으나 발발 이후 서양세계에 중요한 변화를 초래했음은 부인할 수 없다. 우선, 중세 가톨릭교회의 통일성을 타파하고 유럽의 그리스도교 세계를 양분 하는 계기가 됐다. 종교개혁 이후 유럽은 프로테스탄트 권역인 게르만 적 중북부와 가톨릭 권역인 라틴적 남서부로 나뉘었다. 특히 루터가 내 세운 '만인사제주의'는 신 앞에 만인 평등을 강조함으로써 이후 종교적 차원을 넘어서 정치적 권리 신장 및 개인 자유의 당위성을 높이고 이의 실현을 고양하는 지적 동력으로 작용했다. 간단히 말해, 루터에 의해 촉발된 종교개혁은 중세교회의 절대적 권위를 타파하고 종교의 억압으 로부터 인간성을 해방함으로써 유럽을 근대화로 이끄는 중요한 정신적 자산이 됐다.

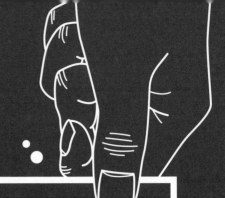

1519년 아스테카제국 침공

코르테스는 왜?

전력상 열세에도 불구하고

수도 테노치티틀란을 공격했을까?

1519년 2월 어느 날 아스테카제국의 상엄한 수노 테노지티틀란 Tenochtitlan 성문 먼발치에 일단의 백인과 인디오 원주민 무리가 나타났다. 이들은 호수 중앙부에 있는 수상水上 도시 테노치티틀란을 정복하기 위해 온 스페인 정복자들 및 이들과 합류한 틀락스칼라 원주민 부족이었다. 이러한 대담한 모험을 주도한 인물은 바로 에르난 코르테스Hernan Cortes(1485~1547)였다. 스페인에서 하급귀족 신분이던 그는 새로운 인생을 개척하려는 야망을 품고 일찍이 이곳 아메리카로 건너왔다. 스페인에서 공부한 법률지식 덕분에 쿠바 총독의 비서관으로 근무하던 그는 멕시코만 너머 내륙에 대단한 도시가 있다는 정보를 듣고 숨겨둔 야망에 불을 붙였다. 그는 그동안 천신만고 끝에 모은 전 재산을 정복사업에 투자했다. 그런데 그의 모험에 가담한 인원은 채 600명 남짓했다. 소문에 의하면 그가 상대하려는 아스테카제국은 일거에 수십만 명의 군사를 동원할 수 있는 강국이었다.

이처럼 불리한 상황이었음에도 코르테스는 왜 테노치티틀란으로 향했을까? 엄청난 전력상 열세를 극복하고 그는 어떻게 아스테카제국 정복에 성공할 수 있었을까? 그리고 이러한 그의 모험이 이후 세계사에 미친 영향은 무엇일까?

1막

　우선 코르테스가 테노치티틀란 정복이란 모험을 감행할 수 있던 근원적 배경으로 당시 유럽인들이 아메리카로 향한 이유를 살펴볼 필요가 있다. 직접적인 계기는 1492년 콜럼버스가 아메리카 대륙을 발견했기 때문이었다. 세계사의 전개라는 측면에서 1492년 8월 단행된 콜럼버스의 대서양 서쪽으로의 항해는 획기적인 사건이었다. 그의 항해가 이뤄지기 이전까지 세계의 서반구와 동반구는 서로의 존재를 모르고 있었다. 물론 오늘날에는 아메리카 대륙에 처음 발을 디딘 유럽인으로 1100년경 바이킹 모험가 레이프 에이릭손을 꼽고 있으나 이는 오늘날 이야기일 뿐 당시에는 그 누구도 지구의 다른 반쪽에 대해 아는 바가 없었다. 콜럼버스의 모험을 통해 예기치 않게 아메리카 대륙의 존재가 알려지게 되면서 접촉과 교류가 시작된 것이었다.

　그렇다면 15세기에 왜 유럽인들은 대양항해로 나아가고자 했을까? 우선, 그리스도교를 모르는 종족들에게 복음을 전하겠다는 선교정신을 들 수 있다. 중세 천년 간 그리스도교가 유럽인들의 정신세계를 지배한 사실을 고려할 때 충분히 짐작할 수 있는 요인이다. 이러한 경향은 대양항해 활동의 선도국가였던 스페인에서 두드러졌다. 8세기 이래 이슬람 무어인의 지배를 받아온 이곳에서는 12세기부터 이슬람 세력을 지브롤터 해협 밖으로 축출하려는 이른바 '재再정복운동'이 전개됐기 때문이다. 지속적인 투쟁 과정에서 그리스도교 신앙의 중요성을 절감하고 있었다. 따라서 아프리카 어딘가에 있다고 알려진 그리스도교 국가와 손을 잡고 이슬람 세력을 협공할 방도를 찾기 위해 기꺼이 먼 바다로 나아가고자 했다.

　무엇보다도 유럽인들을 대양항해로 이끈 가장 중요한 요인은 경제적인 것이었다. 몽골제국에 의한 동서교통로 개통으로 제한적이나마 비단이나 도자기 같은 동양의 물품이 유럽 사회에 차츰 알려지기 시작했다. 13세기 말에 나온 마르코 폴로의 『동방견문록』에 묘사된 풍족한 물산에 관한 얘기는 동양에 대한 유럽인들의 호기심과 동경심을 한층 고무했다. 만일 그곳에 도달할 수만 있다면, 거부가 되는 것은 시간문제라고 생각하는 야심가가 하나둘씩 나타나기 시작했다.

중세 말에 '일확천금'을 안겨줄 물산으로 떠오른 것은 바로 향신료(후추, 계피, 정향 등)였다. 원산지에 직접 다가가려는 욕구에서 목숨 걸고 파도가 넘실대는 대양으로 나아갔다. 14세기 중엽 이래 유럽은 흑사병의 피해로부터 점차 회복되고 있었기에 동방 물산인 향신료에 대한 수요가 급증하면서 덩달아 가격도 급상승했다. 원래 향신료는 주산지였던 인도 남부와 동남아시아에서 채집되어 이슬람 상인에 의해 아라비아반도를 거쳐 지중해 연안 도시로 운반됐다. 이곳에서 베네치아 상인을 통해 지중해를 건너 유럽 각지로 판매됐다. 이처럼 원거리에서 수차례 중간 판매상을 거친 후 최종 소비처에 당도한 탓에 유럽에서 향신료는 매우 값진 물품이었다. 더구나 1453년 이스탄불을 정복한 오스만튀르크가 육상 무역로마저 폐쇄한 탓에 향신료의 가치는 황금에 비견될 정도로 치솟았다. 따라서 바다길을 통해 향신료의 본고장인 인도에 갈 수만 있다면, '대박'을 터트려 인생역전의 꿈을 이룰 수 있었다.

'지성이면 감천'이라는 말이 맞는지 이 시기에 대서양 항해의 꿈을 현실화할 수 있는 여건도 마련됐다. 일찍부터 이슬람 정복자들과의 투쟁으로 중앙집권 국가의 형성이 앞섰던 이베리아 반도의 포르투갈과 스페인은 대양항해에 필요한 막대한 인적 및 물적 자본을 동원할 수 있었다. 지중해가 도시 단위의 바다였다면 대서양은 국가 단위의 바다였기 때문이다. 무엇보다도 이 시기에 기술적으로 유럽인들의 항해 능력이 크게 향상됐다. 지구과학의 발달로 정밀한 지도가 제작되고 원양항해에 긴요한 나침반과 천문관측의 사용이 일반화됐다. 특히 조선술의 발달로 대양항해 및 대포 장착이 가능한 대형범선을 건조할 수 있었다. 부를 향한 인간의 열망과 실행 조건의 성숙이 어우러지면서 마침내 유럽인들은 검푸른 대서양으로 향했다.

맨 먼저 대양항해를 주도한 국가는 포르투갈이었다. 이베리아반도의 끄트머리에 자리한 탓에 장기간 지중해 교역에서 쓴맛을 본 포르투갈은 15세기에 접어들면서 선각자 엔리케 왕자의 선도 아래 '인도항로의 개척'을 국가 목표로 정하고 이를 꾸준히 추진했다. 그 결과 1487년 아프리카 최남단 희망봉에 이르렀고 이어서 1497년 바스코 다 가마가 인도의 캘리컷에 도착, 거의 1세기에 걸친 동방항로 개척이라는 위업을 달성할 수 있었다. 이후 포르투갈은 인도양의 향신료 무역을 비롯한 동아시아와의 교역망을 장악하고 막대한 부를 축적할 수 있었다.

포르투갈에 이어서 대항해로 나아간 국가는 스페인이었다. 이베리아반도에서 포르투갈과 경쟁 관계에 있던 스페인은 이슬람 세력 축출이라는 종교적 소명을 완수하고 본격적으로 해외 진출을 모색했다. 이때 스페인의 이사벨라 여왕 앞에 나타난 인물이 바로 콜럼버스였다. 그는 서쪽으로 항해하면 동쪽 항로보다 먼저 인도에 도착할 수 있다고 주장하면서 후원자를 물색 중이었다. 여왕의 지원으로 1492년 8월 초 스페인을 출항한 콜럼버스는 천신만고 끝에 같은 해 10월 중순 오늘날 서인도제도에 도착했다. 그는 죽을 때까지 이곳을 인도의 서쪽이라고 믿었으나 1504년 아메리고 베스푸치에 의해 그곳은 유럽인들이 몰랐던 '신대륙'임이 밝혀졌다.

신대륙으로 알려진 아메리카는 야만인으로 들끓은 미개지가 아니었다. 이곳에 상당한 수준의 문명이 있고, 특히 유럽인들이 그토록 갈망한 금은金銀이 풍부하다는 소문이 퍼지면서 곧 바로 일확천금을 노린 각양의 무리가 대서양을 건너 몰려들었다. '남험성복사'로 불린 이들 중 맨 먼저 부귀를 낚아챈 인물은 1519~1521년 불과 600여 명의 백인 병력으로 무려 500만 명의 인구를 가진 멕시코의 아스테카제국을 정복한 에르난 코르테스였다. 그는 머스킷 소총, 말과 갑주라는 우월한 무기체계와 천연두, 홍역과 같은 유럽의 전염병을 앞세워서 극히 소수의 병력으로 목적을 이룰 수 있었다. 코르테스의 정복을 토대로 16세기 중엽에 이르면 스페인은 브라질을 제외한 중남미 전 지역을 아우르는 식민제국을 건설할 수 있었다.

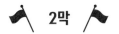

2막

탐험정복자의 시조 격에 해당하는 코르테스는 어떠한 인물일까? 그는 1485년 스페인 메데인 지방에서 하급귀족의 아들로 태어나 입신양명을 꿈꾸면서 살라망카 대학에서 법률을 공부했다. 스페인 본국에서 출세의 가망성이 없다고 판단한 그는 새로운 기회를 찾아서 신대륙 아메리카행行을 택하고, 1504년 스페인을 떠나 카리브 해의 히스파니올라섬에 도착했다. 이곳에서 군인이자 법률가로서 활

에르난 코르테스

동하는 동안 장차 인생의 전환기로 이끌 기회를 잡았다. 1511년 스페인의 쿠바 정복전쟁에 참가해 맹활약한 덕분에 당시 쿠바 총독 벨라스케스의 친척 딸과 결혼할 수 있었다.

여전히 현실에 만족할 수 없던 코르테스에게 드디어 기회가 찾아왔다. 1518년 멕시코 원정대의 대장으로 임명된 것이었다. 수차례 분견대를 파견해 조사한 결과, 멕시코 중앙부에 아스테카제국이라는 강성한 국가의 존재가 밝혀졌기 때문이다. 벨라스케스 총독의 임명 취소에도 아랑곳없이 코르테스는 자신의 전 재산을 쏟아 넣으면서까지 원정 준비에 몰두했다. 드디어 1519년 2월 11척의 배에 총 660명의 인원을 태우고 모험에 올랐다. 거대 제국을 상대하려는 원정대치고는 병력이나 무장 규모가 형편없었다. 불과 13명만이 머스킷 소총을 소지했고 33명은 석궁으로 무장했다. 그나마 내세울 수 있는 장비는 14문의 화포와 16필의 말이었다.

1519년 4월 멕시코 동부 베라크루스에 닻을 내린 코르테스는 이곳에 머물면서 적에 대한 정보를 수집했다. 멕시코 대륙지방에 아스테카 부족이 세운 테노치티틀란이란 대도시가 있다는 사실을 분명히 알게 됐다. 그들이 대규모 병력을 보유하고 있다는 소식도 알려지면서 원정대 병사들이 술렁대자 코르테스는 타고 온 배를 모두 불살라버렸다. 승리 아니면 죽음이라는 배수진을 친 것이었다. 내륙으로 진군하면서 처음에는 원주민의 공격을 받기도 했으나, 곧 틀락스칼라 부족을 비롯한 몇몇 부족들을 동맹세력으로 끌어들이는 데 성공했다. 이들은 아스테카 부족의 잔인한 통치로 인해 불만이 쌓여 온 터였기에 코르테스의 모험에 합류했다. 진격 과정 중 멕시코 중앙부의 촐룰라라는 곳에서 아스테카제국의 황제 목테수마 2세의 군대와 일대 격전을 벌였다.

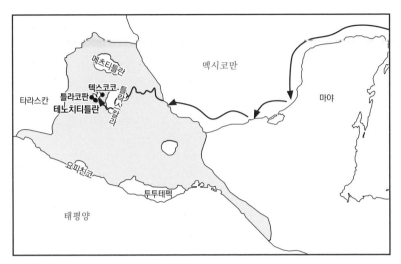

테노치티틀란의 위치

　　말린체라는 원주민 여성의 정보 제공 덕분에 선제기습을 가한 코르테스의 군대가 병력상 열세를 극복하고 대승을 거두었다. 승리의 여세를 몰아서 드디어 1519년 11월 초 아스테카제국의 수도인 테노치티틀란에 무혈입성할 수 있었다. 그는 목테수마 황제를 감금하고 스페인 국왕에게 충성을 맹세케 했다. 이후 명령 불복종 죄목으로 코르테스를 체포하기 위해 벨라스케스 총독이 파견한 스페인 원정대와의 접전과 그 틈에 테노치티틀란에서 일어난 아스테카 주민들의 반란으로 퇴각해야만 하는 우여곡절을 겪었으나, 1521년 8월경 테노치티틀란을 완전히 장악할 수 있었다. 아메리카 대륙에 광대한 스페인 식민지의 탄생을 알리는 신호탄을 쏜 셈이었다.

　　그렇다면 어떻게 했기에 코르테스는 소수의 인원으로 무려 500만 명의 인구를 가진 아스테카제국을 정복할 수 있었을까? 승리의 요인은 복합적이다. 흔히 코르테스 부대의 무기체계상의 우위가 거론된다. 아스테카 병사들이 원시적인 근력무기로 무장한 데 비해 원정대는 화승총 및 대포와 같은 화약무기, 아스테카인들에게 생소했던 말로 무장하고 있었다는 것이다. 하지만 이는 너무 과장된 측면이 있다. 당시 화승총은 다루기도 쉽지 않았고, 명중률도 극히 낮았으며 무엇보다도 장전 속도가 느렸다. 고로 화약무기를 처음 접한 아스테카 병사들에게 겁을 주었을지는 모르나 살상 효과는 그다지 크지 않았다.

따라서 무기체계라는 하드웨어보다는 비非가시적인 소프트웨어상의 차이가 더 중요한 승리 요인이 아니었을까 한다. 아스테카의 케찰코아틀 신화를 이용한 코르테스의 순발력과 동맹세력 확보 과정 중 발휘된 그의 교묘한 외교술을 꼽을 수 있다. 아스테카 원주민들에게 농업을 전수해 준 케찰코아틀 신은 큰 키에 흰 피부를 가진 턱수염을 기른 모습이었다. 그런데 그가 언젠가 다시 오겠다는 약속을 남기고 어느 날 멕시코만 쪽으로 사라졌다. 코르테스는 목테수마 황제와 아스테카인들에게 자신을 케찰코아틀로 인식하도록 행동함으로써 아스테카 진영의 방비책을 느슨하게 만들 수 있었다.

더구나 접전 이전에 코르테스는 아스테카제국에 반감이 높던 다른 원주민 부족들을 설득하여 동맹세력으로 규합했다. 이들의 참여가 있었기에 인적 열세를 그나마 상쇄할 수 있었다. 당시 멕시코 지역에서는 수많은 부족이 치열하게 전쟁을 일삼아 오고 있었다. 아스테카제국의 피지배 부족들은 끔찍한 살상과 가혹한 착취를 겪어오고 있었기에 언제든지 기회만 되면 반란을 일으킬 태세가 되어 있었다. 바로 이러한 미묘한 역학관계를 말린체라는 원주민 여성의 도움으로 간파한 코르테스가 틈새를 파고들어 인디오 부족들을 동원할 수 있었다.

하지만 코르테스 승리의 일등공신은 무려 2년 이상 계속된 대결 과정에서 유럽인들이 아메리카 사회에 퍼뜨린 전염병, 특히 천연두 균이었다. 유럽인들은 아메리카 대륙에 그냥 몸만 온 것이 아니었다. 부지불식 중에 몸속에 천연두나 홍역과 같은 가공할 병원균을 시닌 채 들어왔다. 스페인 원정대가 멕시코만에 상륙했을 때, 천연두 균도 함께 왔다. 대략 1520년 9월경부터 가시적으로 발병하기 시작한 이 병은 이후 라틴아메리카 전역에 걸쳐서 엄청난 희생자를 몰고 왔다. 매년 수백만 명의 원주민이 대책 없이 질병으로 쓰러졌다. 원주민에게는 유럽인들이 가져온 병원균에 대한 면역체계가 없었기 때문이다.

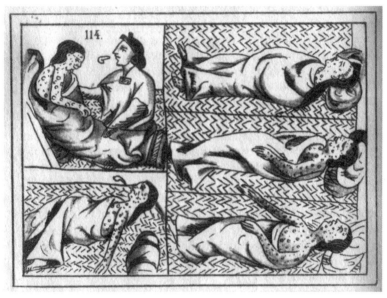

정복자들이 몰고 들어온 천연두의 피해

아메리카 대륙은 1만 년 이상 다른 대륙과 절연된 상태로 있었기에 구대륙의 병원균에 무방비 상태였다. 8개월에 걸친 포위 공격 기간 중 테노치티틀란 내부에서는 천연두가 창궐해 그나마 힘을 쓸 수 있는 병력이 그렇게 많지 않았다. 무엇보다도 알 수 없는 원인으로 신분 고하를 막론하고 사람들이 죽어 쓰러지면서 도시 안에는 이미 어두운 죽음의 그림자와 심리적 패배감이 팽배해 있었다.

3막

이러한 코르테스의 아스테카제국 정복은 이후 세계사 전개에 어떠한 영향을 미쳤을까? 유럽의 경우 고대 이래 유지되어온 지중해와 발트해 중심의 교역망이 쇠퇴하고 그 무대가 광대한 대서양으로 이동했다. 주교역 물품도 향신료 위주에서 차, 설탕, 목재, 노예 등으로 다양화됐고, 거래량도 급증했다. 이에 따라 교역의 주도권도 베네치아, 피렌체, 제노아와 같은 지중해 도시로부터 리스본, 암스테르담, 런던 등 대서양에 연한 도시로 이동했다. 무엇보다도 신대륙에서 다량의 금은이 유입됨에 따라 16세기 동안 물가가 급등하고 상업 활동이 활기를 보였다. 이때 초래된 상업혁명으로 새로운 부와 자본의 축적이 가능해지면서 이후 도래할 서구 자본주의 발전 및 중산계급 형성의 물적 토대가 마련됐다. 이제 유럽인의 활동무대는 지구 전체로 확대됐다. 바야흐로 요즘 흔히 말하는 세계화의 시대가 개막된 것이었다.

하지만 이러한 유럽의 경제적 번영이라는 '빛'에는 타자의 희생이라는 '그림자'가 짙게 깔려있었다. 유럽인들의 도래와 더불어 아메리카 대륙은 물적 수탈과 인적 억압으로 큰 고통을 당했다. 코르테스의 정복 이후 이곳으로 건너온 유럽인들이 경쟁적으로 부를 추구하는 과정에서 수많은 원주민 인디오들이 강제로 동원되고 착취당했다. 전염병은 상황을 더욱 악화시켰다. 당연히 대폭적인 인구 감소로 이어졌고, 이는 아프리카 노예무역이라는 반인륜적인 행위로 이어져 또 다른 희생을 초래했다. 단지 피부색이 다르다는 이유로 무수한 인간들의 '눈물과 한恨'이 서리기 시작한 것이다. 세계가 하나의 시스템으로 통합되기 시작했으나 그것은 서구의 세계관이 강요되는 불평등한 모습이었다. 19세기 말에 본격화되는 서양세력에 의한 제국주의 침탈과 팽창의 근저에는 바로 코르테스에 의한 아스테카제국의 정복이라는 씁쓸한 역사적 사실이 놓여 있다.

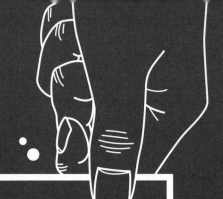

1534년 수장법 선포

헨리 8세는 왜?
로마교황청과 결별하고자 했을까?

영국의 군주제를 확립한 국왕, 그 과정에서 여럿의 신하들을 무참히 죽인 냉혈한, 무엇보다도 총 6명의 왕비를 거느린 호색한으로 더 유명한 인물, 바로 영국 튜더 왕조의 2대 국왕 헨리 8세Henry Ⅷ (1491~1547) 이야기이다. 그가 이토록 여러 명의 왕비를 두게 된 직접적 계기는 바로 후계를 이어갈 왕자를 얻기 위함이었고, 그 과정에서 로마교회와 결별하고 영국 국교회를 창설하기에 이르렀다. 사실상 헨리 8세는 1517년 대륙에서 루터의 종교개혁이 일어나자 루터의 행동을 거세게 비난함으로써 로마교황으로부터 '가톨릭 신앙의 수호자'라는 호칭까지 받은 바 있었다.

그런데 그가 왜 로마가톨릭으로부터 독립하여 새로운 종교로 나아가려고 했을까? 이에 대한 잉글랜드인들의 반응은 어떠했을까? 로마교회와 결별하기로 한 그의 결정은 이후 영국사 및 유럽사에 어떠한 영향을 미쳤을까?

헨리 8세에 대해 알기 위해서는 먼저 선왕先王 헨리 7세의 업적에 대해 살펴볼 필요가 있다. 헨리 7세는 영국의 긴 내전인 이른바 장미전쟁을 끝내고 튜더 왕조를 개창, 영국 근대역사의 초석을 놓은 인물이다. 잉글랜드는 프랑스와 백년전쟁(1337~1453)을 치른 후 곧이어 국내에서 벌어진 내전으로 거의 30년 동안 서로 죽고 죽이는 혼란기를 겪었다. 왕권을 둘러싸고 힘센 귀족 가문들끼리 격돌한 이 전쟁에서 최종적으로 붉은 장미 문장의 랭커스터 가문과 흰 장미 문장의 요크 가문이 맞붙었다. 아무리 해도 승부가 나질 않자 랭커스터 가문의 리치먼드 백작 헨리 튜더와 요크 가문의 에드워드 4세의 장녀 엘리자베스가 결혼하는 것으로 대결의 종지부를 찍었다.

치열한 내전의 혼란 상황에서 프랑스에 망명해 있던 헨리 7세는 1485년 웨일스를 통해 귀국했다. 이어 벌어진 보즈워스 전투에서 왕위 찬탈자였던 리처드 3세 군대를 물리치면서 오랜 무정부 상태를 마감할 인물로 급부상했다. 백성의 기대에 호응이라도 하듯이 권좌에 오른 후 그는 귀족 세력을 성공적으로 통제했다. 이로써 정치적 안정을 꾀하고 튜더 왕조의 토대를 굳게 다졌다. 특히 그는 관용과 통합의 정치를 지향하면서도 동시에 귀족들의 군사적 도전을 원천 봉쇄하는 사병 보유 금지 법령을 반포했다. 죽기 전까지 헨리 7세는 국가의 기틀을 다지는 데 진력했다.

원래 헨리 8세는 왕위를 물려받을 처지가 아니었다. 위로 아서라는 형이 있어서 그가 잉글랜드의 차기 왕이 될 참이었다. 헨리 7세는 유럽 열강들의 주도권 다툼에서 균형자 역할을 하려는 야심을 품고 재임 중 특히 대유럽 외교에 매진했다. 그래서 강대국 스페인 왕실과의 결속을 확고히 하려는 계산 아래 장남 아서와 스페인 공주 캐서린과의 결혼을 성사시켰다. 캐서린은 통일 스페인 왕국의 공동 왕이던 아라곤 국왕 페르디난트와 카스티야의 여왕 이사벨 사이에서 태어난 막내딸이었다. 1501년 겨울에 잉글랜드 왕세자 아서는 스페인 공주 캐서린과 결혼했다. 그런데 문제는 결혼 후 겨우 5개월이 지난 1502년 봄 아서가 당시 유행하던 열병으로 불과 15세의 나이로 세상을 떠난 것이었다. 어느 날 갑자기 이제 겨우 10대 중반이던 캐서린 공주가 청상과부로 남게 됐다. 그런데 큰일이 난 것은 캐서린만이 아니었다. 그동안 애써서 구축해 놓은 스페인과의 친선관계가 위태롭게 됐다. 그래서 생각해 낸 방책이 동생인 헨리를 캐서린과 결혼시킨다는 것이었다. 개인들의 의사보다는 결혼을 통한 양국 간 동맹 형성이 중요했기 때문이다. 졸지에 형수와 결혼할 운명에 처한 헨리는 당시 겨우 10살에 불과한 소년이었다. 그래서 일단 약혼식만 하고 결혼식은 헨리가 어느 정도 성장한 후 거행하기로 약속했다.

1509년 헨리 7세가 서거했다. 18세의 젊은 나이로 왕위를 물려받은 헨리는 부왕의 유언에 따라 여섯 살 연상의 캐서린과 결혼식을 올렸다. 이어서 즉위식을 끝내기가 무섭게 왕권을 휘두르기 시작했다. '놀새' 기질로 악명이 높지만 사실상 헨리 8세는 다방면에 걸쳐서 재능이 많은 인물이었다. 유년시절부터 고품격의 교육을 받은 덕분에 그는 프

헨리 8세

랑스어와 스페인어에 능통했고, 르네상스기에 유행한 라틴어 고전도 두루 섭렵한 바 있었다. 당대 영국의 저명한 학자들과 신학은 물론 천문학에 대해서도 열띤 토론을 벌일 정도였다. 더구나 승마와 사냥, 활쏘기, 마상창시합과 같은 각종 스포츠에서도 수준급의 실력을 발휘했다.

강력한 왕권을 휘두른 헨리 8세가 크게 신경을 쓴 문제는 하루속히 후계자를 얻는 것이었다. 언제 어디에서 왕권에 도전하는 귀족들의 반란이 일어날지 알 수 없었기 때문이다. 특히 유럽대륙의 정세 변화와 맞물릴 경우, 외세와 결탁한 세력에 의해 왕권이 위협받을 수 있는 소지는 상존했다. 그런데 문제는 왕비 캐서린이 좀처럼 아들을 낳지 못했다는 점이다. 수차례 사산을 거듭하다가 가까스로 1516년에 나은 자식이 나중에 '블라디 메리'로 불리는 딸 메리였다. 그토록 고대한 아들은 얻을 수 없었다. 그가 아들에 목을 맨 이유는 충분했다. 만일 딸 메리가 잉글랜드의 왕위를 계승할 경우, 애써서 개창開創한 튜더 왕조가 위험에 처하는 것은 물론 치열한 왕권쟁탈전으로 잉글랜드가 재차 무정부 상태에 빠질 수도 있었기 때문이다.

문예를 장려하고 국가체제를 정비하는 등 자신이 마음먹은 일은 어떤 수단을 써서라도 이루고야 마는 냉혹한 성품의 헨리 8세였으나 자식 문제만큼은 뜻대로 이룰 수 없었다. 더구나 헨리 8세는 천성적으로 호방한 성격에 화려한 것을 좋아하고 속칭 밤 문화를 즐기는 방탕한 끼마저 있는 인물이었으니 오죽했으랴. 뭇 여성들과 염문을 뿌리기도 했으나 이는 일시적인 위안에 불과할 뿐 초조함을 달랠 수는 없었다. 이러한 헨리 8세 앞에 매력 만점의 한 젊은 여인이 나타났으니 바로 앤 불린 Anne Boleyn이었다. 아이러니하게도 그녀는 프랑스의 국왕 루이 12세에게 시집을 간 헨리의 여동생 메리 튜더의 궁정 시녀였다. 부친이 외교관이었기에 앤 불린은 프랑스 파리에서 생활하면서 그곳의 앞선 궁정 예법에 익숙해 있었다. 이러한 그녀가 귀국해 런던 사교계에 모습을 드러 냈을 때, 세련된 궁정 예절과 우아한 자태로 인해 곧 헨리 8세의 눈에 들었다.

앤 불린의 매력에 쏙 빠진 헨리 8세는 그녀로부터 왕위를 이를 아 들을 얻고 싶었다. 그녀에 대한 열정은 왕위 후계자 문제에 대한 헨리의 조바심을 더욱 자극했다. 그런데 앤 불린과 결합하기 위해서는 먼저 왕 비 캐서린과 이혼해야만 하는데, 이것이 만만치가 않았다. 일단 당사자 인 캐서린이 응하지 않았고, 무엇보다도 당시 왕실의 이혼문제는 로마 교황의 허락이 필요한 사안이었기 때문이다. 헨리는 형수와의 결혼을 승인한 교황의 조처는 성경 말씀에 어긋나는 것이기에 결혼 결정은 근 본적으로 무효라는 논리를 내세웠다. 문제는 당시 교황 클레멘스 7세가 때마침 로마를 점령하고 있던 스페인 국왕 카를 5세의 손아귀에 있었기 에 헨리의 요청을 들어주기가 곤란했다는 데 있었다. 카를 5세가 자신 의 숙모인 캐서린의 이혼을 반대하고 있었기 때문이다. 그렇다면 이 상 황에서 헨리 8세는 어떻게 대응했을까?

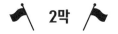

2막

헨리 8세는 그의 성격답게 정면 돌파를 시도했다. 1527년 국왕의 이혼문제를 공론화했다. 만사를 자신이 맘먹은 대로 처리해온 헨리로 서는 문제를 질질 끌 이유가 없었다. 그는 최측근인 토머스 울지Thomas Wolsey 추기경에게 문제 해결을 일임했다. 처음에는 잉글랜드 내에 교 회 법정을 열어 이 문제를 처리하려고 했으나 끝내 아무런 성과를 얻지 못했다. 캐서린이 끝까지 강경하게 이혼을 거부했기 때문이다. 당연한 반응이었다. 헨리 8세와 비록 딸이지만 애까지 낳고 20여 년을 함께 살았는데, 지금 와서 이혼하라고 하니 기가 막힐 노릇 아닌가. 문제가 꼬이자 화가 난 헨리 8세는 그 분풀이를 울지에게 했다. 국왕의 후원 아래 막강한 권력을 누려온 울지는 졸지에 왕의 총애를 잃고 대역죄로 기소되어 사형 판결을 받았다.

교황이 이혼 요청을 허락해주지 않자 헨리 8세는 국내에서 특별위원회를 설치해 문제를 매듭지려고 했다. 캐서린이 마지막까지 소환을 거부하자 위원회는 궐석 판결로 혼인 무효를 선언했다. 이제 남은 문제는 교황의 허락을 피한 채 앤 불린과 정식으로 결혼하는 것이었다. 이때 해결사로 나선 인물은 1529년 울지의 실각에 이어서 부상한 토머스 크롬웰Thomas Cromwell이었다. 그는 캔터베리 대주교의 협조를 받아 의회를 통해 교황에 대응하는 전략으로 이 문제를 해결했다. 1534년 연말에 '수장법Act of Supremacy'이 의회를 통과함에 따라 국왕 헨리 8세는 잉글랜드 교회의 최고 존재가 됐다. 이로써 잉글랜드는 로마교황에 대한 복종에서 벗어나게 됐고, 더불어 교황이 행사하던 모든 권한은 잉글랜드 국왕의 수중으로 들어왔다.

헨리 8세가 별다른 저항 없이 로마와 결별할 수 있던 이면에는 당시 잉글랜드에 팽배해 있던 반가톨릭주의 감정이 놓여 있었다. 당시 대다수 고위 성직자들은 세속적인 부와 명예의 추구에 혈안이 되어 있었기에 일반 민중의 존경을 잃고 있었다. 이들의 부패와 만행에 대한 반감은 당연히 교황과 로마교황청으로 향할 수밖에 없었다. 더구나 교회가 온갖 명목으로 거두어들인 돈이 부패와 사치의 도시로 비난받고 있던 로마로 흘러 들어가고 있었으니 오죽했으랴. 잉글랜드인 대다수가 반反가톨릭주의 감정과 로마교황청에 대한 불신으로 들끓고 있던 분위기를 십분 이용하여 헨리 8세는 로마와의 결별을 단행했다.

캐서린을 쫓아내고 앤 불린과 애정을 과시하는 헨리 8세

이제 마지막 장애물까지 제거한 터인지라 헨리 8세는 캐서린을 궁에서 쫓아내고 앤 불린을 불러들였다. 1533년 1월 헨리는 비밀리에 앤불린과 그토록 원하던 결혼식을 올렸다. 이제 사랑하는 왕비로부터 왕위를 계승할 자식을 얻기만 하면 만사형통이었다. 하지만 세상일이 어찌 원하는 대로만 될 수 있을까? 그녀가 분만한 아이는 아들이 아니라 후일 엘리자베스 1세가 되는 딸이었다. 득녀의 기쁨은 잠깐뿐 앤 불린에게 절실한 것은 어떻게 해서든 아들을 낳는 일이었다. 두 번째 임신으로 그 가능성이 엿보였다. 하지만 운명의 장난인지, 임신 4개월 만에 유산하고 말았다. 그토록 바라던 아들이었다. 공교롭게도 헨리 8세가 마상시합에서 부상을 입었다는 소식을 접하고 벌어진 일이었다. 헨리 8세의 실망감은 곧 분노로 바뀌었다. 그녀는 간통을 저질렀다는 죄목으로 체포되어 런던탑에 투옥된 후 1536년 5월 참수형을 당했다.

이제 헨리 8세는 아들을 얻기 위해서는 물불을 가리지 않았다. 앤불린이 처형되고 그 핏자국이 지워지기도 전에 제인 시무어와 세 번째로 결혼했다. 1537년 10월 중순 새 왕비는 그토록 애타게 기다리던 아들을 낳았다. 그가 바로 헨리 8세를 이어서 왕위에 오르는 에드워드 6세였다. 애석하게도 시무어는 분만 후 산후 여독으로 죽고 말았다. 헨리는 이후에도 클레브의 앤, 캐서린 하워드, 마지막으로 캐서린 파 등 총 6명의 여인들과 결혼했다. 하지만 결과적으로 남은 것은 아들 하나, 딸 하나, 그리고 망가진 자신의 몸이었다. 비대한 몸매에 각종 합병증에 시달리던 헨리 8세는 1547년 1월 55세의 나이로 파란만장한 삶을 마감했다.

1534년 수장법 선포로 헨리 8세가 잉글랜드 교회의 머리가 된 사건은 단지 종교적인 차원에만 머물지 않았다. 당장 가시적으로 나타난 결과는 교회 및 성직자에 대한 감찰과 이를 빌미로 강요된 수도원 해산과 토지 몰수였다. 당시 전국적으로 총 800개에 달한 수도원들은 대부분 상당한 규모의 토지를 보유하고 있었기 때문이다. 이러한 측면에서 혹자는 헨리 8세 종교개혁의 진정한 목적은 종교적 독립이 아니라 경제적 수탈이라고 주장한다. 그도 그럴 것이 선왕으로부터 물려받은 막대한 유산과 백성들로부터 거둬들인 세금을 탕진한 데다가 유럽대륙의 국가들과 끊임없이 다툼을 벌이느라 부채가 쌓인 헨리에게 이러한 수도원 토지야말로 군침 도는 먹잇감이었다.

이제 영국교회의 수장이 된 헨리로서는 행동을 미룰 이유가 없었다. 치세의 전반기에 울지를 내세웠듯이 이번에는 크롬웰을 앞세워서 과업을 추진했다. 의회에서 수도원 해산 관련 법령을 통과시키는 정공법을 택했다. 수도원을 비롯한 반대세력의 반발을 의식한 듯, 먼저 수도원을 비롯한 모든 교회와 성직자에 대해 감찰조사를 명하는 포고문을 발했다. 수도원의 인적 동향과 물적인 수입 전반을 세밀하게 조사하겠다는 조처였다. 이름 자체도 묘한 느낌을 주는 일명 '검은 책Black Book'으로 불린 감찰 결과보고서에는 성직자들의 비리와 관련된 방대한 정보가 망라되어 있었다. 이제 만반의 준비를 끝낸 헨리 8세는 수도원 해산법을 제정하고 1536~1539년에 이를 집행, 수도원 재산을 국왕에게 귀속시켰다. 결국 수도원 해산 작업을 통해 헨리 8세는 막대한 돈을 모았고, 이것으로 유럽 국가들과의 외교와 전쟁, 그리고 자신의 허영을 위한 비용으로 충당했다.

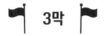

3막

헨리 8세의 종교개혁은 이후 영국사 및 유럽사에 어떠한 영향을 미쳤을까? 우선, 헨리 8세의 통치 시기를 통해 영국에 군주제가 확립됐다. 전통적으로 영국에서 국왕은 여러 힘 있는 귀족 가문 중 일인자라는 특징이 강했다. 그러다 보니 왕위는 귀족의 일개 분파를 대변하는 직위로 인식되어 걸핏하면 왕권을 넘보는 세력들이 많았다. 하지만 헨리 8세는 자신의 강한 개성을 앞세워서 정적들과 도전 의심 세력을 냉혹하게 처단하면서 자신의 의지가 관철되는 국가로 만들어 갔다. 이러한 과정에서 의회는 물론 종교도 헨리 8세의 통제권으로 들어왔다. 그에게 죽임을 당한 자들은 억울하겠으나 헨리 8세는 강력한 군주권을 확립하여 영국의 국가적 토대를 다졌다. 이러한 측면에서 제프리 엘턴과 같은 역사가들은 이른바 '튜더 행정혁명론'을 제기할 정도였다. 헨리 8세 시대에 관료제 및 전국 단위의 행정체제가 확립되면서 바야흐로 영국은 왕권을 중심으로 한 근대국가로 발전했다고 보는 견해이다.

무엇보다도 헨리 8세의 통치기를 통해 영국은 유럽의 중심국가 중 하나로 부상할 수 있는 기틀을 마련할 수 있었다. 사실상 영국은 유럽

대륙의 맨 서쪽에 자리한 섬나라로서 주변부에 해당했다. 기껏해야 천혜의 목초지에서 양을 사육해 얻은 양모를 대륙의 플랜다스 지방에 수출하는 가난한 국가였다. 이러한 영국이 16세기 말 이래 용트림하기 시작하면서 18세기 중엽 이후에는 세계적 강대국으로 올라서게 됐다. 이러한 부흥의 길 도상에서 이정표를 세운 인물이 바로 헨리 8세였고, 그의 치적 중 대표적인 것이 바로 영국 국교회의 수립이 아니었을까 생각한다.

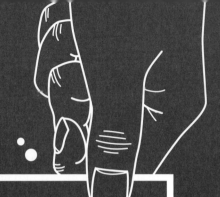

1649년 잉글랜드
공화국 수립

크롬웰은 왜?

국왕인 찰스 1세를 처형했을까?

차가운 바람이 뺨을 때리고 칙칙한 구름이 하늘을 잿빛으로 뒤덮고 있던 1649년 1월 30일, 수많은 군중이 국왕의 궁전인 화이트홀Whitehall 앞에 운집해 있었다. 하나같이 모두 음울하고 불안해하는 표정이었다. 다름 아니라 당일 그곳에서는 영국의 국왕 찰스 1세Charles I(재위 1625~1649)에 대한 처형식이 거행되고 있었다. 얼마 전 그는 국가에 대한 반역죄로 유죄판결을 받은 바 있었다. 이때 국왕에 대한 반대세력을 대표한 인물이 바로 군대의 지지를 한 몸에 받고 있던 올리버 크롬웰Oliver Cromwell(1599~1658)이었다. 사후 그에 대한 평가는 극명하게 갈리었으나 1899년 웨스트민스터 국회의사당 구내에 동상이 세워지면서 의회 수호자로서의 공적을 인정받은 바 있었다.

그렇다면 유럽에서 왕권신수설에 기초한 절대왕정이 무르익고 있을 즈음에 왜 영국에서는 정반대로 국왕이 반역죄로 처형당하는 일이 벌어졌을까? 이러한 과정에서 과연 크롬웰은 어떠한 역할을 했을까? 그리고 국왕의 처형사건이 이후 영국사 및 유럽사에 미친 영향은 무엇일까?

🪓 1막 🪓

찰스 1세가 처형당한 이유를 알기 위해서는 당대에 영국에서 어떠한 일이 벌어지고 있었는지를 살펴볼 필요가 있다. 이 시기에 영국에서는 내전과 혁명이라는 거대한 정치적 격변이 벌어지고 있었다. 이 사건의 배후에는 찰스 1세를 중심으로 한 왕당파와 하원을 중심으로 한 의회파 간의 대립과 갈등, 그리고 무력 충돌이 있었다.

사건의 직접적 계기는 국왕 찰스 1세의 전제적 통치였으나 그 뿌리는 이미 그의 선대 제임스 1세 통치 시기부터 뻗어 내리고 있었다. 원래 스코틀랜드의 왕이었던 제임스에게 어느 날 잉글랜드의 왕위라는 '횡재'가 떨어졌다. 엘리자베스 1세가 후사 없이 죽음으로써 왕위가 스튜어트 왕가의 제임스에게로 넘어간 것이었다. 졸지에 그는 제임스 1세로서 잉글랜드와 스코틀랜드, 그리고 아일랜드를 아우르는 영국의 단독 통치자로 등극했다.

그런데 복잡한 잉글랜드의 정치 상황을 제대로 파악하지 못한 제임스 1세는 즉위 후 계속해 통치에 무리수를 두기 시작했다. 그는 두 왕국을 하나의 완벽한 브리튼 왕국으로 통합해 통치하고자 의도했다. 이러한 그의 시도는 단지 대외관계에서만 머물지 않고 곧 법률과 의회, 그리고 교회 문제로까지 전방위적으로 확대됐다. 하지만 그의 희망과는 달리 잉글랜드에서는 국왕 제임스의 궁정세력과 의회 간에 종교적 및 정치적 갈등이 점차 첨예화됐다.

그중 가장 핵심적인 문제는 종교였다. 당시 영국에는 그리스도교의 여러 종파가 혼재해 있었다. 넓게 보아 스코틀랜드는 장로교, 잉글랜드는 국교회(성공회)였으나 현실적으로 잉글랜드의 종교 상황은 매우 복잡했다. 일단 국왕을 정점으로 하는 국교회 진영은 거의 전적으로 국왕

편이라고 볼 수 있으나 다른 종파들은 그렇지가 않았다. 그런데 문제는 당시는 매우 종교적인 시대여서 사람들은 신앙적으로 생각하고 말하고 행동했기에 정치 및 군사 측면도 종교와 불가분의 관계에 놓일 수밖에 없었다는 점이다.

우선, 국교회를 중심으로 맨 끝에 흔히 '청교도'라고 불리는 퓨리턴들Puritans이 있었다. 캘빈의 교리를 추종하는 이들은 단순한 예배의식, 설교의 중요성, 가톨릭적인 의식의 폐지 등을 요구하고 있었다. 다음으로 가톨릭교도들이 있었다. 아일랜드 및 유럽 대륙 국가들과 밀접한 관계를 맺고 있던 이들은 새로운 국왕은 엘리자베스 여왕에 비해 자신들에게 좀 더 관용적일 것으로 기대했다. 비록 국교회가 가톨릭과 결별하면서 탄생했으나 수장首長만 다를 뿐 제반 측면에서 유사성을 공유하고 있었기 때문이다. 즉위 초기에는 가톨릭에 대해 적대적인 노선을 취했던 제임스 1세도 가톨릭국가인 스페인과 친선을 도모할 목적으로 억압정책에서 크게 후퇴했다.

종교문제에 이어서 제임스 1세는 세금 문제로 의회와 대립했다. 자신의 낭비벽과 총신들에 대한 연금 남발로 국가재정이 쪼그라들자 제임스는 의회의 동의도 없이 새로운 세금을 마구 부과했다. 국왕의 전횡에, 중세 이래 나름 왕권 견제의 역사를 자랑해온 잉글랜드 의회가 가만히 있을 리 만무했다. 사실상 그동안 잉글랜드 국왕들은 중요한 국가정책을 실행할 시 나름 의회의 목소리에 귀를 기울이려는 모습을 보여 왔다. 하지만 이러한 잉글랜드의 정치적 속성을 이해하지 못한 데다가 유능한 신하도 얻지 못한 제임스는 계속해 의회와 불화를 겪었다. 결국에는 의회 없이 제반 정책, 특히 재정정책을 밀어붙이는 실책을 범하고 말았다. 설상가상으로 국왕 주변에 외모만 멀쩡할 뿐 경륜은 부족한 인물들이 몰려들어 국왕의 총애를 받으면서 곧 각종 추문과 부패가 만연하게 됐다.

제임스의 패착은 대외관계에서도 드러났다. 1618년 독일 지역에서 이른바 30년 선쟁이 터지면서 즉위 후 평화정책을 지속해온 제임스는 기존 외교 노선에 일대 변화를 모색했다. 영국민들의 국론이나 의회의 입장과는 달리 그는 가톨릭 진영의 대표국가인 스페인과 외교관계를 맺고자 했다. 그 방편으로 왕세자 찰스와 스페인 마리아 왕녀와의 결혼을 추진했으나 결국 실패하고 말았다. 체면을 구긴 제임스는 외교정책에 대한 의회의 관여를 허용하고 1624년에는 스페인에 선전포고까지 했으나 이미 국왕에 대한 여론은 악화된 상태였다.

1625년 3월 왕세자가 찰스 1세로 왕위에 올랐다. 그는 부친과는 달리 조용하고 내성적인 성격에 예술적 안목을 갖고 있었다. 하지만 아쉽게도 통치자에게 필요한 식견과 유연한 태도는 매우 부족했다. 선왕 제임스가 시도해 의회의 거센 반발을 초래한 국왕의 절대권 확립을 더욱 강하게 밀어붙였다. 제임스가 강온 양면적 자세를 취한 데 비해, 찰스는 강경 일변도로 나아갔다.

우선, 그는 재정문제를 둘러싸고 의회와 끊임없이 대립했다. 왕실이 의회의 동의도 없이 계속해 새로운 세금을 부과한 것이 문제였다. 이중 가장 문제가 된 것은 선박세ship money였다. 원래 선박세는 외적의 침입이 있을 때 방어용 선박을 마련할 목적으로 해안도시들이 필요시마다 납부해 온 세금이었다. 그런데 찰스는 이를 평시에 매년, 그리고 심지어는 내륙 지역에까지 부과했다. 이는 의회는 물론이고 일반 백성들의 강한 반발을 초래했다.

종교문제에 있어서도 국왕은 불협화음을 일으켰다. 그는 윌리엄 로드 대주교를 앞세워 교회의 권위와 주교제를 강조하고 예배의식을 중시하는 등 국교회에 가톨릭적인 요소를 강화하는 조치들을 취했다. 이에 대해 특히 퓨리턴들이 반발하자 성실청星室廳 법정을 설치하여 비판자들을 잔인한 형벌로 탄압했다.

만일 찰스가 이 정도 선에서 멈추었다면, 아마도 그는 처형을 피할 수 있었을 것이다. 하지만 첫 단추를 제대로 채우지 못하면서 패착이 이어졌다. 결정적으로 잉글랜드에서 채택하고 있던 국교회의 새로운 기도서를 장로교도가 대부분인 스코틀랜드 교회에도 강요한 것이었다. 발끈한 스코틀랜드인들이 거국적으로 들고 일어났다. 그러자 이를 무력으로 누르고자 1639년 국왕은 군대를 이끌고 스코틀랜드로 진격했으나 참패했다. 오히려 이듬해 스코틀랜드 군대가 잉글랜드 남쪽 깊숙이 밀고 내려왔다.

이제 군대 동원에 필요한 전비 마련이 급선무가 되면서 찰스는 하는 수없이 의회 소집 요구를 수용했다. 1640년 11월에 소집된 이 의회는 이후 무려 20년 동안이나 존속했기에 일명 '장기의회'라고 불린다. 개원 후 국정을 농단한 국왕의 최측근들에 대한 단죄에서는 한목소리를 낸 의회가 종교개혁 수위를 놓고서는 강온파로 분열됐다. 이러한 상황에서 비밀리에 군사 모집을 지속해온 찰스가 런던을 벗어나 왕당파가 우세한 잉글랜드 북부로 피신했다. 급기야 잉글랜드는 1642년 여름 이후 왕당파와 의회파 간에 내전Civil War 상태로 빠져들었다.

2막

1642년 8월 말 찰스 1세가 잉글랜드 중북부 노팅엄에서 기치를 내세우면서 왕당파와 의회파 간에 전쟁이 벌어졌다. 당시 계급적 측면에서 누가 왕당파이고 누가 의회파인지를 명확하게 구별할 수는 없다. 귀족 중에서도 일부는 의회파를 지지했고, 평민 지주계층이나 자영농 중에서도 일부는 국왕 편을 들었기 때문이다. 지역과 종교 면에서는 상대적으로 구분이 분명했다. 경제적으로 낙후된 북부 및 서부가 국왕 편을 든 반면, 상업이 발달해 있던 남부와 동부는 의회 쪽으로 기울었다. 종교적으로 국교도들은 왕당파 지지자였던데 비해 퓨리턴들은 대부분 의회 편에 섰다.

내전 초반에는 훈련된 병력과 유능한 지휘관을 지닌 국왕군이 우세했다. 그렇다고 의회 군대가 지리멸렬한 것은 아니었다. 전쟁 초반에는 훈련상태가 미흡했으나 실전 경험을 쌓으면서 차츰 정예화됐다. 더구나 의회파는 당시 영국 경제의 심장부였던 런던시의 전폭적 지지를 받고 있었다. 양 진영이 팽팽하게 맞선 상황에서 의회파가 잉글랜드에 장로교 수립을 약속하면서 스코틀랜드 군대와 제휴하는 데 성공했다. 1644년 1월 약 2만 명의 스코틀랜드 군대가 남하해 요크에서 의회군과 합류했다. 이후 7월 요크 외곽에서 벌어진 전투에서 의회군이 대승을 거두면서 내전 승리의 분수령을 마련했다.

바로 이때 혜성처럼 등장해 의회군 승리에 크게 기여한 한 지휘관이 있었으니 그가 바로 크롬웰이었다. 케임브리지 인근 소도시 헌팅턴의 젠트리Gentry 가문에서 태어난 크롬웰은 17세에 케임브리지 대학에 입학한 얼마 후 부친이 사망하자 대학을 중퇴하고 귀향해 상속받은 토지를 관리하면서 지냈다. 무엇보다도 그가 살던 잉글랜드 동부는 종교적으로 퓨리턴(청교도) 또는 독립파로 불린 신교 종파가 매우 강한 지역이었다. 자연스럽게 크롬웰 역시 독실한 퓨리턴으로 평소 성서를 가까이 하면서 생활했다. 하지만 약 20년간 이어져 온 크롬웰의 농목農牧과 평시 기도 생활은 1640년 11월 그가 찰스 1세에 의해 소집된 일명 '장기 의회'에 케임브리지 시 의원으로 등원하면서 끝나게 됐다.

이제 런던의 중앙무대에서 그의 파란만장한 삶이 펼쳐졌다. 의회에서 의욕적으로 활동하던 크롬웰은 내전이 발발하자 군사 쪽으로 방향

을 전환하고 모병募兵 작업에 돌
입했다. 하나님의 군대라는 경건
한 신앙심으로 정신무장하고 엄
한 규율로 훈련된 그의 기병 부
대는 곧 무적의 부대, 일명 '철기
군the Ironsides'으로 알려졌다. 크
롬웰조차 참전 이유를 "인간으
로서의 정치적 자유, 신앙인으로
서의 종교적 자유"를 위해서라고
선언할 정도였다. 실제로 그는 장
교 선발의 첫 번째 자격을 깊은

올리버 크롬웰

신앙심에 두었고, 전투 전야에는 온 장병이 합심해 기도했다.

그의 부대 명성이 높아지면서 크롬웰에 대한 의회파의 신뢰도 깊어
졌다. 의회군 수뇌부의 교체를 계기로 크롬웰은 신임 총사령관 페어팩
스경의 부사령관으로 임명됐다. 그는 자신의 기병대인 철기군鐵騎軍을
표본 삼아 의회군을 잘 훈련되고 규율이 살아있는 군대, 즉 '신형군New
Model Army'으로 탈바꿈시켰다. 이 새로운 부대는 의회로부터 급료를
받았고, 무엇보다도 종교적 사명감이 투철한 퓨리턴 장교들에 의해 통
솔됐다. 이러한 군대라면 승리는 보장된 것이나 진배없었다. 과연 1645
년 6월 네이즈비Naseby 전투에서 의회군은 결정적인 승리를 거두었다.
1646년 6월 왕당파의 거점인 옥스퍼드가 함락된 후 스코틀랜드로 도
피한 찰스가 1647년 초 잉글랜드 의회로 넘겨지면서 전쟁은 의회파의
승리로 일단락됐다.

비록 패전했으나 여전히 찰스는 영국의 국왕이었다. 그렇다면 왜 찰
스는 얼마 후 형장의 이슬로 사라졌을까? 내전 승리 직후 불거진 의회

파의 분열이 2차 내전 발발의 빌미를 제공했기 때문이다. 전투 승리로 모든 문제가 해결된 것은 아니었다. 어떠한 입헌적 정부와 개혁교회를 세울 것인가 하는 어려운 과업이 남아 있었다. 더구나 전쟁 과정에서 의회파는 장로파와 독립파로 분열된 상태였다. 전자가 의회를 세력 기반으로 하면서 종교적으로 장로교 이외에는 인정하지 않는 비관용적인 태도를 취한 데 비해, 후자는 군대를 축으로 하면서 종교 면에서는 개별교회의 독립성과 신앙의 자유를 허용하는 관용적인 입장을 견지했다. 점차 장로파가 국왕에 타협적인 태도를 보이고, 약속한 급료도 미지급된 채 군대 해산 명령마저 하달되자 두 세력의 분열은 분명해졌다.

당시 의회 의원이자 군 지휘관이던 크롬웰은 두 집단 간에 조정이 불가능함을 깨닫고 결국 군대, 즉 독립파와 운명을 함께 하기로 작정했다. 무력을 장악한 덕분에 장로파 제압에 성공한 크롬웰에게 이번에는 독립파 내부의 분열이라는 복병이 나타났다. 독립파 군대 내에서 고급 장교들과 사병들 간에 견해차가 첨예화됐던 것이다. 치열한 논쟁 과정 끝에 1647년 10월 런던 교외에서 개최된 군 평의회를 통해 가까스로 해결했다. 그런데 문제는 국왕 찰스였다. 의회파가 분열로 혼란한 틈을 타서 그가 스코틀랜드의 귀족들과 결탁, 1648년 2월 재차 내전을 일으킨 것이었다. 다행히 8월에 벌어진 프레스턴 전투에서 크롬웰은 스코틀랜드군을 격파할 수 있었다.

이러한 일련의 사태를 겪으면서 이제 군대가 권력의 중심부로 들어섰다. 동시에 국왕에 대한 불신과 분노는 폭발 직전으로 치달았다. 군의 부상을 두려워한 의회가 국왕과 타협하려는 기미를 보이자 마침내 군대가 행동을 개시했다. 1648년 12월 프라이드 대령이 이끄는 일단의 무리가 의회로 난입해 장로파 의원들을 봉쇄한 채 100여명의 독립파 의원들만을 모아놓고 국왕의 반역죄를 심리할 특별 법정의 설치를 결의했다. 이어진 법정재판에서 찰스는 신민에 대한 압제자이자 살인자로 유죄판결을 받은 후 1649년 1월 런던 시민들이 지켜보는 가운데 교수형을 당했다.

처형 당하는 찰스 1세

이제 돌아올 수 없는 강을 건넌 크롬웰과 독립파 위주의 의회는 아예 군주정을 폐지하고 공화정으로 나아갔다. 물론 귀족원과 국교회도 폐지됐다. 독실한 퓨리턴이던 크롬웰은 개인의 야망보다는 신의 섭리 실현이라는 관점에서 매사를 처리하고자 노력했다. 왕당파와 장로파로부터 산발적인 저항이 있었으나 공화국의 안위를 위협할 정도는 아니었다. 신생 공화국 정부는 1658년 크롬웰이 사망할 때까지 그런대로 안정을 유지할 수 있었으나 이는 호국경護國經 자격으로 군대의 전폭적 지지를 등에 업은 크롬웰 개인의 영도력에 의지한다는 한계를 안고 있었다. 아니나 다를까 그가 죽은 후 의회는 공화국의 종언과 왕정복고를 선언하고 1660년 찰스 2세를 새로운 국왕으로 맞아들였다.

3막

두 차례의 내전까지 치른 후 탄생한 공화국의 운명은 어이없게도 이의 설계책임자였던 크롬웰의 죽음과 함께 역사의 뒤안길로 사라졌다. 하지만 1640년경부터 거의 20년간 이어진 내전과 혁명은 이후 영국 역사 및 유럽사에 중요한 흔적을 남겼다. 우선, 크롬웰의 활약과 통치는 종교적으로 영국에서 비非국교파의 위상을 굳건하게 만들었다. 평생 성서를 곁에 놓고 기도의 사람으로 산 크롬웰의 통치기를 통해 영국 사회에 깊숙이 뿌리를 내린 퓨리타니즘Puritanism은 이후 영국을 종교적 관용과 개인 자유의 본고장으로 만드는데 기여했다. 퓨리턴들이 견지한 가장 중요한 요소가 종교적 관용과 신앙의 자유, 즉 '자유의 정신'이었기 때문이다.

정치적으로는 영국이 확실하게 입헌군주정으로 나아갈 수 있는 길을 열어줬다. 내전과 혁명의 전개 과정에서 의회가 영국민의 민의를 반영하는 구심점 역할을 하면서 국왕의 권력도 제어될 수 있다는 인식이 폭넓은 공감대를 얻었다. 당시 유럽 대륙에서는 국왕의 절대성이 강화되고 있었음을 고려할 때 섬나라 영국에서 벌어진 '국왕 처형'은 충격적 사건임에 분명했다. 민의를 과도하게 무시할 경우 국왕조차도 죽음에 이를 수 있음을 드라마틱하게 보여줬기 때문이다. 특히 사상적으로도 내란 시기는 '백가쟁명'의 시대였다. 다양한 계층에서 다양한 인물들이 등장하여 수준 높은 정치이론과 정부의 작동원리를 설파했다. 이들 중 언론의 자유를 옹호한 존 밀턴과 명저 『리바이어던』을 통해 주권 절대성의 원리를 주창한 토머스 홉스는 이후 서양 정치사상 발전에 크게 기여했다.

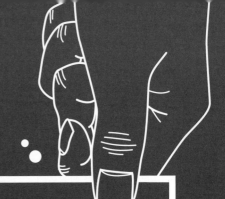

1633년 갈릴레오 종교재판

갈릴레오는 왜?
'그래도 지구는 돈다'고
독백해야만 했을까?

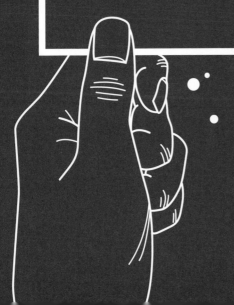

죽는 순간까지 신앙과 과학의 공존을 믿은 학자이면서 당대는 물론 오늘날까지 일반 대중에게 가장 널리 알려진 천문학자! 바로 근대 초기 이탈리아의 과학자 갈릴레오 갈릴레이Galileo Galilei (1564~1642)를 일컫는다. 억지로 지동설에 대한 지지를 철회한 그가 종교재판정을 걸어 나오면서 중얼거렸다는 '그래도 지구는 돈다E pur si muove'는 말은 그 진위眞僞 여부를 떠나서 갈릴레이의 금언으로 기억되고 있다. 이 짤막한 독백은 당시 그의 속마음은 물론 당대 교권의 눈치만을 살피고 있던 무수한 지식인들의 생각을 대변했다.

그렇다면 왜 갈릴레이는 이 말을 목청껏 외치지 못하고 입속으로 읊조려야만 했을까? 이 말이 담고 있는 진정한 의미가 무엇이기에 당시 그리스도교 교회는 이를 금지하려고 했을까? 이러한 견해가 이후 역사 전개에 미친 영향은 무엇일까?

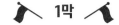

갈릴레이의 독백에 대해 알아보기 이전에 우리는 그가 종교재판정에 설 수밖에 없었던 이유, 즉 당시 시대적 배경을 살펴볼 필요가 있다. 서양 역사에서 18세기를 '혁명의 시대'로 명명하는데, 이러한 정치적 격변이 벌어지기 전에 사람들의 인식 변화가 선행됐음을 암시하듯 흔히 17세기는 '과학혁명의 시대'로 정의되고 있다. 유럽 근대사회가 발현하는 데 자양분이 되는 정신적 진보가 바로 이 시기에 이뤄졌다는 말이다.

종교재판을 받는 갈릴레오 갈릴레이 (ⓒWellcome Collection)

일반적으로 '과학혁명'은 16~17세기를 통해 유럽에서 수학 및 천문학 등 과학의 여러 분야에서 일어난 급격한 발전을 지칭한다. 좀 더 정확하게는 1543년 코페르니쿠스의 태양중심설 발표에서 1687년 뉴턴의 만유인력 법칙이 완성된 시기에 걸쳐서 일어난 움직임을 말한다. 바로 이때 과학의 내용뿐만 아니라 과학의 방법, 목적 및 그 사회적 위치에 심대한 변화가 일어났고, 이것이 이후 유럽인의 삶 전체에 지대한 영향을 미쳤다. 한마디로, 과학혁명의 원인은 단순히 기계발전에서 시작된 것이 아니라 인간의 사고방식이 근본적으로 달라진 '지적知的 혁명'에 있었다.

그런데 이러한 지적인 자각은 어느 날 갑자기 이뤄진 것이 아니었다. 갈릴레이 이전과 이후에 다양한 선각자들에 의한 일종의 '지적 축적의 과정'이 있었다. 일찍이 르네상스의 천재, 레오나르도 다빈치는 실현성은 까마득했으나 비행기, 낙하산, 잠수함 등 다양한 과학적 아이디어를 제시한 바 있다. 이후 주로 철학자들을 중심으로 지적 탐구의 새로운 방법론이 대두했다. 영국의 프랜시스 베이컨은 지식 획득의 새로운 방법으로 실험과 경험을 중시한 귀납법을 제시하여 정의와 명제 중심 사고에 빠져 있던 중세 스콜라 철학에 도전장을 내밀었다. 프랑스의 데카르트는 '나는 생각한다. 고로 존재한다'라는 선언에서 엿볼 수 있듯이 인간의 이성을 통해 일단 모든 것을 의심해 보라고 역설했다. 모든 것이 신의 은총과 섭리로 조화롭게 움직이고 있다는 중세의 사고체계에 대한 불만에서 나온 외침이었다.

이처럼 철학자들이 만들어 놓은 균열의 틈을 더욱 넓혀서 중세의 세계관을 무너뜨리는 데 결정적으로 공헌한 것은 다름 아닌 천문학이었다. 1543년 폴란드 출신의 사제 코페르니쿠스가 『천체의 회전에 관하여』를 발간하면서 바야흐로 불이 붙기 시작했다. 장기간 간직하고 있다가 거의 임종 직전에야 발표한 이 저술에서 코페르니쿠스는 중세 이래 금기 중 금기였던 태양중심설, 즉 지동설地動說을 내세웠다. 태양계와 항성계의 중심은 태양이며 지구는 단지 그 둘레를 돌고 있는 행성에 불과하다는 것이 골자였다.

오늘날 삼척동자도 알고 있는 당연한 상식이 왜 당시에는 그토록 문제였을까? 단적으로 중세 이래의 천동설天動說을 반박하고 있었기 때문이다. 천동설은 기원 2세기경 그리스인 프톨레마이오스Ptolemaios가 정립한 우주관으로 나름 긴 역사를 갖고 있었다. 이에 의하면, 우주는 공球안의 공처럼 동일한 중심을 지닌 천체들의 집합체로서 그 안에서 가장 중심을 이루는 곳은 바로 지구였다. 고로 태양을 포함해 지구를 둘러싸고 있는 다른 천체들은 지구 둘레를 돌고 있는 행성에 불과했다. 여기에 아리스토텔레스가 정리해 놓은 우주관, 즉 지상계는 4원소(흙·물·공기·불)로 이뤄진 불완전한 세계로 생성과 소멸이 끊임없이 반복되는 데 비해, 천상계는 에테르라는 특수물질로 가득한 영구불변한 세계라는 가설이 가미되면서 나름 정교한 논리체계를 갖춰왔다.

그런데 문제는 이러한 우주관이 중세에 교회 교리와 합해져 약 1400년 이상이나 서구인들의 사고방식을 지배한 것은 물론 이에 대한 의심을 신에 대한 불경죄로 여겼다는 점이다. 천동설에 의하면, 지구는 우주의 중심이고 신의 은총을 받은 인간은 지구상에서 가장 존엄한 존재였다. 바로 이들 인간을 신의 세계로 인도하는 성스러운 임무를 수행하는 주체가 교회와 성직자였다. 그런데 지구가 천체의 중심이 아니고 태양의 주위를 도는 행성에 불과하다면, 지구중심설을 토대로 교회의 계서와 권위를 확립하고 신의 은총과 섭리를 설파해온 중세 교회의 신앙체계가 심각한 위협에 직면할 수밖에 없었다. 따라서 지동설을 따르는 것은 극히 불경스러운 죄였다.

아이러니하게도 가톨릭교회의 탄압이 가열되면 될수록 천문학자들의 호기심은 더욱 불타올랐다. 먼 옛날 아리스토텔레스가 구축해 놓은 고대의 사상체계로 실험과 관측을 통해 검증되는 실제 세계의 구성과 움직임을 설명하려다 보니 상호 모순이 거의 임계점에 도달해 있었다. 일단 코페르니쿠스가 비밀의 방문을 열어젖히자 1600년 화형당한 브루노처럼 죽음을 불사하면서까지 그 안을 들여다보려는 사람들이 나타났다. 처음에 이들의 관심은 수학적 질서로 제시된 우주의 운행원리를 실제 관측을 통해 입증하려는 방향으로 집중됐다. 당대 최고의 현장 천문학자였던 티코 브라헤의 관측 자료를 바탕으로 연구를 거듭한 케플러J. Kepler는 마침내 '모든 행성은 태양을 중심으로 타원형의 궤도를 그리며 회전한다'는 유성운행의 법칙을 주장하기에 이르렀다. 기존 천동설로는 설명되지 않았던 난제들이 하나둘씩 풀려나가기 시작했다.

하지만 이러한 새로운 지적 움직임은 아직 지식인 세계의 범주에 머물러 있었다. 일반인들은 여전히 지구를 우주의 중심으로 믿고 있었고, 무엇보다도 교회가 이 명제를 견고하게 지탱하고 있었다. 이때 지동설이라는 새로운 우주관을 일반 대중에게 널리 알림으로써 중세 교회의 토대를 뒤흔든 한 인물이 이탈리아에서 등장했으니 그가 바로 갈릴레오 갈릴레이였다.

그는 최신식 망원경을 활용한 새로운 방법으로 코페르니쿠스가 반세기 이전에 주장한 지동설의 타당성을 실증해 보고자 했다. 얼마 후 그는 이탈리아에서 이론과 실습을 겸비한 다재다능한 대학교수이자 명문가의 후원을 받는 대표 수학자로 명성을 얻었다. 하지만 유명세에도 불구하고 그 역시 1633년 재판을 받기 위해 로마의 종교재판정에 서야만 했다. 그가 피소된 직접적인 죄목은 『대화』의 출판에 있었다. 이 책에서 그는 코페르니쿠스의 지동설 전파를 금하는 교회의 1616년 칙령을 어기고 태양중심설이 단순히 하나의 가설이 아니라 진리라고 주장했기 때문이다. 당연히 재판정은 그에게 유죄를 선고했고, 그는 자필 자백서에 서명한 후 자신의 신념 포기를 공개적으로 선언해야만 했다. 그렇다면 당시 70세였던 이 늙은 학자는 왜 교회의 칙령을 위반하면서까지 책을 출판한 후 자신의 신념을 공개적으로 철회해야만 했을까?

🏴 2막 🏴

이 글의 주인공인 갈릴레오 갈릴레이는 1564년 이탈리아 도시국가 피사에서 음악가이자 수학자였던 빈센초 갈릴레이의 장남으로 태어났다. 어린 시절 가족을 따라 피렌체로 이사한 그는 그곳 수도원 학교에서 교육을 받기 시작했다. 수학과 역학에 흥미를 갖고 있었으나 의사가 되길 바란 부친의 뜻에 따라 18세가 되던 1581년 피사 대학 의학부에 입학했다. 하지만 이는 처음부터 무리한 결정이었다. 입학 후 그는 전공인 의학보다는 수학연구에 깊숙이 빠졌기 때문이다. 그는 유클리드와 아르키메데스가 쓴 책들을 보고 매료됐다. 결국 부친을 설득해 대학을 중퇴한 그는 본격적으로 수학연구에 몰입하여 점차 명성을 얻었다.

드디어 1589년 피사 대학의 수학과에 적을 둘 수 있었다. 하지만 박봉에 시달린 갈릴레이는 1592년 부친이 사망하자 보다 좋은 조건을 제시한 베네치아 공화국 산하의 파도바 대학 수학과 교수로 이직했다. 이곳에서 18년 동안 재직하면서 그는 기하학, 천문학, 역학 그리고 심지어는 축성학 등 다방면에 관심을 기울였다. 곧 관련 분야에서 탁월한 연구업적을 내면서 전국적으로 명성을 얻었다.

1597년 케플러의 『우주의 비밀』을 읽은 후 그가 제시한 코페르니쿠스적 우주관에 공감한 갈릴레이는 그에게 서신을 보냈고, 이후 두 사람 간에 접촉은 계속됐다. 하지만 아직은 여기까지가 전부였다. 태양중심설을 공개적으로 지지해 달라는 케플러의 요청에 갈릴레이가 응하지 않았기 때문이다. 이처럼 망설이던 그를 지동설로 성큼 다가서도록 이끈 계기는 망원경 제작과 이의 활용이었다. 1608년 얀 리페르헤이라는 네덜란드인이 이 새로운 도구의 특허를 출원했다는 소식을 접한 갈릴레이는 이의 잠재적 유용성을 간파하고 성능 개량에 매진했다. 당시 망원경은 약 30센티미터 길이의 튜브 형태로 양쪽 끝에 볼록과 오목렌즈를 끼워서 멀리 있는 물체를 확대해 보는 도구였다. 여기에 갈릴레이는 초점거리가 다른 렌즈들을 번갈아 끼우면서 배율을 조정해 점차 개선된 망원경을 만들 수 있었다.

1610년 초 갈릴레이는 수차례 실험 끝에 30배율로 성능을 높인 망원경으로 하늘을 관찰했다. 이때 그는 물론이고 인류에게 신기원이 도래했다. 먼저 관측한 달의 모양은 아리스토텔레스가 말한 것처럼 매끈한 공 모양이 아니었다. 달의 표면은 산맥과 분화구로 가득했다. 관측을 이어간 그를 더욱 놀라게 한 것은 무려 4개의 위성을 거느리고 있는 목성의 모습이었다. 처음에는 3개만 보이던 목성 주위의 작은 별들이 며칠 뒤에 4개로 늘어났다. 이는 목성 뒷면에 숨어 있다가 나타난 것이 분명했다.

천동설에 의하면, 모든 천체는 오로지 지구를 중심으로 공전해야만 했다. 그런데 목성을 중심으로 도는 천체가 있다는 사실은 기존 우주론 설명체계에 무엇인가 결함이 있음을 암시했다. 완벽하고 영원한 실체라는 중세의 하늘 세계에 구멍이 나기 시작한 것이었다. 이러한 연이은 새로운 발견을 계기로 명성을 얻은 그는 이제 당대 천문학 분야에서 최전선에 있는 학자로 주목을 받았고, 그 덕분에 1610년 5월 피렌체의 실권자인 메디치 가문에서 주는 '토스카나 대공의 수학자'라는 영예로운 자리까지 얻게 됐다.

이제 강의 부담에서 벗어난 갈릴레이는 망원경의 성능 향상작업에 몰두했다. 그 덕분에 곧 금성의 위상 변이와 토성의 타원 형상을 새롭게 발견하고, 이를 행성이 태양 주위를 공전하는 데서 나타나는 현상으로 해석했다. 이어서 태양의 흑점 현상까지 관측한 갈릴레이는 1613년 『흑점에 대한 서한들』이라는 소책자를 발간했다. 기존 체제의 불완전성을 드러내는 그의 행보는 곧 교회의 권위를 심각하게 훼손하는 행위로 부각됐다. 위기를 느낀 로마교황청은 1616년 코페르니쿠스의 『천체의 회전에 관하여』를 금서로 판결했다. 이제 비슷한 생각을 지닌 갈릴레이에게도 조만간 불똥이 튈 것은 분명했다.

그동안 신앙과 과학의 공존을 믿으면서 자신의 견해를 설파해 온 갈릴레이에 대해 드디어 교회가 행동을 개시했다. 그에게 로마로 출두해 입장을 밝히라고 요구했다. 거센 비난과 주장을 철회하라는 압력은 있었으나 당시까지 실제로 가해진 벌칙은 없었다. 교황을 비롯한 로마교황청 내 고위 인사들과의 친분 관계가 암암리에 도움을 줬다고 볼 수 있다. 그의 친구로서 1623년 신임 교황에 오른 우르바노 8세는 그에게 코페르니쿠스의 교의를 사실이 아닌 가설로 다루는 선에서는 연구결과를 자유롭게 출간할 수 있다는 언질까지 준 것으로 알려져 있다.

이에 한껏 고무된 갈릴레이는 이후 6년 동안 심혈을 기울인 끝에 1630년대 초반에 문제의 책인 『두 세계체계에 관한 대화: 프톨레마이오스와 코페르니쿠스』를 발간하기에 이르렀다. 제목처럼 이 책은 아리스토텔레스 및 프톨레마이오스 지지자와 코페르니쿠스 지지자 간에 벌어지는 논쟁 형식으로 구성되어 있으나 결국에는 태양중심설을 설파하는 내용을 담고 있었다. 더구나 이 책은 라틴어가 아니라 이탈리아어로 발간되어 글을 아는 일반 대중에게도 지동설을 전파하는 역할을 했다. 책 속에서 어리석은 이론의 신봉자로 희화화되어 조롱거리가 된 프톨레마이오스 옹호자들과 무엇보다도 로마교황청이 가만있을 리가 없었다.

아니나 다를까, 1632년 봄에 로마교황청은 인쇄업자에게 발간 금지조치를 내렸다. 이어서 갈릴레오에게 로마로 출두해 자신을 변호하라고 명령했다. 고령과 중병을 내세우며 버티던 갈릴레오는 도와주리

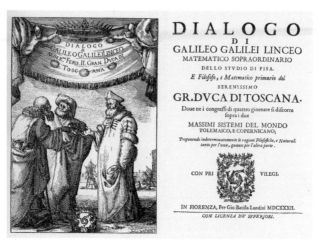

갈릴레오 갈릴레이를 종교재판정에 서게 한 책 『대화』의 표지

라 믿었던 교황 우르바노 8세마저 등을 돌리자 결국 1633년 2월 중순 재판을 받기 위해 로마로 향할 수밖에 없었다. 다각적인 변호 시도에도 불구하고 종교재판정으로부터 코페르니쿠스의 이단이론을 공개적으로 포기하라는 명령과 종신형을 선고받았다. 그는 7명의 종교재판관 앞에 두 무릎을 꿇고 지동설이라는 이단의 주장을 철회한다는 참회문을 읽었다.

공개적으로 치욕을 당했으나 다행히 얼마 후 종신형은 가택 연금으로 감형됐다. 연금상태에서 그는 자신의 진정한 역작이 될 마지막 저술인 『새로운 두 과학』의 집필에 착수, 마침내 1638년 이를 네덜란드에서 발간하는 데 성공했다. 이단 판정을 받은 처지인지라 국내에서는 책을 출판하는 것이 거의 불가능했기 때문이다. 책의 내용은 천문학이 아니라 물체의 운동법칙을 다룬 역학 관련서로 근대 물리학의 토대를 놓은 업적으로 평가됐다. 재차 국제적인 명성을 얻었으나, 당시 그는 완전 실명 상태에 있었다. 이후 피렌체 인근 거처에서 몇 년을 더 버틴 그는

1642년 1월 파란만장한 생애를 마감하고 말았다.

3막

과연 갈릴레이는 로마교황청에 맞서서 성서의 오류를 끝까지 지적하다가 고초를 당한 반신앙의 과학자인가? 그의 일생을 조망해볼 때 오히려 갈릴레이는 독실한 신앙인으로서 단지 종교와 과학의 공존 가능성을 줄기차게 믿고 견지해온 인물임에 분명하다. 그는 성서와 과학은 신의 진리를 달리 해석하는 방식에 불과할 뿐 서로 상치되는 것이 아니라고 생각했다. 사실상 그가 평생 대항해 싸운 것은 그리스도교가 아니라 고대 이래 불변의 진리처럼 떠받들고 있던 아리스토텔레스의 철학체계였던 것이다.

하지만 갈릴레이의 저작들은 그의 의도와는 달리 당시 가톨릭교회의 사상적 토대를 뒤흔들고, 신적 권위에서 벗어나 인간 이성을 맘껏 발현할 수 있는 '근대로의 문'을 열어젖히고 말았다. 합리적 이성에 기초한 새로운 접근방식은 시간의 흐름과 더불어 자연세계의 속살을 보다 깊숙이 들여다볼 수 있는 통찰력을 제공했다. 이는 비단 '지구가 태양을 돈다'는 천문학의 명제 변화에만 국한되지 않았다. 넓게는 우주 안에서 인간의 위치를 새롭게 보려는 지적 태도를 자극함으로써 서양인들의 일상생활 전 분야에 걸쳐서 불합리성을 제거하고 진보를 추동했다. 비록 갈릴레이는 지동설을 크게 외치지 못하고 독백했을지언정, 그가 심은 묘목은 조만간 거목으로 자라서 종교재판정 전체를 휘감아버리고 말았던 것이다.

1665년 만유인력의
법칙 발견

뉴턴은 왜?

떨어지는 사과를 보며

심각한 의문에 빠졌을까?

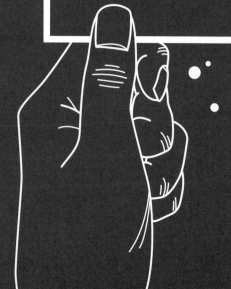

근대의 문을 연 철학 및 천문학 분야의 선구자인 베이컨, 데카르트, 코페르니쿠스, 케플러, 갈릴레이 등의 업적을 하나의 간단한 수학 공식으로 종합한 인물. 인류를 위한 자신의 과업을 운명적으로 떠안고 있었는지 갈릴레이가 사망한 바로 그해에 태어난 인물. 1687년 『프린키피아Principia』에서 '만유인력의 법칙'을 제시, 복잡한 우주 운행의 원리를 간결한 수학공식으로 밝힌 인물. 그리하여 1727년 사망했을 때, 동시대의 시인 알렉산더 포프로부터 "자연과 자연의 법칙은 어둠 속에 묻혀 있었네. 신이 말씀하시길 '뉴턴이 있으라! 그러자 모든 것이 밝아졌네'"라는 찬사를 받았던 인물. 바로 근대 물리학의 가장 위대한 인물로 꼽히는 아이작 뉴턴Isaac Newton(1642~1727)을 수식하는 말이다. 진위 논쟁이야 어찌 됐든 그가 인류 역사에 회자되는 물리학 법칙을 발견하게 된 계기는 고심을 거듭하던 1665년의 어느 날 고향 집 뒤뜰 사과나무에서 사과 한 개가 떨어지는 것을 목격한 장면으로 알려져 있다.

그렇다면 그는 왜 떨어지는 사과를 쳐다만 보았을까? 역사상 사과의 낙하를 응시한 무수한 사람들 중 왜 하필이면 뉴턴만 위대한 물리학 법칙을 알아낼 수 있었을까? 그리고 그의 과학적 업적은 이후 인류 문명사에 어떠한 영향을 끼쳤을까?

1642년생인 뉴턴이 10대 후반에 케임브리지 대학교 학생이자 학자로서 막 활동을 시작하려고 할 시기에 영국에서는 이른바 '왕정복고'가 이뤄졌다. 내란 와중에 무수한 피를 흘리면서 올리버 크롬웰이 이루어놓은 공화국이 그의 유약한 아들 리처드 크롬웰로 계승되면서 역사의 뒤안길로 사라지고 말았다. 1660년 그동안 프랑스에 망명하고 있던 스튜어트 왕가의 찰스 2세가 런던 시민들의 열렬한 환영 속에 귀국하여 왕위에 올랐던 것이다. 혁명세력에 대한 대규모 보복이 있을지도 모른다는 우려와는 달리 찰스 2세는 관용정책을 폈다. 그로 인해 그의 복위는 영국에 새로운 희망의 시대를 열어 놓았다. 크롬웰이 혁명을 통해 이룩한 긍정적 성과들은 대부분 존속했고, 다만 공화국 청교도 정권의 독재적이고 엄격하던 경향만 제거됐다.

그동안 절제와 검약을 미덕으로 여긴 퓨리터니즘 아래 잠복해 있던 각종 욕구가 봇물처럼 분출되어 나왔다. 공화국 시대에 가장 억눌렸던 분야인 예술 분야에서 문학과 연극, 건축 등이 재차 창조의 기지개를 켰다. 정치학 분야에서도 토머스 홉스와 존 로크로 대변되는 두 개의 대립적인 정치철학이 소개되어 활발하게 논의됐다. 무엇보다도 과학 분야에서 향후 영국이 세계의 선도적 산업국가로 발전해 가는 데 등대 역할을 할 영국 왕립학회가 찰스 2세가 복위하는 첫해에 창설됐다.

공식적으로 왕립학회는 1660년 11월 런던의 그레샴 대학에서 천문학자이자 건축가였던 크리스토퍼 렌의 강연으로 출발했다. 물론 그 뿌리는 옥스퍼드 대학에서 존 윌킨스가 지도한 실험과학 연구모임에 있으나 런던으로 이동한 후 공식 모임은 이것이 처음이었다. 이러한 과학자들의 모임에 국왕 찰스 2세는 '왕립'이란 이름의 사용을 허용했고, 그에 따라 1662년 국왕으로부터 최초의 헌장이 부여됐다. 복위된 왕실의 관용을 내세운 분위기 덕분에 과학자들은 긍지를 갖고서 그런대로 자유롭게 연구와 토론에 전념할 수 있었다. 렌, 윌리엄 페티, 로버트 보일 등과 같은 과학자들은 무슨 주제에 대해서든지 깊은 관심을 기울였다. 이들은 왕립학회의 회원으로서 모든 지식에 대해 의문을 가지면서 선구적으로 미래를 열어간다는 것에 대해 자긍심을 갖고 있었다. 과학과 과학자에 대한 영국 사회의 관심도 높아졌다.

비슷한 시기에 설립된 프랑스의 왕립아카데미와는 달리 영국 왕립학회는 초창기부터 실질적 주제를 실증적으로 연구하는 방향으로 중점을 두었다. 이는 학회 창립 시에 활동한 회원들 다수가 앞선 시기에 베이컨이 제시한 실험과학의 영향을 직간접적으로 받았기 때문이었다. 『학문의 진보』(1605) 및 『신기관』(1620) 등과 같은 저술을 통해 베이컨은 과학자 공동체의 작업을 고무하고, 무엇보다도 근대적인 과학적 방법 즉 실험 실시, 일반적 결론 도출 및 (재실험을 통한) 검증과 같은 귀납법적 과학탐구의 절차를 명료하게 제시한 바 있었다.

초기 왕립학회 회원들 중 뉴턴과 관련하여 항상 거명되는 인물은 바로 로버트 훅Robert Hooke(1635~1703)이었다. 그는 약관 27살에 왕립학회의 실험담당관으로 임명되어 나중에는 총무로서 1703년 죽을 때까지 학회 발전을 위해 공헌했다. 과학의 다방면에 관심과 재능을 갖고 있던 훅을 더욱 유명하게 만든 것은 1670년대 초반부터 그가 죽을 때까지 끈질기게 이어진 뉴턴과의 학문적 및 개인적 충돌 때문이었다. 근본적으로 두 사람은 기질상 상당히 달랐다. 훅이 자기 생각을 직선적으로 토해내고 다방면에 강한 호기심을 보인 급한 성격의 인물이었던 데 비해, 뉴턴은 말수가 적고 항상 뭔가 강박관념에 사로잡혀 있으면서 자신이 발견한 것들을 숨기고자 한 은둔형의 인물이었다.

1672년 케임브리지 대학에 있던 뉴턴이 런던의 왕립학회에 1편의 광학 실험논문을 투고하면서 두 사람 간의 긴 악연이 시작됐다. 이 논문은 곡면 거울을 이용한 반사경 망원경의 제작으로 그해에 왕립학회 회원으로 선출되어 케임브리지 대학의 어두컴컴한 연구실에서 드디어 세상 밖으로 나오게 된 뉴턴이 처음으로 게재한 것이었다. 전 유럽의 과학자와 천문학자들이 찬사를 보냈으나, 유독 훅은 논문에서 제시된 결론에 대해 비판적인 의견을 내놓았다. 파동설을 지지한 훅과는 달리 뉴턴은 빛의 입자설을 내세웠기 때문이다. 이후에도 훅은 뉴턴과 교환한 중력에 대한 서신을 통해서도 뉴턴의 심기를 불편하게 만들었다. 뉴턴은 훅이 고의로 자신의 연구를 흠잡으려 한다고 생각했다. 기질상 차이에서 기인한 이런저런 개인적 충돌로 인해 뉴턴은 끝까지 훅을 용서하지 않았고, 광학에 관한 책 발간은 물론 왕립학회 회장직도 1703년 훅이 사망한 이후에야(1704~1727년 동안 회장직 유지) 수락할 정도였다.

뉴턴은 광학, 미적분, 역학 및 행성 운동 등 여러 분야에 걸쳐서 기념비적인 업적들을 냈다. 하지만 인류사에서 그를 가장 위대한 과학자로 우뚝 서게 만든 것은 『프린키피아』(1687), 즉 『자연철학의 수학적 원리』 책이었다. 그는 18개월이라는 비교적 짧은 기간에 본서의 집필을 완료했다. 이 책에서 뉴턴은 코페르니쿠스, 케플러, 갈릴레이, 그리고 데카르트 등 선배 학자들이 이룩한 업적들을 하나로 엮어서 중력의 법칙과 운동의 법칙을 도출했다. 1642년 뉴턴이 태어났을 때, 이들 대부분은 이 세상에 없었고 이들이 이룩한 업적만 산재된 상태로 남아 있었다. 과학의 방법이나 목적에 대해 과학자들 간에 아무런 합의도 이뤄지지 않은 상태였다. 바로 이를 하나로 종합하는 역할을 뉴턴의 『프린키피아』가 했다. 1687년 이 책의 발간은 근대 과학의 역사에서 가장 중요한 사건으로 중세의 우주관을 타파하는 최후의 결정타였다. 그가 이러한 금자탑을 쌓을 수 있던 첫 계기는 바로 '낙하하는 사과'를 목격한 데서 출발한다. 그렇다면 뉴턴은 왜 하필이면 그때 사과나무 아래에 있었을까? 그동안 사과의 낙하를 쳐다본 사람들은 수도 없이 많았을 텐데, 도대체 뉴턴은 누구였길래 그만이 낙하의 비밀을 밝혀낼 수 있었을까?

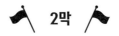

2막

아이작 뉴턴은 1642년 영국 링컨셔 울즈소프의 자영농 집안에서 출생했다. 다소 미숙아로 태어난 탓에 모친은 그가 제대로 클 수 있을지 걱정했다. 뉴턴이 태어나기 3개월 전에 부친이 죽었으나 다행히 그가 두 살일 때 모친이 이웃 교구의 부유한 목사와 재혼한 덕분에 경제적 어려움 없이 성장할 수 있었다. 어린 시절에 그는 학업보다는 기계공작에 취미와 재능을 보였으나, 주로 혼자서 알아서 노는 아이였다.

다행히 뉴턴은 중학교에 진학하면서 철이 들기 시작했다. 특히 학교장 존 스토크스의 조언과 격려가 숨겨져 있던 그의 재능이 발현되는 데 커다란 도움을 줬다. 학업에서 빠른 진전을 보인 뉴턴은 삼촌의 주선으로 18세 때 케임브리지 대학의 트리니티 칼리지에 입학했다. 대학 시절 그는 교수 연구실 청소 등 잡일을 하면서 학비를 충당하다가 1644년 장학생으로 선발되면

아이작 뉴턴

서 학업에 정진할 수 있었다. 이 시기에 뉴턴은 아직 학문적 탁월성을 발휘하지는 못했으나, 수학, 광학, 천문학 등에 특별한 관심을 보였다. 그런데 1665년 잉글랜드 지방에 흑사병이 창궐해 대학이 일시 폐쇄됨에 따라 뉴턴도 잠시나마 귀향해야만 했다.

고향 집에서 머문 18개월 동안 뉴턴은 스스로 '기적의 해'라고 말할 정도로 광학, 수학 그리고 역학 등 다양한 분야에서 중요한 아이디어를 얻었다. 뉴턴이 먼저 새로운 발견을 한 것은 광학 분야였다. 빛 자체를 흰색으로 파악한 데카르트의 이론과는 달리 프리즘을 활용해 실험을 거듭한 끝에 뉴턴은 빛이 상이한 색깔의 광선들로 이뤄져 있음을 알아냈다. 이어서 깊은 사색을 통해 수학 분야에서, 비록 조만간 독일 수학자 라이프니츠와 일생에 걸친 원조 논쟁에 휩싸이기는 하지만, 미적분을 정리하는 성과를 거두었다.

무엇보다도 그의 천재성이 발휘된 것은 중력과 관련된 역학 분야였다. 바로 이 시기에 명상 중 사과가 떨어지는 것을 보고 만유인력법칙에 관한 영감을 얻었던 것이다. 사과는 왜 다른 방향으로 나아가지 않고 항상 지구 중심을 향해 아래로 떨어지는가? 이러한 낙하 현상을 초래하는 근본 원인이 도대체 무엇인지 설명할 수 있는 수학적 방법을 고민하기에 이르렀다. 고향 집에서 얻은 착상들은 그가 케임브리지 대학으로 복귀한 이후 하나씩 꽃을 피우기 시작했다. 특히 그의 천재성을 간파한 스승의 후원으로 1669년 27세에 대학의 루카스 석좌교수로 임용되면서 뉴턴은 연구 활동에 날개를 달게 됐다.

그가 맨 먼저 심혈을 기울인 연구 분야는 광학이었다. 이는 곧 훅을 비롯한 선구 연구자들과 불화를 일으키는 불쏘시개로 작용했다. 뉴턴 이전에 훅을 비롯한 과학자들은 일반적으로 빛이 파동으로 전파된다는 이론을 수용하고 있었는데, 뉴턴은 빛이 미세한 입자들로 구성되어 있다고 주장했기 때문이다. 그의 견해에 훅을 비롯한 기성 과학자들이 더 많은 증거 제출을 요구하며 이의를 제기하자 이에 분노한 뉴턴은 특히 훅을 겨냥해 거친 비난을 퍼부었다. 심지어 빛의 속성을 집대성한 『광학』을 1703년 훅이 사망한 이후에 출판할 정도였다. 또한 비슷한 시기에 뉴턴은 미적분법 발견의 우선권을 놓고서 독일의 라이프니츠와도 격렬한 논쟁을 벌였다. 과민한 성격 탓에 이 과정에서 뉴턴 자신도 육체적 및 정서적으로 상당한 어려움을 겪었다.

하지만 이러한 논쟁 덕분에 뉴턴은 지적인 자극과 새로운 아이디어를 얻을 수 있었다. 뉴턴의 대표적 업적으로 꼽히는 『프린키피아』 발간에도 훅과의 악연이 얽혀있다. 뉴턴이 본서를 저술하게 된 결정적 계기는 1684년 왕립학회 동료이자 그 자신 '핼리 혜성'의 발견으로 이미 유명인사였던 에드먼드 핼리의 케임브리지 방문과 뉴턴을 향한 그의 연구 독려였다. 이미 중력에 관한 연구를 진행하고 있던 훅이 핼리에게 자신의 연구성과에 대해 비밀을 유지해 달라는 말을 한 것이 발단이었다.

이러한 비학자적 태도에 화가 난 핼리가 케임브리지로 뉴턴을 찾아와 이 사실을 알림으로써 사과 낙하 목격 이래 책상 안에 처박아 놓은 이 주제에 대한 뉴턴의 관심을 일깨웠던 것이다. 이후 뉴턴은 약 2년 동안 중력 문제에 열정적으로 매달렸다. 그 결과 1687년 마침내 세 권짜리 『프린키피아』를 선보이기에 이르렀다. 데카르트의 명저인 『철학 원리』에 대비되게 『자연철학의 수학적 원리』라는 제목을 달았다. 그동안 갈릴레오는 물체가 지구의 중심 쪽으로 끌려간다는 사실을 입증했고, 케플러는 유성의 타원형 궤도 순환을 밝혔으나 왜 이러한 현상이 일어나는지를 누구도 설명할 수 없었다. 그 난제를 바로 뉴턴이 해결한 것이었다. 책의 핵심 명제는 '중력은 만물에 작용하는 힘이며, 수학적으로 표현할 수 있다'는 것이었다. 이제 뉴턴이 제시한 단순한 공식으로 우리

인류는 하늘에서 볼 수 있는 모든 것과 지구를 통합적으로 고찰할 수 있었다.

뉴턴의 연구 결과에 대만족한 핼리는 초판 500부의 출판 비용까지 부담했다. 뉴턴이 자신의 아이디어를 훔쳤다는 훅의 거센 항의에도 불구하고 『프린키피아』는 과학계로부터 호평을 받았다. 당시 44세이던 뉴턴의 명성은 브리튼 섬을 벗어나 대륙으로까지 전파

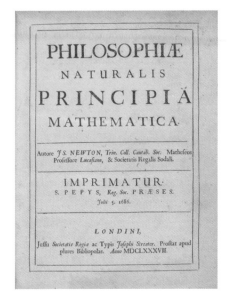

뉴턴의 『프린키피아』

됐다. 그는 1703년 평생 대립한 훅의 사망 직후 왕립학회 회장으로 선출됐고, 정부의 조폐국 국장이라는 요직에다가 기사 작위까지 받았다. 이후 뉴턴은 1727년 84세로 생을 마감할 때까지 거의 신적神的인 존재로 군림했다. 그의 장례식 때 여섯 명의 귀족들이 그의 관을 영국 '영웅들의 묘지'인 웨스트민스터 대사원으로 운구했다. 과학자 신분이던 뉴턴은 이제 영국의 왕후장상과 나란히 잠드는 영예까지 누리게 됐다.

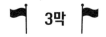

3막

천체운동을 지동설로 설명한 코페르니쿠스의 가설은 케플러의 관측으로 실증적 토대를 마련한 후 뉴턴에 의해 설명 가능한 합리적 우주

관으로 정리됐다. 뉴턴 자신의 표현대로 '거인들의 어깨 위에 서서' 만유인력의 법칙을 발견, 이를 우리 인류에게 선사한 것이었다. 그 덕분에 이제 우리는 무한히 넓고 복잡한 우주의 제반 현상을 간단한 수학 공식으로 정리할 수 있게 됐다. 이제 우주는 신의 오묘한 섭리로 움직이는 것이 아니라 엄격한 기계 법칙에 따라서 질서정연하게 움직이는 물질체계로 인식됐다.

뉴턴은 인류 역사상 가장 위대한 과학자로 평가된다. 만일 뉴턴이 존재하지 않았더라면, 과학의 역사는 물론 인류 역사도 매우 다른 길을 걸어왔을지도 모른다. 한 예로, 오늘날 우리가 토성의 위성인 타이탄에 카시니 탐사선을 보낼 수 있는 것도 300년 전에 뉴턴이 행성의 궤도와 그 운행 원리를 밝혀 놓았기 때문이다. 그는 뛰어난 실험과학자인 동시에 탁월한 이론과학자이기도 했다. 20세기 초반 또 다른 천재인 아인슈타인의 상대성 이론에 의해 수정되기는 했으나, 뉴턴의 등장으로 중세의 계층적 우주관은 확고하게 기계론적 우주관으로 대체됐다.

이러한 우주관의 변화는 단지 천문학과 물리학 분야에만 국한되지 않았다. 과학적 사고방식은 다른 학문 분야에도 적용되어 이후 서구인들의 삶 전체를 변화시켰다. 17세기에 우주를 관찰하던 인간 지성의 눈은 18세기에 접어들면서 유럽의 정치와 사회 분야로 향했다. 인간의 이성을 중시한 계몽주의의 사조 아래 각 분야에서 불합리한 요소들을 찾고 해결하려는 움직임이 거세게 일어났고, 급기야는 1789년 프랑스 대혁명으로 폭발했다.

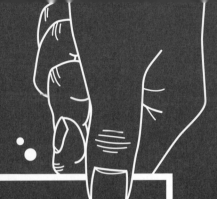

1685년 낭트칙령 폐지

루이 14세는 왜?
국가에 안정을 선물한 신교도의
종교 자유를 무효화시켰을까?

16~18세기를 유럽사에서 '절대주의 시대Age of Absolutism'라고 부른다. 15세기에 접어들어 지방분권적이던 중세사회가 해체되고 권력이 국왕 한 사람에게 집중되는 절대주의 국가가 등장했다. 중앙집권화 과정을 통해 영국에서는 튜더 왕가, 프랑스에서는 부르봉 왕가, 오스트리아에서는 합스부르크 왕가, 그리고 프로이센에서는 호헨쫄레른 왕가가 출현했다. 이들 왕실은 경쟁적으로 대규모 군대와 장대한 궁전, 그리고 화려한 의식 등을 통해 위엄과 권위를 드러내고자 했다. 이들 중 자타가 인정하는 최고의 절대군주는 바로 '짐은 곧 국가다'라는 말로 잘 알려진 프랑스 국왕 루이 14세Louis XIV (1638~1715)일 것이다. 사실 그는 채 다섯 살도 안 된 어린 나이에 왕위를 계승했다. 신하들의 조언을 받으면서 간신히 국가를 통치하던 루이 14세는 22살 성년이 된 1661년 스스로 '태양왕'이라 칭하며 국가정책을 주도하기 시작했다. 베르사유 궁전 건축, 귀족에 대한 통제, 끊임없는 영토 팽창 시도 등 무한 권력을 뽐내던 그는 급기야 1685년 신교도의 종교 자유를 인정한 '낭트 칙령Edict of Nantes'을 폐지하는 악수惡手를 두고 말았다.

그는 왜 자신을 '태양왕'이라 불렀을까? 그는 왜 관용의 상징이던 낭트 칙령을 폐지했을까? 그리고 루이 14세의 절대권력 추구는 당시 유럽에 어떠한 영향을 미쳤을까?

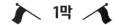

1막

루이 14세가 통치하던 시기는 유럽의 절대주의가 한창 꽃을 피우고 있던 시대였다. 용어가 의미하는 것처럼 왕권의 절대성을 추구한 절대왕정은 지방분권적이던 중세 봉건체제의 붕괴라는 격변 속에서 탄생했다. 14세기에 접어들면서 중세사회의 지배층을 형성한 봉건영주와 가톨릭교회의 위세가 빠르게 약화되기 시작했다. 당시 사회경제적 여건은 이러한 경향을 더욱 부채질했다. 봉건영주의 농촌 세력권 인근 교통 요지에 새롭게 터를 잡은 도시들이 성장하고 그 영향력이 주변 농촌으로까지 퍼지면서 중세사회를 지탱해온 장원경제가 무너지기 시작했다.

특히 1340년대에 전 유럽을 휩쓴 흑사병은 상황을 더욱 악화시켰다. 엄청난 사람들이 죽으면서 유럽 인구가 급감했고, 그로 인해 노동인구의 부족 현상이 심해졌기 때문이다. 군사적으로도 중세사회를 지탱해 온 전사계층인 기사 군의 위력도 크게 약화됐다. 십자군 원정(1092~1270), 백년전쟁(1338~1453), 그리고 영국의 경우 장미전쟁(1453~1483) 등 계속된 무력충돌로 인해 결과적으로 기사들의 수가 감소했고, 무엇보다도 소총과 대포 등 화약무기가 발전하면서 성곽과 기병에 의존한 중세 무기체계의 한계가 분명해졌기 때문이다.

하지만 근대 초기만 하더라도 왕권은 기존의 봉건영주 세력을 단독으로 당장 제압할 만한 힘을 갖고 있지 못했다. 그러다 보니 누군가의 도움을 필요로 했다. 이때 국왕의 지원세력이 등장했으니, 이는 바로 점차 대두하고 있던 상공인 계층이었다. 교역과 여타 경제활동으로 부를 축적한 이들은 국왕에게 봉건영주 세력을 제압하는 데 소요되는 재원을 충당해 주었다. 이러한 자금을 바탕으로 국왕은 강력한 군대를 육성해 봉건영주들의 산발적인 반발을 잠재우고 종국에는 충성을 받아낼 수 있었다. 이들 상공인 계층은 강력한 왕권 아래 향후 왕국 내에서 통일된 경제권이 확립되고 그 안에서 자신들이 자유롭고 안전하게 활동할 수 있으리란 기대 아래 국왕과 결탁했던 것이다. 물론 이러한 국왕과 시민계급 간 이해관계의 합치는 장기간 지속되지 못했다. 18세기 중엽 이래 갈등이 고조되면서 종국에는 혁명을 통해 왕권은 제거되고 이어서 근대 국민국가가 출현했기 때문이다.

절대왕권은 거대한 궁전이나 화려한 복장과 의식 등 겉으로 드러나는 하드웨어적 측면으로 자신의 권한을 공고화하는 데 머물지 않았다. 국왕이 더욱 심혈을 기울인 것은 오히려 소프트웨어 쪽이었다. 다른 무엇보다도 왕권신수설王權神授說을 내세우면서 통치의 이론적 기반을 강화했다. 문자 그대로 국왕의 통치 권한은 신으로부터 부여받은 신성한 것이기에 주권은 국민이 아니라 국왕에게 있다는 논리였다. 이러한 원리를 딛고서 루이 14세는 '국가, 그것은 바로 나다'라고 호언했던 것이다. 그의 장담이 허풍이 아님은 군사력의 증강을 통해 엿볼 수 있다. 대내적으로는 왕권에 대한 저항세력을 제압해 질서와 안정을 유지하고, 대외적으로는 외세의 침략에 대비한다는 명목 아래 대규모의 상비군을 육성했다. 이에 필요한 재원은 조세제도의 정비 및 징세 강화, 대외교역의 장려 등을 통해 충당했다.

이러한 외적 조치들에 더해 절대왕정은 문화 활동 및 종교 생활을 통해 '신민의 동질화'를 꾀했다. 국내적으로는 장엄한 각종 의식이나 국가적 행사 거행 및 웅장한 궁전 건축을 통해, 그리고 대외적으로는 전쟁을 통해 신민의 결속을 다지고 국왕의 영광을 만천하에 알리고자 했다. 특히 종교계의 협조로 국왕의 신적 권위를 고양함과 동시에 신민에게 그리스도교의 교리 준수를 강조하고, 국가종교가 정한 테두리에서 벗어나려는 시도들을 '마녀사냥'이라는 이름으로 응징했다. 한마디로 지배계층의 문화를 신민에게 강제해 문화적 일체감을 조성하고 이를 통해 왕권을 굳건하게 유지코자 했다.

　절대주의라고 하면 누가 뭐래도 프랑스의 부르봉 왕조를 꼽을 수 있다. 영국과 벌인 백년전쟁, 국내의 종교전쟁 등을 거치면서 왕권을 강화한 부르봉 왕조는 '태양왕'으로 자칭한 루이 14세의 치세 동안(재위 1643~1715)에 절대왕정의 절정을 이뤘다. 그는 자신의 행동거지 하나하나를 통해 절대군주로서의 위엄을 드러내고자 파리 근교에 베르사유 궁전을 신축하고 다양하고 복잡한 의식을 정례화하여 몸소 실천했다. 그리하여 모든 것이 이른바 '인간 태양'인 자신의 빛을 받아야만 했다. 반대로 모든 신민들은 매일 떠오르는 태양을 바라보듯이 한없는 은총을 베푸는 국왕을 우러러보아야만 했다.

　결과적으로 태양계 행성들이 태양을 중심으로 배열해 있듯이, 인간 태양인 자신을 중심으로 국가의 모든 분야가 질서정연하게 본연의 자리에 있어야만 했다. 그런데 루이 14세가 생각하기에 이러한 목표에 여전히 부합되지 않고 있는 사안이 있었으니 이는 바로 프랑스의 종교적 통일성이 결여되었단 사실이다. 왕권신수설에 의하면, 국왕의 권력은 신으로부터 부여받은 것인데 바로 이 근원이 통일되어 있지 않았던 것이다. 하지만 이 문제는 그리 간단치가 않았다. 1517년 마르틴 루터의 종교개혁 이래 종교 문제가 프랑스 역사에 깊숙이 뿌리를 내리고 있었기 때문이다. 종교개혁의 거센 물결 속에서도 프랑스는 가톨릭 국가로 남았으나, 그 이후 프랑스 왕국 내에는 소수지만 위그노라 불리는 칼뱅파 신교도들이 점차 자리를 잡아 왔다. 결국에 가톨릭과의 갈등 고조로 부르봉 왕조 성립 시까지 서로 간에 죽고 죽이는 유혈극이 이어져 왔다. 가까스로 앙리 4세가 이른바 낭트 칙령Edict of Nantes을 공포하여 신교도들의 종교 자유를 인정해 줌으로써 혼란 상태를 진정시킬 수 있었다.

그런데 국가의 정신적 통일까지 바란 루이 14세가 이를 재고하기 시작하면서 상황은 점차 혼란 속으로 빨려 들어갔다. 그렇다면 도대체 '낭트 칙령'이 무엇이기에 루이 14세는 이를 손보려고 했을까? 그의 조치가 이후 프랑스에 미친 영향은 무엇일까?

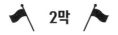

프랑스 역사상 최장기간(72년) 재위하면서 베르사유 궁전과 화려한 의식으로 자신을 한껏 뽐내고, 끝없는 전쟁으로 영토 팽창을 추구하면서 스스로 '태양왕'이라 칭했던 루이 14세! 그런데 놀랍게도 그의 재위 초기는 이러한 수식어와는 전혀 달랐다. 그는 겨우 만 4살이라는 어린 나이에 왕위를 이어받았다. 수차례 유산 끝에 어렵사리 아들을 얻은 부왕 루이 13세가 1643년 마흔을 갓 넘긴 젊은 나이로 갑자기 죽었기 때문이다.

어린 루이 14세가 물려받은 왕국은 매우 불안정한 상황에 있었다. 30년 전쟁(1618~1648)의 막바지였던 당시 프랑스는 신성로마제국 및 스페인과 치열한 싸움을 벌이고 있었다. 1648년 베스트팔렌 조약으로 긴 전쟁이 종결됐으나 귀족들이 일으킨 일명 '프롱드의 난'이 프랑스 전국을 휩쓸었다. 약 5년 동안 프랑스는 거의 무정부 상태나 진배없었다. 가까스로 프롱드의 난을 평정하고 나서야 안정을 찾기 시작했다. 다행히 1659년 한 세대 이상 끌어온 스페인과의 전쟁이 종식됨을 물론 루이 14세와 스페인 공주 마리 테레즈의 정략결혼까지 성사되면서 평화체제는 강화됐다.

1661년 22살의 성년이 된 루이 14세는 드디어 친정 선언을 했다. 선왕 때부터 국정을 총괄해 오면서 그동안 자신의 후견인 역할을 해온 재상 마자랭의 죽음이 결정적 계기가 됐다. 유년기 이래 자신을 그림자처럼 뒤덮고 있던 마자랭의 영향에서 벗어난 루이 14세는 이제 왕권 강화를 향한 야망을 드러내기 시작했다. 우선 자신에게 도전할 만한 위험인물들을 제거하고 충성을 다할 새로운 인재들을 등용했다. 국가 재정을 총괄하면서 막대한 부를 축재한 푸케를 숙청하고 그 대신 콜베르를 신임 재무장관으로 등용한 것이 대표적 사례였다. 실제로 콜베르는 프랑스의 중상주의 정책을 이끌면서 죽을 때까지 루이 14세를 보좌해 국부를 늘리는데 헌신했다.

루이 14세는 국왕으로서 자신의 권위를 한껏 드러낼 공간을 창출하는 작업도 추진했다. 바로 1661년 파리 근교의 베르사유에 거대한 궁전의 건설을 명령한 것이었다. 이곳은 부친 루이 13세가 사냥을 위해 간혹 방문한 작은 시골 마을이었다. 사실 이곳은 늪지대인지라 생활환경은 좋지 않았기에 신하들 대부분은 파리를 떠나 이곳으로 이주하길 꺼렸다. 하지만 이제 국왕의 눈에 들어 관직을 얻기 위해서는 베르사유

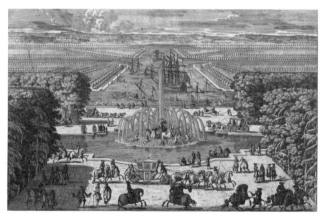

1680년경 베르사유 정원에 있는 아폴론의 분수

궁에 머물 수밖에 없었다. 프랑스의 중요 귀족들은 일 년 중 일정 기간을 베르사유궁에서 기거하면서 끊임없이 국왕에게 눈도장을 찍어야만 했다.

사실상 누구든지 베르사유에 들어서는 순간 치밀하게 설계된 궁전의 전체 공간 구도가 뿜어대는 국왕의 절대권력 궤도에서 벗어나기가 어려웠다. 대칭으로 구성된 거대한 궁의 가장 중심축에 국왕을 상징하는 '태양신' 아폴론의 동상과 분수가 있었기 때문이다. 베르사유궁은 루이 14세가 자신의 권력을 공개적으로 과시하는 일종의 연출 공간으로 작동했다.

천상계와 인간계를 매개하는 신성한 존재의 위상에 오른 루이 14세에게 이제 남은 문제는 왕국의 종교를 단일화하는 것이었다. 자신의 지배를 공고히 하기 위해서는 종교문제를 반드시 해결할 필요가 있다고 느꼈으리라. 왕권신수설을 권위의 기반으로 삼고 있던 루이 14세에게 왕국의 종교적 통일은 어찌 보면 당연한 논리적 귀결이었다. 백성의 복종을 확고히 하기 위해서는 이들의 심중으로부터 복종심을 끌어내야만 했고, 이를 위해서는 신민들 모두가 하나의 종교를 믿어야만 했다. 그런데 대대로 가톨릭국가인 프랑스에서 국왕인 자신과 다른 종교를 가진 자들이 있을 수 있단 말인가.

그런데 16세기 초 종교개혁 이래 프랑스에서 종교문제는 골치 아픈 일종의 '판도라 상자'였다. 루이 14세가 종교문제에 관심을 기울일 즈음 프랑스에는 약 85만 명 정도의 위그노라 불린 칼뱅주의 신교도가 있었다. 숫자상 이들은 당시 프랑스 전체인구(약 2,200만)의 4%에도 미치지 못했다. 이들에게 종교 자유를 부여한 법적 근거가 바로 1598년 공포된 낭트 칙령이었다. 이는 16세기 후반 극심한 정치 및 종교적 갈등으로 프랑스가 치열한 내전에 휩싸였을 때, 원래 신교도로서 왕위에 오른 앙리 4세(재위 1589~1610)가 자신은 왕실의 종교인 가톨릭으로 개종하는 대신 신교도에게 종교의 자유를 인정해 준 조치였다. 한마디로 종교적 관용의 모범 사례였다.

그런데 이처럼 힘들게 탄생한 낭트 칙령마저 루이 14세는 폐지하고 말았다. 신의 지상 대리인인 자신이 통치하는 프랑스에서는 하나의 왕국, 하나의 군주, 그리고 하나의 종교만이 존재해야 했다. 신교도에게 부여됐던 정치 및 종교적 특권을 하나씩 박탈하기 시작한 루이 14세는 급기야 1685년 퐁텐블로 칙령을 내려 낭트 칙령을 휴지 조각으로 만들고 말았다. 끈질긴 박해 속에서도 잔존한 신교도 예배당을 파괴하고 예배를 금지했다. 급기야 루이 14세의 가혹한 탄압을 견디다 못한 약 20만 명의 신교도들이 네덜란드, 잉글랜드, 프로이센 등 해외로 망명했다. 이들은 전 재산을 몰수당한 채 무일푼으로 떠나야만 했다.

결과적으로 볼 때, 루이 14세의 낭트 칙령 폐지는 득보다는 실이 더 많은 실책이었다. 물론 이러한 조치를 통해 왕국의 종교는 가톨릭으로 통일됐을는지 모르나 경제적으로는 상당한 손실을 초래하고 말았기 때문이다. 당시 신교도들은 비록 국가의 전체인구 중 극소수였으나 주로 상공업 분야에 종사하면서 프랑스의 산업을 이끌고 있었다. 프랑스에서 맨몸으로 추방당했으나, 이들의 손과 머리에 녹아 있던 전문 기술 및 경제 관련 노하우 등 무형자산은 이들과 함께 망명지인 주변 국가로 이전됐다. 이들의 유입 덕분에 17세기 중엽 이래 암스테르담과 런던이 유럽 상공업의 중심지로 부상했다. 이러한 신교도 탄압의 후유증은 경제 측면에만 국한된 것이 아니었다. 신교국가들의 반발을 초래함으로써 군사 및 외교적으로 프랑스는 매우 불리한 상황으로 내몰리고 말았다.

긴 세월 동안 절대권력을 누리면서 치세 내내 영토 확장이라는 명목 하에 전쟁을 일삼은 루이 14세의 말년은 결코 행복하지 않았다. 우선 그는 건강 상태가 엉망이었다. 1701년 화가 리고가 그린 초상화(당시 나이 63세) 속에서 국왕은 온갖 상징물로 치장을 한 채 건강과 권위를 과시하고 있으나, 실상은 몸 전체적으로 멀쩡한 곳이 없을 정도로 각종 병마에 시달린 것으로 알려져 있다. 귀족과 지방에 대한 통제도 실제로는 그렇게 강력하지 못했다는 평가도 있다. 이러한 측면에 주목하여 수년 전 국내의 한 역사학자는 심지어 『루이 14세는 없다』는 제목의 책을 선보인 바도 있다. 장기간 유럽의 절대왕정 시대를 풍미한 그였으나 끝내는 후계자로 아들이 아니라 루이 15세로 즉위하는 증손자만을 남긴 채 1715년 77세의 나이로 세상을 뜨고 말았다.

통치기 동안 루이 14세는 무수한 일들을 시도했고 상당 부분 이루었다. 그가 절대왕권의 실행을 위해 체계화해 놓은 관료제도, 조세제도, 군사제도 등 여러 업적을 통해 프랑스는 이후 근대국가로 나아갈 수 있는 토대를 마련할 수 있었다. 하지만 프랑스 관용의 상징이 던 낭트 칙령을 폐지하고 신교도인 위그노를 국외로 추방한

화가 리고가 그린 루이 14세의 초상화

조치는 이후 특히 경제 면에서 프랑스의 발목을 잡은 치명적 실책으로 평가되고 있다. 어려서부터 왕권의 절대성에 대한 집착이 강했던 루이 14세로서는 당연한 조치였는지 모르겠으나, 절대권력을 맘껏 누린 그 역시 인생사 무엇이든 너무 과하면 반드시 탈이 난다는 격언을 비켜가지 못한 것 같다. 그가 사망한 지 백 년도 지나지 않아 터진 프랑스혁명으로 부르봉 왕조가 무너지고 그의 후손인 루이 16세는 단두대의 이슬로 사라졌기 때문이다. 그래서 인간의 행복지수는 공평한 것일까?

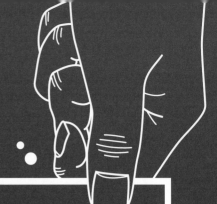

1697년 서유럽
사절단 파견

표트르 대제는 왜?

장기간 제위를 비운 채

서유럽으로 떠났을까?

오늘날 전 세계적으로 막강한 권한을 가진 국가지도자 중 한 명으로 꼽히는 러시아의 푸틴 대통령에 곧잘 비유되는 인물. "우리는 러시아인이 아니라 표트르 인이라고 해야 한다"라는 19세기 한 러시아 귀족의 언급처럼 불과 반세기도 안 되는 재위在位 동안에 러시아를 송두리째 바꾸어놓은 인물. 러시아 근대화의 아버지이자 상트페테르부르크라는 멋진 차르의 도시를 건설한 장본인! 바로 러시아의 표트르 1세Pyotr, Peter the Great(1672~1725, 재위 1682~1725; 흔히 표트르 대제로 불림)를 수식하는 말들이다. 그가 러시아를 근본적으로 변화시키는 계기가 된 것이 바로 1697년 3월 서유럽 순방의 출발이었다. 약 250명의 인원을 데리고 장장 18개월에 걸쳐서 그는 서유럽, 즉 프로이센, 네덜란드, 영국 그리고 오스트리아 등지를 방문해 선진 문물을 직접 관찰하고 체험했다. 귀국 후 그는 본격적으로 러시아를 재창조하기 시작했다.

그렇다면 그는 왜 대규모 사절단을 이끌고 그토록 장기간 서유럽의 국가들을 방문했을까? 그는 도대체 어떠한 인물이기에 장기간 제위를 비워둔 채 이러한 모험을 시도했을까? 그는 귀국 후 러시아를 어떻게 변화시켰을까? 그리고 그의 개혁 작업이 이후 러시아 또는 세계사에 미친 영향은 무엇일까?

1막

17세기 후반기에 러시아는 복잡한 문제들로 몸살을 앓고 있었다. 정치적으로는 차르(러시아 황제의 호칭)와 봉건귀족 간에 권력투쟁이 상존常存했으며, 종교적으로도 국가와 교회 간에 갈등의 골이 깊었다. 군사적으로 군대의 전력은 형편없었고, 특히 사회경제적으로 낙후성은 만연하여 농민들의 처지는 거의 노예나 다름없었다. 참으로 한심하기 그지없는 상황이었다. 이것이 바로 1682년 차르의 자리에 올랐을 때 표트르가 맞은 러시아의 모습이었다.

1613년 미하일 로마노프가 '미치광이 왕' 이반 4세의 폭정으로 상징되는 혼란의 시대를 끝내고 로마노프 왕조를 열었다. 새로운 왕조는 국가를 안정시키기 위해 심혈을 기울였으나, 17세기 후반기 들어 시작된 각종 소용돌이를 막을 수 없었다. 우선, 상층부에서는 1654년 니콘 총주교가 주도한 종교개혁으로 러시아 정교회 내에서 '분리파 교도'들이 출현하면서 정치 및 종교적으로 분쟁이 끊이질 않았다. 무엇보다도 심각한 위협은 아래로부터 왔다. 1667~1671년에 코사크(반半자치적 성격의 농민들로 구성된 러시아 남부 초원지대의 기병대)의 리더였던 스텐카 라진이 주도한 농민봉기가 러시아 남동부 지역을 휩쓸었다. 라진의 봉기는 농노제 아래 억압받고 있던 농노(1861년 농노제 폐지 이전까지 통상적으로 러시아 농민을 지칭)뿐만 아니라 러시아 남부 볼가강 유역의 비러시아계 부족들의 열렬한 지지를 등에 업고 한때는 러시아 동남부 지역을 거의 장악할 정도였다. 모스크바의 단호한 토벌작전과 라진 부대의 비조직적인 대응으로 다행히 봉기는 5년 만에 진압됐다.

이러한 혼란상은 비단 사회 면에만 국한된 것은 아니었다. 로마노프 왕실도 마찬가지로 복잡한 가족 문제 때문에 권력다툼이 끊이질 않고 있었다. 원초적 원인 제공자는 표트르의 부친인 선왕 알렉세이 미하일로비치였다. 그는 두 명의 황후로부터 많은 후손을 얻었는데 이것이 화근이 됐다. 알렉세이는 1648년 밀로슬랍스카야와 결혼해 무려 13명의 아이를 두었으나, 그 자신보다 오래 살아남은 아들은 병약한 표도르와 이반 2명뿐이었다. 설상가상으로 1669년 첫 황후가 죽자 차르는 1671년 나리시키나와 재혼을 했는데, 바로 여기에서 표트르와 2명의 딸이 태어났다. 이러다 보니 권력 승계를 둘러싸고 두 외척 집안 간에 치열한 암투가 벌어졌다.

1676년 초 차르 알렉세이가 사망하면서 일단 이복형인 표도르 3세가 제위를 계승했다. 하지만 제위를 이어받은 표도르가 워낙 병약했던 데다가 또 다른 이복형 이반 역시 육체적 및 정신적으로 문제를 안고 있었다. 그러다가 1682년 봄에 표도르가 후손 없이 죽자 러시아 정교회에서 이반 대신 당시 열 살이던 표트르를 후계 차르로 선포했다. 의도는 좋았으나 이는 더 큰 문제를 불러왔다. 채 한 달도 안 되어 이복누이였던 소피아가 스트렐치로 불린 황실 근위 소총대를 사주해 정변을 일으켜 실질적인 권력을 장악했기 때문이다. 이때 궁정으로 난입한 병사들이 어린 표트르가 보는 앞에서 그의 친족과 동조자들을 무참하게 살해했다. 이때 받은 충격으로 이후 표트르는 일단 누구든지 의심하고 배반의 기미가 보이는 자는 가차 없이 처단하는 잔인한 성품을 갖게 됐다.

공식적으로 차르는 표트르였으나 실권은 이복누이 소피아의 수중에 있었다. 그녀는 가문의 후원과 귀족 골리친의 보좌를 받으면서 1682~1689년까지 권력을 행사했다. 이 시기에 명목상 차르였던 표트르의 처지는 형편없었다. 국정에서 제외됐음은 물론 제대로 된 교육도 받지 못했다. 그가 평생 철자 문제로 고생한 이면에는 이러한 어릴 적의 아픈 경험이 놓여 있었다. 하지만 어찌 보면 유년기에 이렇게 방치되어 있었기에 기존 전통과 예법에서 벗어나 자유롭게 사고할 수 있었는지도 모른다. 권력에서 밀려난 표트르는 황궁보다는 모스크바 외곽의 외국인 마을에 기거했는데, 이곳에서 유럽에서 온 다양한 인물들과 교류하면서 서구 문물에 접할 수 있었기 때문이다. 당시 러시아에는 서유럽에서 온 무역상들이 많았다. 러시아의 모피와 목재가 많은 이득을 안겨줬기 때문이다. 특히 표트르는 전쟁놀이를 즐겼는데, 이때의 경험이 나중에 차르로서 다른 나라와 전쟁을 벌일 때 중요한 자산이 됐다.

표트르가 성년에 이르면서 불안을 느낀 소피아가 1689년 황실근위대를 동원해 재차 정변을 일으켰다. 하지만 이번에는 천신만고 끝에 총대주교 및 군대를 비롯한 지지세력의 도움으로 정변을 제압하고 실질적인 차르로 올라서게 됐다. 이때 표트르의 나이는 17세였다. 1694년 모후가 사망한 후 진정한 실권자로 올라선 표트르가 맨 처음 시도한 국가적 과업은 1695년 흑해의 오스만제국의 요충지 아조프 요새에 대한 점령시도였다. 크림반도의 타타르인들을 보호하고 흑해로 나아가기 위해서는 바다에 연한 장소가 절실했기 때문이다.

하지만 작전은 실패로 끝나고 말았다. 목표를 바로 눈앞에 두고서도 속수무책이었다는 점이 너무 억울했다. 해군을 보유하지 못한 탓에 러시아군은 오스만 해군이 아조프 요새로 식

표트르 대제 초상화

량과 탄약, 그리고 병력을 실어 나르는 것을 도저히 막을 수 없었기 때문이다. 원정 실패로 해군의 필요성을 절감한 표트르는 해군을 창설하고 함대를 재건하는 절치부심한 준비 끝에 재차 공격을 가해 마침내 1696년 7월 아조프 요새를 장악할 수 있었다.

오랜만에 맛보는 기념비적인 승리로 러시아인들에게 자부심을 선물하고 자신의 통치력도 강화한 표트르 앞에 이젠 거칠 것이 없었다. 그런데 1697년 3월, 그는 청천벽력같은 선언을 했다. 자신이 직접 대규모 사절단을 이끌고 서유럽 지역을 방문하고 오겠다는 것이었다. 모두 경악했으나 차르의 결정에 감히 누구도 강하게 반대할 수 없었다. 그는 일단 결정한 사안에 대해서는 굳건한 의지로 밀어붙여 왔기 때문이다. 그렇다면 국내적으로 해결해야 할 중대사안들이 산적해 있는 상황에서 왜 표트르는 대규모 사절단을 이끌고 서유럽행을 결심했을까?

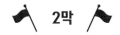

2막

1697년 봄 표트르 대제는 무려 250명에 이르는 인원을 이끌고 서유럽으로 향했다. 그가 이러한 결심을 하게 된 진정한 이유는 누구도 알 수 없다. 다만 두 가지 이유를 짐작해 볼 수 있다. 우선, 흑해와 발트해를 차지하기 위해서는 오스만제국은 물론 북방의 강국 스웨덴과의 일전이 불가피했기에 자국을 지원해 줄 동맹국을 찾는 것이었다. 다음으로는, 서구의 선진 문물을 직접 보고 습득한 후 이를 러시아로 도입하기 위함이었다.

모스크바를 떠난 표트르 일행은 이후 프로이센, 네덜란드, 영국 등지를 거쳐서 무려 18개월 만에 러시아로 귀환했다. 잘 알려진 대로 차르 표트르는 부사관 신분으로 위장하여 익명으로 여행길에 올랐다. 비록 큰 키와 이미 몸에 밴 위엄 때문에 금방 노출되기는 했으나, 어쨌든 이를 통해 그가 러시아의 근대화를 위해 얼마나 선진 문물에 목말라 했는지를 엿볼 수 있다. 맨 먼저 들른 프로이센에서는 유럽 최고 수준을 자랑한 대포 조작술을 배웠다. 표트르가 가장 장기간 머문 나라는 당시 조선업의 선두주자 네덜란드였다. 차르 일행은 동인도회사 조선소가 있던 암스테르담에 거의 5개월 동안 머물면서 선박건조 기술을 배웠다. 이곳에서 표트르는 조선 기술자는 물론 요새 건설자, 갑문 제작자 등 다양한 전문가들을 만나 조언을 들었고, 무엇보다도 직접 목수 일을 하면서 배 건조기술을 체험했다.

1698년 1월 표트르 일행은 바다 건너 영국으로 이동했다. 영국 국왕 윌리엄 3세의 호의와 배려 덕분에 표트르는 4개월 동안 머물면서 윈저성, 그리니치 천문대, 울위치 조병창, 옥스퍼드 대학 등을 방문할 수 있었다. 포츠머스에서는 영국 해군 함대의 기동훈련을 참관하기도 했다. 1698년 여름쯤 영국을 떠나 오스트리아의 수도 빈에 도착했다. 이곳을 둘러본 후 이탈리아까지 가볼까도 생각했으나 급거 귀국 길에 올라야만 했다. 모스크바에 남겨 둔 황태자 알렉세이를 앞세운 궁정 친위대가 정변을 일으켰기 때문이다.

서둘러 귀국한 표트르는 곧 반란군을 진압하고 가혹하게 보복했다. 거의 1,000명에 달하는 반란군을 처형해 그 시체를 크렘린궁 담벼락에 썩을 때까지 매달아 놓았다. 자신을 거역하는 자는 누구든지 이렇게 될 수 있음을 만천하에 공포하려는 의도였다. 이제 정변까지 진압한 표트르는 자신이 서유럽에서 체험한 바를 실행에 옮기려고 했다. 이 사건을 빌미로 강력한 정치적 경쟁자인 이복누이 소피아 세력을 일소하고 절대권을 장악하면서 러시아 사회를 개조하는 전방위적인 개혁작업에 착수했다.

표트르의 최종목표는 러시아를 서유럽처럼 근대화시켜서 '부국강병'하게 만드는 것이었다. 이는 급진적인 국내개혁과 팽창적인 대외정책으로 표출됐다. 서유럽의 선진 사회를 체험한 표트르는 러시아의 후진적 문화와 전통에 강력한 개혁의 메스를 대었다. 그는 러시아 귀족들이 권위의 상징 및 종교적 이유로 길게 늘어뜨리고 다니던 긴 수염과 머리칼을 자르고, 치렁치렁한 러시아 전통 의상 대신 서구식의 간편한 옷을 입도록 조치했다. 생활 속 예법에 관한 개혁도 단행했다. 바닥에 침을 뱉거나 손가락으로 식사하는 행위를 금했고, 여성들의 사교모임 참석을 허용하는 등 남녀 사이에 예의 바른 대화법을 장려했다.

표트르는 러시아의 상부구조에도 근본적인 변화를 가했다. 우선, 정치조직을 일신했다. 그동안 종교의례와 유사하게 진행되어 온 정책결정과 집행 형태를 전문관료제로 바꾸었다. 전국을 11개의 주로 나누고 차르가 부재일 때 국정을 책임질 원로원을 창설했다. 무엇보다도 사회 지도층 구성의 인적 쇄신을 가했다. 그동안 막강한 지위와 특권을 누려온 전통적인 세습 귀족인 보야르 가문을 배제하고 능력과 국가에 대한 봉사 정도에 따라 지위가 결정되는 신흥 귀족계층을 양성해 차르 통치의 인적 기반으로 삼았다. 러시아 정교회도 개혁의 칼날을 피해 가지 못했다. 교회에 대한 통제를 강화하고 그 규모도 줄였다. 그는 당시 정교회 신부들을 무능하고 나태한 집단으로 인식하고 교회가 내세의 구원만 외칠 것이 아니라 실질적으로 인민들의 삶의 질 향상을 위해 헌신해야 한다고 강조했다.

이외에 표트르의 대표적 업적으로 상트페테르부르크 건설을 꼽을 수 있다. 누가 보아도 이는 참으로 무모한 시도였다. 네바강이 핀란드만으로 흘러 들어가는 하구에 있던 이곳은 애당초 도시를 세울 만한 땅이 아니었기 때문이다. 홍수가 잦은 데다가 무엇보다도 지반이 약하디약한 늪지대였다. 하지만 일단 결정하면 밀어붙이는 표트르에게 불가능은 없었다. 한마디로 '안 되면 되게 하라'였다. 1703년 이곳을 입지로 정한 후 말뚝을 박아 기초를 다지고 도로와 건물을 세우는 과정에서 러시아 각지에서 강제로 동원된 농노들이 추위와 고된 노동으로 죽어 나갔다. 도시의 기초공사가 마무리되자 표트르는 사회의 지도층에게 이곳으로 이주하라는 명령을 내렸다. 누구도 감히 차르의 지시를 거부할 수 없었다. 이러한 희생과 강제력 발동 덕분에 1710년대 중반쯤 광활한 늪지대였던 이곳에는 인구 5만에 육박하는 대도시가 들어서게 됐다. 근대화를 향한 차르의 강력한 의지에 힘입어 서구로 향하는 창구가 발트해에 들어선 것이었다. 그는 이 도시를 자신의 이름을 따서 상트페테르부르크라 명명했다.

북쪽의 베네치아라고 불리는 상트페테르부르크

'부국강병'을 향한 표트르의 노력은 대외정책에서 극명하게 나타났다. 흑해와 발트해에서 부동항을 얻는 것이 최종목표였다. 오스만제국을 상대한 흑해보다도 발트해의 지배권을 둘러싸고 스웨덴과 맞붙은 북방전쟁(1700~1721)에서의 승리를 그의 대표적 업적으로 꼽을 수 있나. 내정 개혁과 신수도 건설 삭업이 병행되는 와중에 표트르는 스웨덴과의 전쟁에 돌입했다. 러시아의 선제공격으로 시작된 전쟁에서 초반에는 스웨덴이 우세했으나, 1709년 우크라이나의 소도시 풀타바에서 벌어진 전투승리를 계기로 러시아가 승기를 잡았다. 이후에도 양국 간 치열한 외교전과 무력충돌이 이어졌으나 한번 기운 전세를 스웨덴이 역전시키기에는 역부족이었다. 그동안 표트르의 개혁작업을 통해 러시아군의 전력이 크게 향상됐던 것이다. 결국에 스웨덴의 카를 12세는 패배를 인정하고 1721년 니슈타트 조약으로 발트해와 그 주변의 광대한 영토를 러시아에 넘겨주고 말았다. 마침내 발트해가 러시아의 호수로 변한 것이었다.

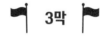

3막

'근대화'라는 목표 아래 러시아 인민들을 무자비하게 동원한 표트르의 개혁작업은 이후 러시아 및 세계사에 어떠한 영향을 미쳤을까? 18세기 초반부터 단행된 표트르 대제의 전방위에 걸친 개혁작업은 당시 러시아로서는 불가피한 조치였다. 러시아는 남쪽으로는 오스만제국, 북쪽으로는 스웨덴이라는 강력한 국가들과 생존경쟁을 벌여야만 했다. 이러한 상황에서 표트르와 같은 강력한 지도자가 등장해 제반 개혁을 추진했다. 그에게 '부국강병' 즉 국가 강화의 길은 러시아적 전통을 버리고 서유럽을 따르는 서구화 정책을 의미했다. 대외적으로는 외부 진출 출구인 흑해와 발트해의 지배권을 장악하는 것이었다. 이는 두 국가와의 전쟁을 의미했는데, 군사력 증강과 내정 개혁으로 다져진 러시아의 국력을 이용해 종국에는 승리할 수 있었다.

표트르 대제의 개혁 덕분에 러시아는 강대국으로 부상할 수 있었다. 이전에 러시아는 오랜 타타르의 지배 탓에 아시아적 특질이 짙게 깔린 나라였다. 그는 서유럽 순방과 상트페테르부르크 건설 등과 같은 무리수를 쓰면서까지 이를 벗겨 내는 국가개조 작업을 벌였다. 하지만 언제나 명이 있으면 암이 있는 법. 표트르의 개혁작업은 중앙집권화된 차르의 절대권을 통해 달성된 '위로부터의 근대화'였다. 특히 이에 필요한 재원은 대부분 징병과 조세 강화라는 형태로 러시아 농민들의 부담으로 충당됐다. 국가의 전제적 통치 아래 러시아 인민들은 장기간 농노상태에 있으면서 "국가는 살쪄 가는데 인민은 야위어 간다"고 말한 러시아 역사가의 탄식처럼 줄기차게 희생당했다. 결국에는 1917년 2월 혁명으로 분출된 이들의 분노는 로마노프 왕조를 몰락으로 이끌었다.

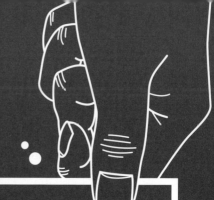

1740년 오스트리아
왕위계승 전쟁

프리드리히 대제는 왜?

오스트리아의 왕위계승 문제에

끼어들었을까?

20세기에 두 차례나 세계대전을 일으키고 주도한 국가. 제2차 대전의 패망이라는 폐허를 극복하고 세계의 경제대국으로 재탄생한 국가. 1990년 국가통일을 이룬 후 그 후유증을 해결하면서 오늘날 세계경제의 모범국으로 칭송받고 있는 국가. 바로 독일을 지칭하는 말이다. 그런데 단일 국가로서 독일의 역사는 그렇게 길지가 않다. 1870년 초에 독일은 수백 년간의 분열을 끝내고 하나가 됐다. 이때 통일과업을 주도한 국가는 바로 게르만 민족의 전통 강국 오스트리아(합스부르크 왕가)가 아니고 (우리나라 삼국시대 신라처럼) 당시 유럽 동북부의 오지에서 출발한 프로이센(호엔촐레른 왕가)이었다. 프로이센은 17세기 중엽에 이르러서야 점차 성장의 기지개를 켜기 시작했다. 몇 개의 대소 영토로 구성되어 있던 약소국 프로이센에 발전의 초석을 놓은 인물은 대선제후大選諸侯 프리드리히 빌헬름이지만, 선대의 유업을 실현하여 프로이센을 유럽의 진정한 강대국 반열에 올려놓은 인물은 통상 '프리드리히 대제'라 불리는 프리드리히 2세(재위 1740~1786)였다. 그는 즉위 직후인 1740년 11월 오스트리아의 영토였던 슐레지엔 지방을 기습적으로 침공해 차지함으로써 독일 영토 팽창과 국력 상승의 전기를 마련했다.

그렇다면 그는 왜 슐레지엔으로 쳐들어갔을까? 그는 어떻게 막강한 전력을 자랑하고 있던 오스트리아군을 격파할 수 있었을까? 프로이센의 슐레지엔 지방 획득이 이후 유럽사 및 세계사에 미친 영향은 무엇일까?

1막

원래 프로이센은 유럽의 농북부 지역에서 호엔촐레른 왕가가 상속으로 획득한 몇 개의 분리된 영토로 이뤄진 일종의 혼성국가였다. 왕조의 중심지는 수도인 베를린을 품고 있던 브란덴부르크와 동프로이센의 공국이었다. 그런데 문제는 프로이센의 핵심인 두 영토 사이에는 줄기차게 스웨덴이 자국의 영토라고 주장하는 포메라니아와 단치히 항구가 있는 폴란드 왕국의 땅덩어리가 버티고 있었다. 한마디로 호엔촐레른 왕가의 영토는 상당한 거리를 둔 채 분리되어 있었다. 그리하여 17세기 중엽 이래 호엔촐레른 왕가의 주 관심은 두 공국 사이에 놓여 있는 영토를 차지해 단일한 국가를 만드는 일이었다. 이는 척박하고 추운 지방에 자리한 탓에 항상 인적 및 물적 재원이 부족했던 호엔촐레른 왕가의 입장에서는 결코 만만한 과업이 아니었다. 하지만 이들은 17세기 중엽 이래 거의 한 세기에 걸친 부국강병책을 끈질기게 추진, 18세기 중엽에 이르러 그 꿈을 이룰 수 있었다.

프로이센이 강대국으로 성장하는데 그 초석을 놓은 인물은 대선제후Great Elector였던 프리드리히 빌헬름(재위 1640~1688)이었다. 그는 뛰어난 외교적 수완을 발휘해서 유럽대륙의 북부 후진국이던 프로이센이 강대국으로 성장할 수 있는 발판을 마련했다. 우선 그는 1650년대에 북방의 맹주 스웨덴과 벌인 전쟁에서 폴란드 편을 드는 대가로 동프로이센에 대한 명목상의 지배권을 양도받았다. 또한 1670년대에는 전쟁을 통해 획득한 발트해 연안의 포메라니아 지방을 당시 프랑스의 동맹국이던 스웨덴에 되돌려주고, 그 대가로 자국의 서유럽 지역에 대한 프랑스의 불가침 약속을 받아냈다.

부친이 다져놓은 업적을 발판삼아 빌헬름을 계승한 프리드리히 1

세(재위 1688~1713)는 프로이센의 국력을 더욱 신장시켰다. 부전자전父
傳子傳인지 그 역시 교묘하고 영악한 상황판단으로 연거푸 전쟁에서 승
리하는 쪽에 배팅함으로써 영토를 넓힐 수 있었다. 스페인 왕위계승 전
쟁 시에는 예전의 껄끄러운 관계를 벗어던지고 오스트리아를 지원했
고, 그 대가로 신성로마제국의 황제인 오스트리아의 합스부르크 왕가로
부터 합법적으로 '프로이센의 왕'이라 칭할 수 있는 권리를 부여받았다.
이어서 발트해의 제해권을 놓고서 북방의 터줏대감인 스웨덴과 신흥강
국 러시아가 벌인 긴 싸움(이른바 북방전쟁, 1700~1721)에서 러시아의 표
트르 대제를 지원함으로써, 지난번 전쟁 시 하는 수없이 스웨덴에 반환
했던 포메라니아 지방을 재획득했다.

그러면 어떻게 프로이센은 수차례 벌어진 전쟁에서 연달아 이기는
쪽에 설 수 있었을까? 프로이센의 통치자들이 상황판단을 현명하게 한
것도 있으나, 좀 더 정확하게는 쌍방 간 전력이 비슷한 상황에서 프로
이센이 가담하는 진영의 전력이 우세해지면서 결국에는 승기를 잡았다
고 볼 수 있다. 대선제후 프리드리히 통치 시기부터 프로이센은 점차 군
사 강국으로 부상하고 있었기 때문이다. 그는 향후 유럽 전통 강국들의
간담을 서늘하게 만들 정예의 프로이센 군대를 창설하고 이를 유지 및
확대할 수 있는 재정적 토대까지 마련했다. 그 핵심은 일명 융커Junker
로 불린 귀족 지주계층의 이익을 보장해주는 대가로 이들의 협조를 성
공적으로 얻어낸 데 있었다. 즉, 영지 내에 있는 농민들에 대한 절대적
인 권한 행사와 면세를 융커에게 보장해주는 대가로 군 장교단 구성 및
융커 소유 이외의 토지에 대한 강압적인 과세 부과를 묵인 받았던 것이
다. 이러한 암묵적 협약을 바탕으로 빌헬름은 이후 프로이센의 특징으
로 부각된 체계적인 관료제와 헌신적인 군 장교단의 모태를 마련할 수
있었다.

이러한 부국강병책은 대선제후의 손자인 프리드리히 빌헬름 1세(재위 1713~1740)에게 그대로 이어졌다. '부사관 왕'이란 별명처럼 그는 모든 관심을 최고의 군대를 만드는데 두었다. 이를 위해 세금을 인상하고 징수 방법을 간소화했다. 무엇보다도 본인과 왕실 스스로 근검과 절약을 솔선수범했다. 궁정에서 그의 식탁은 간소했고, 사치스러운 물품들은 철저하게 배격됐다. 한 푼이라도 국가의 재원을 아껴서 자신의 최대 관심사인 강병 육성에 사용하기 위함이었다. 이러한 노력의 결과, 그의 치세 동안 프로이센 군대는 증강을 거듭해 최초 3만 명에서 그 배를 훨씬 웃도는 8만 3천 명까지 이르렀다. 유럽의 전통 강국들—프랑스, 러시아, 오스트리아—을 제외하곤 가장 규모가 큰 군사력이었다. 당시 유럽 북방의 인구가 희박한 프로이센의 상황을 감안할 시 참으로 엄청난 규모의 군대였다.

그러면 이제 문제는 이토록 심혈을 기울여 육성한 군대를 '언제 어떻게 사용할 것인가'였다. 유지만 하기에는 비용이 너무 많이 들었다. 투자에 어울리는 열매를 거두어야만 했다. 드디어 그 기회가 도래했다. 아니 프로이센 스스로 그 기회를 만들었다고 보는 것이 좀 더 타당할 것이다. 주도면밀하게 국제정세를 관찰해온 이 글의 주인공 프리드리히 2세(재위 1740~1786)는 즉위 직후 비옥한 땅이자 군사적 요충지였던 오스트리아의 슐레지엔 지방으로 군대를 보내 강점하

프리드리히 대제의 초상화

는 모험을 단행했다. 물론 치밀하게 계산된 행동이었으나 일종의 '도박' 이었다. 전통적인 강대국 오스트리아의 반발을 초래할 것이 분명했기 때문이다. 그렇다면 이러한 우려에도 불구하고, 달리 말해 도대체 뭘 믿고서 프리드리히 대제는 이러한 모험을 택했을까? 그리고 왜 하필이면 슐레지엔 지방이었을까?

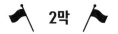

1740년 5월 말 28세로 즉위한 프리드리히 2세는 잠시 숨을 고른 후 그동안 선왕이 육성한 군대를 이끌고 오스트리아의 슐레지엔 지방을 일거에 점령했다. 발끈한 오스트리아가 반격을 시도했으나 뒤이어 벌어진 전투에서 프로이센 군대가 연전연승했다. 결국에 풍부한 석탄 매장량과 발달한 상공업을 자랑하던 슐레지엔 지방은 프로이센의 수중으로 떨어졌다. 이에 만족하지 않고 프리드리히 대제는 폴란드 왕국에 압력을 가해 프로이센과 브란덴부르크 사이에 있는 폴란드 영토에 대한 지배권을 확보했다. 드디어 프로이센 왕가의 숙원사업이던 단일한 영토 국가로 올라선 것이었다.

프리드리히 2세가 오스트리아의 슐레지엔 지방을 침공한 직접적 배경에는 오스트리아 왕위계승 문제가 놓여 있었다. 1740년 10월 중순 오스트리아 황제 카를 6세가 서거하자 그의 딸 마리아 테레지아가 뒤를 이었다. 이에 대해 여성의 황제 승계를 문제 삼으며 프리드리히 2세가 자신의 군대를 슐레지엔으로 진격시킨 것이었다. 장기간 조련한 보람이 있었는지 프로이센 군대는 1741년 4월 10일 몰비츠에서 벌어진 전투에서 오스트리아군을 격파하고 승리했다. 바야흐로 젊은 왕 프리드리히 2세의 명성이 유럽대륙에 울려 퍼지기 시작했다. 하지만 프로이센과 오스트리아의 충돌은 일회성으로 끝나지 않았다. 양국이 동맹국들을 끌어들이기 시작하면서 재차 유럽 내 대부분의 국가들이 참여하는 국제적으로 변했다. 이른바 '오스트리아 왕위계승 전쟁'이 벌어진 것이었다.

이제 유럽은 프랑스, 폴란드, 바바리아 등과 동맹을 맺은 프로이센 진영과 영국 및 네덜란드의 지원을 받은 오스트리아 진영으로 나뉘어 자웅을 겨루었다. 이후 일진일퇴의 공방전이 1745년 겨울까지 이어졌다. 다행스럽게도 프리드리히의 군대는 오스트리아군과의 충돌에서 초전에 잠깐 열세에 놓여 있었을 뿐, 1745년 여름 이후 벌어진 전투들에서 연거푸 승리했다. 보헤미아의 프라하 점령에 이어서 이듬해 12월 초에는 작센의 주도였던 드레스덴마저 차지할 수 있었다. 마침내 1745년 성탄절에 드레스덴에서 평화조약이 체결됐고, 이때 프로이센의 슐레지엔 점령이 공식적으로 인정됐다.

거의 5년간에 걸친 싸움 끝에 그토록 원하던 슐레지엔을 얻는데 성공한 프리드리히 2세는 백성들의 열렬한 환호 속에 개선장군처럼 베를린으로 돌아왔다. 그는 이제 독일사에서 일명 '프리드리히 대제'로 불리게 됐다. 그도 그럴 것이 1740년경 아무리 사력을 다해 군대를 육성했다고 하더라도 프로이센의 국력은 중유럽의 전통 강국 오스트리아에 감히 비교할 수 없었다. 당시 프로이센의 영토는 오스트리아의 1/6 정도에다가 인구 역시 1/3에 불과했다. 하지만 이제 광대하고 비옥한 슐레지엔을 수중에 넣게 되면서 오스트리아의 강력한 라이벌이자 유럽의 강대국으로 부상했다.

하지만 절대왕정 시기에 군주들이 자신의 영토를 포기하는 것은 그리 간단한 문제는 아니었다. 왕가의 자존심이 걸리기도 했거니와 무엇보다도 수백년 간 중유럽의 맹주로 군림해 온 오스트리아로서는 더욱 그러했다. 슐레지엔이 프로이센의 영토로 확실하게 귀착되기 위해서는 또 한 차례의 큰 전쟁을 치러야만 했다. 바로 7년 전쟁(1757~1763)이었다. 흔히 7년 전쟁은 영국과 프랑스가 인도와 북아메리카의 식민지를 놓고 자웅을 겨룬 패권 쟁탈전으로 알려져 있으나, 유럽 대륙에서 그 주인공은 다름 아닌 프로이센과 오스트리아였다. 전쟁 초반 고립무원 상태에 놓여 있던 프로이센은 사방에서 쳐들어오는 적군 앞에서 사면초가에 처해 있었다. 하지만 1757년 말에 벌어진 두 차례의 대전투(11월의 로스바흐 전투, 12월의 로이텐 전투)에서 프로이센 군대가 전력상 열세를 극복하고 프랑스군과 오스트리아군을 격파하는 기적을 연출했다. 이로써 위기 탈출에 성공하고 종국에는 슐레지엔 점령을 확정할 수 있었다. 특히 로이텐 전투에서 프로이센군은 엄청난 병력 및 화력의 열세를 극복하고 승리했다. 예컨대, 접전 당시 약 3만 6천 명이던 프로이센군에 비해 오스트리아군은 무려 7만 명을 상회했다.

그렇다면 프리드리히 대제가 오스트리아군과의 접전에서 연승할 수 있던 비결은 무엇일까? 한마디로, 장기간에 걸쳐서 다듬어 온 프리드리히 대제의 양병 전술 및 무기체계가 그 진가를 발휘한 것이었다. 우선, 프리드리히 대제는 체계화된 장교단을 확보했다. 귀족 출신의 자제들만 장교로 임명하고 이들에게 다양한 특권을 부여해 충성과 헌신을 유도했다. 이들은 국왕으로부터 혜택을 받은 대가로 적극적으로 장교 복무를 자원했다. 유년시절부터 군사학교에서 다년간 고강도의 훈련을 감내하면서 군주에 대한 충성을 최고의 덕목으로 체득했다. 이러한 귀족계층을 근간으로 프리드리히는 자신의 군대를 유럽 최강의 전쟁 기계로 육성했다. 철저한 정신무장의 토대 위에서 신전술을 개발하고 이를 적용했다. 특히 소총병을 3열의 선형線形 대형으로 편성해 근거리에서 일

프로이센군의 전투 대형

제사격을 가함으로써 화력 집중을 극대화했다. 치열한 반복 훈련을 통해서 마치 산업용 기계가 움직이듯이 선형 전술의 완성도를 높였다.

본질상 프리드리히 대제의 용병술은 소총이라는 개인화기의 발전과 궤를 함께 했다. 무기 발전이 창의적인 전술 구사를 가능하게 했다. 화승총이라 불린 초창기 소총은 방아쇠를 당기면 불심지가 약실 화약에 불을 붙이고 이어서 폭발해 탄환을 날려 보내는 방식이었다. 하지만 이는 느린 발사속도와 무엇보다도 우천 시 거의 무용지물이 된다는 치명적인 약점을 갖고 있었다. 이후 약실 점화문제를 해결하려는 방향으로 기술개발이 이뤄져서 16~17세기 동안 차륜식 머스킷을 거쳐서 수석식 머스킷으로 완성됐다. 이는 방아쇠를 당기면 용수철이 작동해 약실 뚜껑에서 공이가 부싯돌을 때리면서 불꽃을 일으켜 약실의 점화 화약에 불을 붙이는 방식이었다. 이제 소총병은 불씨를 보존하느라 노심초사할 필요가 없었고, 우천 시에도 전투를 수행할 수 있었다. 3열 대형이 제대로 공격력을 발휘하기 위해서는 각개 병사들의 기민하고 정확한 움직임이 필수적이었는데, 프로이센군은 엄격한 반복 훈련을 통해 이러한 조건을 충족했던 것이다. 이것이 바로 프리드리히 대제가 로이텐 전투에서 프랑스와 오스트리아 연합군을 대파할 수 있던 비결이었다.

3막

유럽 대륙의 오지에 터전을 잡고 있던 프로이센은 17세기 중엽까지만 해도 유럽 정치에 감히 명함을 내밀 수 없을 정도로 약소국이었다. 자원은 빈약했고, 일 년 중 추운 날씨가 많다 보니 인구도 희박했다. 더구나 국토도 여기저기에 분산되어 있었다. 하지만 아놀드 토인비가 말한 '도전과 응전'의 원리처럼 호엔촐레른 왕가를 중심으로 프로이센인들은 불리한 환경적 요인을 오히려 강점으로 변화시키는 결기를 보여줬다. 대선제후 프리드리히 빌헬름, 프리드리히 1세, 그리고 프리드리히 대제로 이어지는 국가 리더십의 교체 아래 일관되게 부국강병책을 추구해 18세기 중엽에는 유럽의 강대국으로 우뚝 설 수 있었다.

이러한 프로이센의 부상은 19세기 이후 유럽사 및 세계사 전개에 중요한 영향을 미쳤다. 오스트리아와 프로이센을 비롯한 수십 개의 대소 국가로 분열되어 있던 독일에서도 19세기 중반 이후 점차 통일의 움직임이 나타났는데, 바로 이때 프로이센이 독일통일 운동의 주역으로 떠올랐다. 1870년 이래 독일을 달성한 독일제국은 이후 비약적인 산업발전과 군비확충을 이어가면서 전통적인 헤게모니 국가이던 대영제국에 도전장을 내밀었다. 이것이 바로 제1차 세계대전으로 비화됐음은 두말할 나위가 없다. 엄청난 인명 살상과 물적 파괴를 초래한 20세기의 대전쟁은 사실상 그 뿌리가 17~18세기 프로이센의 군사 강국으로의 부상에 있었고, 그 결정적 계기를 이룬 사건이 바로 풍요로운 땅 슐레지엔 지방의 장악이었다.

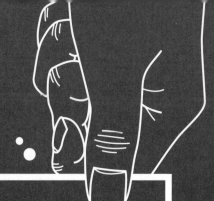

1776년 미국 독립선언

워싱턴은 왜?
영국의 지배에 반기를 들고
독립군 총사령관이 되었을까?

오늘날 자타가 인정하는 세계의 초강대국, 그래서 자국의 이익이란 미명 아래 가끔씩 억지도 부리는 나라, 미국 좀 더 정확하게는 미합중국을 말한다. 원래 미국은 두 세기 반 이전만 하더라도 세계 각지에 흩어져 있던 영국의 식민지들 중 하나에 불과했다. 그러니까 역사가 짧은 신생국이라는 얘기다. 바로 탄생의 직접적 계기를 이룬 것이 '보스턴 차 사건Boston Tea Party'을 이어서 1775년 벌어진 미국 독립전쟁의 발발이었다. 약 6년에 걸친 영국과의 치열한 독립전쟁과 혁명을 통해 세계 최초의 민주공화국으로 등장해 향후 세계 최강국을 향한 초석을 놓았던 것이다.

　　그렇다면 그동안 영 국왕의 충성스러운 신민臣民으로 무난하게 지내고 있던 북아메리카의 식민지인들은 왜 영 본국의 지배에 반기를 들었을까? 이들은 당대 최강국이던 영국에 대항해 어떻게 독립을 쟁취할 수 있었을까? 그리고 이 사건이 이후 서양사 및 세계사에 끼친 영향은 무엇일까?

1막

미국은 유럽인들 특히 영국에서 온 정착민들에 의해 개척되기 시작했다. 유럽인들에게 신대륙으로 알려졌던 북아메리카 대륙은 비옥한 토양에 풍부한 강수량과 지하자원 등 다른 대륙과 비교해 사람이 살기에 적합한 조건을 갖추고 있었다. 물론 빙하기 이래 이곳에 정착한 인디언 원주민이 있었으나 북아메리카는 출발부터 광대한 자연과 자유의식 강한 문명인과의 결합으로 그림이 그려지기 시작한 일종의 빈 도화지였다. 극소수 탐험가들의 뒤를 이어 17세기 초반 이래 유럽 각지로부터 사람들이 몰려들었으나 정작 실질적으로 정착에 성공한 것은 영국에서 온 이주민들이었다.

하필이면 왜 영국계 이주민들이 터 잡기의 주인공이 될 수 있었을까? 사실 스페인과 프랑스도 일찍부터 북아메리카 대륙에 진출했고, 영국보다 더 광활한 지역을 차지했다. 스페인의 경우, 북아메리카의 태평양 연안과 멕시코에 접경한 남부 지역을 장악하고 있었고, 프랑스는 광대한 중북부 지역을 영향권에 두고 있었다. 이에 반해 영국인들은 상대적으로 협소한 동부 지역에 뿌리를 내리고 있었다. 무엇보다도 이들 삼국은 신대륙에 진출한 목적에서부터 확연한 차이를 보였다. 영국인들이 처음부터 정착을 목적으로 대서양을 건너온 데 비해 스페인 사람들은 금은을 획득하기 위해, 그리고 프랑스인들은 정착보다는 인디언들과의 이윤 높은 모피 거래라는 상업적 목적에 중점을 뒀던 것이다.

1620년 신앙의 자유를 찾아 영국 남부 플리머스 항구에서 메이플라워호를 타고 미 동부 해안지대에 정착한 청교도 집단을 '필그림 파더스pilgrim fathers'라고 부르며, 오늘날 미국을 일으켜 세운 뿌리로 보고 있다. 실제로 이들이야말로 종교적 자유와 자치自治 전통이라는 민주주의의 씨앗을 북아메리카 식민지에 뿌린 주인공들이었다. 낯설고 거친 땅에 정착한 이들은 평등한 위치에서 교회를 중심으로 논의와 협력을 통해 초창기 공동체를 유지 및 발전시켜 나갔던 것이다. 나중에 영 본국 정부가 이러한 전통을 무시한 채 강압적인 태도를 보이자 식민지인들이 분개한 것은 어찌 보면 당연한 귀결이었다.

서양의 다른 혁명들처럼 미국 독립혁명(전쟁)도 직접적으로는 재정난 때문에 불거졌다. 원래 영 본국 정부는 북아메리카의 13개 주州 식민지에 대해 적극적으로 간섭하지 않은 채 본국과의 교역을 활성화함으로써 이득을 취한다는 이른바 '유익한 방임salutary neglect' 정책을 유지해 왔다. 그런데 프랑스와 대결한 7년 전쟁(1757~1763)으로 전비戰費와 식민지 방어경비가 급증하자 이를 식민지 주민들에게 전가轉嫁할 목적으로 적극적인 과세정책으로 선회했다. 다시 말해, 그동안 느슨하게 유지되어 온 식민지 체제를 견고한 제국으로 재편, 식민지에 대한 통제력을 강화하고자 했다. 이러한 기조 아래 서둘러 설탕세, 차세 그리고 악명 높았던 인지세(1765) 등 각종 세금을 신설해 이를 식민지인들에게 강요했다.

이러한 영 본국 정부의 강압적 정책에 대해 자치전통에 익숙해 있던 식민지인들의 저항의식이 발동했다. 이들은 "대표 없이 과세 없다"고 외치면서 납세 거부운동과 본국상품 불매운동을 벌였다. 자신들은 런던의 영국 의회에 대표를 보내지 않았기에 동의 없이 과세하는 영 본국의 행위는 불법이자 영국 신민으로서의 기본 권리를 침해하는 것이라고 항변했다. 그도 그럴 것이 식민지인들은 그동안 누려온 자치전통 속에서 식민지 과세권은 식민지 의회만이 갖고 있다는 믿음을 당연시하고 있었다. 실제로 식민지에서는 행정권은 국왕을 대리하는 지사知事가 갖고 있었으나, 예산권과 과세권을 비롯한 중요 문제는 모두 식민지 의회에서 결정해 온 정치적 경험을 공유하고 있었다. 따라서 북아메리카 식민지인들은 가뜩이나 경제 사정이 어려운데, 여기에 본국 정부가 무차별적으로 새로운 세금을 부과한다고 점차 노골적으로 불만을 표출하기 시작했다.

이러한 식민지인들의 저항에 직면한 영국 정부는 초반에는 약간 뒤로 물러나는 유화적 자세를 취했다. 하지만 이것도 잠시뿐, 의회 강경파의 압력에 눌린 노스North 내각은 더욱 강경한 정책으로 선회했다. 한마디로 런던의 영 본국 의회가 대표가 없는 개별 식민지 모두를 포함하는 제국 전체를 실질적으로 대표하기에 식민지를 대상으로 과세를 포함한 어떠한 법률도 제정할 수 있다고 선언했다. 이러한 영국 정부의 노선 변화가 단순한 으름장이 아니라 필요한 경우 언제든지 실제 행동으로 옮겨질 수 있음을 확인하는 데는 그리 오랜 시간이 걸리지 않았다.

이처럼 대립과 갈등이 고조된 상황에서 1773년 12월 일단의 식민지인 청년들이 보스턴 항구에 정박하고 있던 영 동인도회사의 상선에 몰래 잠입해 차茶 상자들을 바다에 던져 버린 '보스턴 차 사건'이 터졌다. 이에 대해 런던의 영국 정부는 사건이 일어난 매사추세츠 식민지를 겨냥해 일명 '참을 수 없는 법Intolerable Acts'을 강제했다. 보스턴 항구를 폐쇄하고 식민지가 장기간 누려오던 대의기구 활동을 제한하는 것도 모자라 식민지인들의 반발을 억누를 목적으로 군대까지 주둔시키는 등 강경하게 대응했다.

사태가 긴박하게 돌아가자 이듬해에 13개 식민지 대표들이 주민들의 불만을 수렴해 이를 영 국왕에게 전할 목적으로 필라델피아에 모였다. 하지만 역사의 수레바퀴는 상황을 온건하게 흘러가도록 놓아두지 않았다. 대표자 회의 후 영 본국 정부의 답변을 기다리고 있는 와중에 1775년 4월 렉싱턴과 콩코드 인근에서 북아메리카 식민지인들로 구성된 지방 민병대와 이들을 무장해제 시키려던 영국군 사이에 무력충돌이 벌어졌던 것이다. 5월에 서둘러 재차 소집된 대륙회의에서 대표들은 영 본국과의 타협안을 던져버리고 강경 대응방침으로 돌아섰다. 곧 식민지 군대를 소집 및 결성해 영국군과의 무력충돌에 대비했다. 점차 영 본국과의 결별을 주장하는 의견이 우세해 지면서 마침내 1776년 7월 4일 북아메리카의 13개 식민지는 공식적으로 영 제국으로부터의 독립을 선포했다. 이른바 미국 독립전쟁이자 미국혁명에 불이 붙은 것이었다.

자치 방범대 이외에 그렇다 할 만한 무장조직이 없던 식민지인들은 어떻게 세계 최강의 영국군에 맞서서 최종 승리를 거둘 수 있었을까? 초반 열세에 놓여 있던 식민지 군은 사령관으로 임명된 조지 워싱턴 장군의 지휘 아래 전열을 가다듬으면서 점차 영국군에 대응할 수 있었다.

대륙회의에서 독립선언서의 초안을 작성한 아메리카 식민지 대표들

혁명 초기에 발간된 톰 페인의 『상식론』과 무엇보다도 「독립선언서」의 공포(1776. 7. 4)는 식민지인들의 사기를 높이고 저항의 정당성을 부여해 줬다. 식민지 대표들은 독립선언서를 통해 모든 사람은 평등하게 태어났고, 생명, 자유, 행복의 추구는 천부天賦인권임을 천명했다. 그러기에 이러한 권리를 해치는 정부를 바꾸거나 폐지하고 새로운 정부를 세우려는 시도는 구성원들의 당연한 권리였다. 그런데 바로 영 본국 정부가 식민지인들의 천부인권을 침해하고 있는바 이에 대한 저항은 당연한 행위였다.

전쟁 초반에는 영국 원정군의 일방적 승리가 이어졌다. 그도 그런 것이 식민지인들은 거의 정규 군사훈련을 받아보지 못한 민간인들을 서둘러 소집해 조직한 부대였던데 비해, 영국군은 상시 군사훈련으로 단련된 정규군이었기 때문이다. 더구나 그 규모가 무려 3만 명을 훌쩍 넘을 정도로 대병력이었다. 사실상 그동안 식민지에서 민병대는 자신의 고장이 위험에 처했을 때 소집되어 길어야 몇 주간가량 싸우다가 수확기가 되면 고향으로 돌아가는 것이 관례였다. 그러다 보니 훈련이 부족한 것은 물론이고 근본적으로 도망병도 많았다. 군사령관으로 식민지 군대를 이끈 조지 워싱턴조차 군 경험이 부족한 데다가 대대 규모 이상의 병력을 지휘해 본 경험이 없었다. 설상가상으로 전쟁 수행에 필수불가결한 강력한 권한을 지닌 중앙정부조차 부재한 상황인지라 군대를 모집하고 유지하는 데도 어려움이 많았다.

하지만 전쟁이 지속되면서 식민지인들의 실용주의가 빛을 발하기 시작했다. 식민지 민병대원들은 어깨를 서로 맞댄 채 열을 맞추어 전진하는 유럽 군대의 전투방식 대신에 숲이 많은 북아메리카의 지형에 어울리는 게릴라 전법으로 맞서기 시작했다. 이는 홈그라운드의 이점을 충분히 살린 전투방식이었다. 식민지에서는 라이플 소총을 이용한 사냥이 일반화되어 있었다. 그 덕분에 대부분의 식민지 성인남성들은 저마다 사격에 일가견을 갖고 있었다. 바로 이러한 장점을 조지 워싱턴이 민병대에 접목한 것이었다. 이제 식민지 군대는 정식 전투대형 대신 산개대형으로 지형지물에 의지한 채 싸우는 게릴라 전술을 사용했다. 대부대가 평지에서 서로 마주 보면서 싸우는 정면 승부 전투방식에 익숙해져 온 영국군이 당황하는 것은 당연했다. 전세戰勢가 점차 식민지 군대에 유리하게 전개됐다.

아니나 다를까. 전세 역전의 순간은 의외로 빨리 찾아왔다. 1777년 10월 사라토가 전투에서 식민지 군대는 존 버고인 장군이 이끈 영국군을 대파하는 쾌거를 이뤘다. 이 승리를 계기로 그동안 식민지에 은밀하게 군수물자만 보급해 온 프랑스가 식민지와 동맹을 맺고 북아메리카 전쟁에 직접 대규모 병력을 파병했다. 그동안 이모저모로 식민지인들의 전력을 관찰해온 프랑스가 사라토가 전투 승리를 지켜본 후 식민지인들의 투쟁을 지원할 만한 가치를 지닌 모험으로 판단한 것이었다.

미국 독립혁명 중 벌어진 전투

10여 년 전 7년 전쟁에서 참패해 인도와 북아메리카의 광대한 식민지를 모두 영국에게 넘겨줄 수밖에 없었던 프랑스로서는 북아메리카 식민지인들의 독립전쟁이야말로 영국에 설욕할 수 있는 절호의 기회였음에 분명하다. 북아메리카 식민지를 독립으로 이끌어 궁극적으로 영제국의 힘을 약화시키고자 했다. 드디어 1778년 6월 영국에 선전포고를 발한 프랑스가 라파예트 장군의 지휘 아래 아메리카 대륙으로 대병력을 파병했다.

　그런데 엄밀히 따지자면, 식민지인들이 가만히 있는데 프랑스가 알아서 도와주겠다고 나선 것은 아니었다. 대륙회의가 소집된 이래 식민지 대표부는 식민지인으로서 나름 국제적 명성과 인맥을 갖고 있던 벤저민 프랭클린과 존 애덤스를 파리로 보내 프랑스의 유력 인사들을 접촉해 지원을 호소하고, 실제로 프랑스의 물자지원을 얻어 내는 데 성공했다. 이후에도 독립선언서 공포 직전인 1776년 봄에는 사일러스 딘을, 가을에는 아서 리와 벤저민 프랭클린을 재차 파리로 보내어 미국의 독립을 공식 승인해 달라고 요청한 바 있었다. 이러한 부단한 외교적 노력에 사라토가 전투의 승리가 더해져서 마침내 프랑스가 병력 파병을 최종적으로 결정한 것이었다.

　프랑스와의 동맹으로 식민지 군대의 사기와 전력은 크게 향상됐다. 사실상 이전까지 북아메리카 전선에서는 조지 워싱턴이 이끈 식민지 군대와 영국군 간에 팽팽한 접전이 이어져 오고 있었다. 프랑스의 본격적인 인적 및 물적 지원에 힘입어 식민지 군대는 점차 전세를 유리하게 이끌어갈 수 있었다. 마침내 1781년 9월에 벌어진 요크타운 전투에서 프랑스 파병군과 연합한 식민지 군대는 콘월리스 장군의 영국 주력군에게 최후의 일격을 가해 항복을 받아냈다. 이후 자국 원정군이 빠르게 수세에 몰리자 영 본국 정부는 전쟁 지속보다는 협상의 길로 나아갔다.

1783년 파리에서 열린 강화조약을 통해 영국은 국제적으로 미국의 독립을 승인할 수밖에 없었다.

마침내 신생 독립국 미국이 탄생했다. 하지만 식민지 상태에서 벗어난다는 것과 새로운 국가를 세운다는 것은 이상과 현실만큼이나 그 간격이 컸다. 무엇보다도 국가의 기틀인 헌법을 제정하는 과정이 만만치 않았다. 원래 13개 식민지의 대표들이 모인 대륙회의에서 독립을 선언하고 영 본국과의 전쟁에 돌입한 터인지라 각개 식민지는 강력한 중앙정부보다는 주 정부에 많은 자율권을 부여하는 통치 시스템을 선호했다. 연합해서 독립전쟁을 수행했으나 아메리카 합중국은 엄밀히 말해 주권을 가진 주 정부들의 동맹체에 불과했다.

그러나 종전 후 강력한 중앙정부의 필요성에 대한 요구가 높아졌다. 그에 따라 1787년 5월 필라델피아에서 제헌의회가 소집되어 본격적으로 헌법을 논의했다. 초반부터 회의는 앞날을 점칠 수 없을 정도로 열띤 논쟁에 휩싸였다. 회의의 핵심 사안은 향후 취할 국가형태 및 국민을 대변할 의회의 구성에 대한 문제였다. 전자와 관련해서는 중앙집권 국가를 주장한 통합주의자들과 각 주州별 국가건설을 내세운 분리주의자들 간에 절충이 이뤄져 연방정부가 탄생했다. 연방정부는 전쟁 선포와 군대 조직, 조약 체결, 화폐 발행 등과 같은 중요한 권한을 갖게 됐다. 후자의 경우, 뉴저지주가 제시한 '주별 투표권 행사'라는 소주안小州案과 버지니아주의 '인구비례에 의한 투표권 행사'라는 대주안大州案으로 팽팽하게 맞서다가 하원은 인구비례로, 상원은 각 주당 2명 동수同數로 구성키로 합의에 이르렀다. 이 때문에 흔히 미국 헌법은 '타협의 산물'로 불린다. 길고 열띤 논의 끝에 1789년 마련된 헌법 초안은 마무리 조율과정을 거친 후 이듬해에 최종 비준됐다.

3막

북아메리카 13개 식민지 주민들은 6년여에 길친 영 본국과의 전쟁을 통해서 독립을 달성했다. 본국과 결별한 데서 멈추지 않고 왕정이 대세였던 유럽과는 달리 인류 최초로 미합중국이라는 공화국을 세웠다. 전통적인 군주제 대신에 인민의 지배에 기초한 공화정 체제를 출범시킨 것이었다. 이는 이후 미국을 유럽 사회와는 다른 민주적인 방향으로 이끌었음은 물론, 장차 인류 사회가 민주주의 체제로 발전해 가는 데 전범典範 역할을 했다.

신생국 미합중국의 독특성은 7개 조로 구성된 최초 헌법에 축약되어 있었다. 이 헌법은 주권재민의 원칙에 따라 삼권분립에 기초한 민주공화정부를 표방하고, 명문화를 통해 법치의 원칙을 분명히 했다. 무엇보다도 북아메리카 식민지인들이 달성한 빛나는 성취는 얼마 지나지 않아서 구대륙 유럽인들의 자유의식을 일깨워 프랑스혁명을 촉발했다.

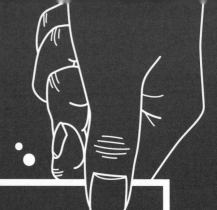

1799년 브뤼메르 쿠데타

나폴레옹은 왜?
군사원정지 이집트에서
몰래 파리로 귀환했을까?

역사상 가장 많이 입에 오르내리는 인물 중 한 명. 19세기 초반 10년 이상 유럽 전역을 휩쓸고 다닌 인물. 당대는 물론 현재에도 근대 군사전략의 전범典範으로 손꼽히는 인물. 무엇보다도 프랑스혁명이라는 역사적 쓰나미 속에서 시골뜨기 초급장교에서 일약 황제 자리에 오른 입지전적인 인물. 바로 나폴레옹 보나파르트Napoleon Bonaparte(1769~1821)를 일컫는 말이다. 나폴레옹에 대한 이처럼 다양한 평가를 가능하게 만든 직접적인 사건은 바로 1799년 11월 18일에 벌어진 일명 '브뤼메르 쿠데타'였다. 이를 통해 그는 군인에서 정치가로 변신했고, 5년 후에는 프랑스 국민의 절대적 지지 속에 황제로 등극했다. 그런데 나폴레옹에게 이러한 벼락출세의 길을 열어준 결정적인 계기는 1799년 10월에 결행된 그의 이집트 탈출이었다. 영국해군의 포위망과 감시망을 뚫고서 1798년 군사원정을 떠났던 이집트에서 파리로 급거 귀환했던 것이다.

그렇다면 나폴레옹은 왜 이집트 원정길에 올랐고, 이로부터 채 16개월도 안되어 부하들을 이집트에 남겨 놓은 채 황급히 파리로 돌아와야만 했을까? 탈영 죄에 해당하는 나폴레옹을 왜 파리의 시민들은 영웅의 귀환처럼 환영했을까? 도대체 나폴레옹은 어떠한 인물이었기에 사람들을 매료시킬 수 있었을까?

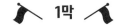

1막

1798년 10월 9일 새벽녘, 프랑스 남부 해안 도시 깐느 인근의 생라파엘 항구를 향해 네 척의 소小함정이 먼 바다로부터 은밀하게 입항하고 있었다. 괴선박의 접근을 알아챈 항구 요새의 지휘관은 위협 포격을 명령했다. 하지만 함정들은 이에 아랑곳하지 않고 계속해서 항구 안으로 접근해 왔다. 이때 포격 소리에 놀라 항구로 몰려나온 군중 속 누군가의 입에서 '이집트에서 오는 저 배에 보나파르트 장군이 타고 있다'라는 외침이 터져 나왔다. 그러자 무리들이 '그렇다, 와—'라고 소리쳤고, 그 함성에 항구 주민들은 물론이고 포대의 병사들마저 해안가로 내려왔다. 이들 중 성급한 자들은 '프랑스를 구하기 위해 신이 보낸 인물'을 빨리 만나보려는 욕심에 보트를 타고 입항 중인 소함정에게로 다가갔다. 예상외의 대대적 환영에 한껏 고무된 나폴레옹은 당일 정오 무렵 생라파엘 부두에 발을 디뎠다. 오랜만에 밟아 보는 고국 프랑스의 땅이었다. 그의 상륙 소식은 곧바로 파리를 거쳐서 프랑스 전역으로 퍼져 나갔다.

도대체 나폴레옹은 왜 이집트에 갔던 것일까? 그곳에서 어떠한 일이 벌어졌던 것일까? 1798년 5월 중순경 나폴레옹은 대규모 병력과 함선을 이끌고 프랑스 남부의 툴롱 군항을 출발, 이집트 원정길에 올랐다. 이후 지중해를 장악하고 있던 영국 함대의 경계망과 추격을 성공리에 따돌리고 몰타섬을 거쳐서 6월 말에 이집트의 알렉산드리아 항구에 도착했다. 이후 3주 만에 벌어진 이집트 맘룩크 군대와의 '피라미드 전투'에서 대승을 거두고 곧바로 카이로에 입성함으로써 이집트 장악을 마무리했다.

나폴레옹이 이집트 원정길에 오른 이면에는 프랑스혁명 말기 프랑

이집트 원정 중 벌인 피라미드 전투

스 국내의 복잡한 정치적 상황과 인도로 가는 길목에 있는 이집트를 점령해 영국의 아킬레스건을 끊으려는 전략적 고려가 놓여 있었다. 게다가 당시 혁명기 프랑스를 장악하고 있던 총재정부의 노회한 정치가들은 약관 28세에 이탈리아 원정군 사령관으로 임명되어 연전연승을 거두면서 국가적 영웅으로 부상하고 있던 나폴레옹의 인기에 큰 부담을 느끼고 있었다. 그래서 그를 권력의 중심부로부터 멀리 떼어놓을 의도로 이집트에서 영국군을 무찌르라는 임무를 부과했다. 아마도 이것이 나폴레옹이 이집트 원정길에 오른 직접적인 요인일 것이다.

여기에 나폴레옹 자신이 품고 있던 야심이 총재정부의 명령을 수용하는 데 일조했으리라 짐작된다. 그는 인도로 향하는 영제국의 연결망을 단절해 영국을 곤경에 빠뜨림으로써 종국에는 굴복시키고자 했다. 개인적으로는 오스만튀르크, 페르시아, 그리고 인도를 아우르는 광대한 지역을 정복하여 고대세계의 알렉산드로스의 영광을 재현하려는 야망을 실현코자 했다. 이를 반영이라도 하듯 나폴레옹은 이집트 원정길에 프랑스 학술원을 중심으로 편성된 대규모 전문가 집단을 대동했다. 실제로 이집트 원정을 통해 나폴레옹은 이집트 상형문자 해독의 결정적 실마리를 제공한 로제타스톤을 발견하고, 더 나아가서 향후 프랑스가 이집트학의 선두 국가로 올라설 수 있는 다양한 자료들을 수집했다.

한편, 원정 중 나폴레옹에게 좋은 일만 있었던 것은 아니었다. 이집트를 정복한 나폴레옹은 승리의 여세를 몰아서 이듬해 2월에 카이로를 떠나 팔레스타인과 시리아 방면으로 치고 올라갔다. 해당 지역을 지배하고 있던 오스만튀르크제국을 상대로 전쟁을 확대한 것이었다. 자파시까지는 순조롭게 진격했으나, 차후 목표였던 아크레 포위전에서 고전한 끝에 결국에는 이를 포기하고 카이로로 회군할 수밖에 없었다. 너무 서둘러 원정작전을 개시한 것이 화근이었다. 더 큰 고민거리는 프랑스 이집트 원정군과 나폴레옹 자신이 지중해의 제해권을 장악한 영국해군에 의해 포위된 채 고립되어 있다는 점이었다. 이집트 상륙 직후 벌어진 아부키르만 해전에서 프랑스 해군이 넬슨 영국 함대의 기습을 받아 괴멸된 탓에 원정 초반부터 이집트의 프랑스군은 바다로의 출구가 막힌 상황이었다.

그렇다면 그는 왜 단신으로 비밀리에 이집트를 탈출해 프랑스로 돌아와야만 했을까? 그가 이집트 원정을 떠난 이래 프랑스 본국에서는 도대체 어떤 일이 벌어지고 있던 것일까? 1794년 여름 이후로 프랑스는 5명의 총재로 구성된 일명 총재정부가 통치하고 있었다. 1793년 6월 이래 1년간 이어진 자코뱅 지도자 로베스피에르에 의한 '공포정치'로 수많은 사람들이 처형되면서 열광하던 초기 민심은 점차 개혁에 등을 돌리기 시작했다. 심지어 국민공회 내에서조차 공포정치에 두려움을 느끼는 의원들이 늘어나기 시작했다. 언제 단두대의 칼날이 자신의 목을 겨누게 될지 몰랐기 때문이다. 이러한 상황에서 1794년 7월 국민공회에 등

원한 로베스피에르를 전격 체포해 이튿날 처형하는 일명 테르미도르 반동反動 사건이 벌어졌다. 이로써 자코뱅의 공포정치가 끝나고 5명의 총재가 권력을 분점하는 총재정부가 들어선 것이었다.

하지만 문제는 새로 들어선 정권의 무능과 부패가 이어졌다는 점이다. 공포정치 아래 억눌려 있던 다양한 이해관계와 그동안 쌓인 원한들이 일거에 분출되어 나왔다. 왕당파는 부르봉 왕조의 복위를 꾀하고, 자코뱅은 급진정치의 재개를 시도하고, 심지어는 공산주의에 근접한 이념을 내세운 바뵈프의 봉기 음모까지 있었다. 대외적으로도 프랑스군은 그동안 나폴레옹이 차지해 놓은 점령지로부터 빠르게 밀려나고 있었다. 무엇보다도 주변 열강들이 제2차 대불對佛 동맹을 결성해 공화국 프랑스를 거세게 압박해 오기 시작했다. 당연히 질서가 무너지고 불안정이 고조됐다. 이러한 상황에서 프랑스인들은 자국을 구원해 줄 '구세주'를 염원했고, 그는 다름 아닌 젊은 장군 나폴레옹이었다. 원정지 이집트에서 이러한 국내외 정세와 민심의 동향을 예의주시하고 있던 나폴레옹은 점차 탈출작전을 구상하기에 이르렀다.

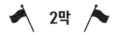

2막

이집트를 탈출하기 위해서는 무엇보다도 영국 함대의 감시망을 피해야만 했다. 이집트 상륙 초반 이래 지중해를 장악한 영국해군이 나폴레옹 원정군의 움직임을 예의주시하고 있었기 때문이다. 1799년 7월 중순에 벌어진 아부키르만 전투에서 이집트로 접근한 오스만튀르크의 대군을 완파完破한 후 한숨을 돌린 나폴레옹은 알렉산드리아 항에 설치된 원정군 사령부에 머물고 있었다. 이곳에서 본국의 정세 변화에 촉각을 세우고 있던 그는 점차 파리로 돌아가려는 마음을 굳혔다. 그럴수록 영국군의 포위망을 벗어나는 것이 관건이었다.

때마침 영국해군 함대가 물자보급을 위해 잠시 키프로스 섬으로 떠났다는 보고가 들어왔다. 하늘이 내려 준 절호의 기회라 판단한 나폴레옹은 드디어 이집트를 탈출하기로 결단을 내렸다. 예하 장군들에게 이집트의 질서 유지를 당부한 후 극소수의 측근들과 함께 4척의 소함정에 승선, 1799년 8월 23일 알렉산드리아 항구를 빠져나왔다. 지중해를 항해하는 동안 영국해군 함정에 발각될 뻔한 위기일발의 상황도 있었으나, 행운과 조심스러운 항해로 이를 피하면서 마침내 10월 초 프랑스 남부 해안에 도달할 수 있었다.

마침내 1799년 10월, 영국해군의 포위망을 뚫고 이집트 탈출에 성공한 나폴레옹은 비밀리에 파리로 귀환할 수 있었다. 그리고 이로부터 채 한 달도 지나지 않아 총재정부 내 핵심 정치가들의 지지 하에 군사정변을 일으켜 실권을 장악했다. 나폴레옹이 파리로 돌아온 날로부터 파리 시민과 장병들은 그의 일거수일투족에 깊은 관심과 열렬한 성원을 보내면서 하루빨리 프랑스의 영광을 되찾아 주길 고대했다.

이러한 군중의 기대에 부응이라도 하듯이 1800년 5월 나폴레옹은 제2차

자크 루이 다비드가 그린 알프스를 넘는 나폴레옹

대불동맹對佛同盟을 와해시킬 목적으로 재차 이탈리아 원정길에 올랐다. 백마를 타고 알프스산맥을 오르는 극적인 장면이 궁정화가였던 자크 루이 다비드의 손끝에서 〈생베르나르 고개를 넘는 나폴레옹〉(1802)이란 제목으로 재현됐다. 이 원정으로 오스트리아군 격퇴에 성공하면서 군사천재 나폴레옹 장군의 인기는 더욱 높아졌다. 이러한 여론의 동향을 천부적 정치감각으로 감지한 나폴레옹은 여세를 몰아서 4년이 지난 1804년 5월, 프랑스 국민들의 압도적인 지지를 등에 업고서 황제로 즉위했다. 수명을 다한 부르봉 왕가에 이어서 새롭게 보나파르트 왕가가 탄생한 것이었다.

사실상 이 시기에 나폴레옹은 프랑스 전체 국민의 이해관계에 어필했다고 볼 수 있다. 그는 프랑스혁명의 주역으로 대두한 부르주아 계급에게는 안정과 질서에 대한 희망을, 하층 계급에게는 국가적 영광과 권력 참여에의 매력을, 자유주의자에게는 평등과 우애라는 슬로건을, 그리고 왕당파를 비롯한 우익에 대해서는 가톨릭교회의 부활과 정부 권위의 재확립을 약속했다. 실제로 황제가 된 나폴레옹은 민법전民法典을 편찬하고, 로마교황청과 화해하며, 에콜 폴리테크닉과 같은 고등교육기관을 설립하는 등 무엇보다도 지난 10여 년 동안 혁명과 전쟁으로 흐트러진 질서를 잡고 무너진 권위를 세우는 작업에 주력했다.

이어서 주변국으로 눈길을 돌려서 이들을 차례로 격파, 자신의 위용과 프랑스의 영광 앞에 머리를 조아리게 했다. 한마디로 대내적으로는 프랑스를 근대화시키고, 대외적으로는 전쟁에서 연전연승하면서 황제국 프랑스의 위상과 영광을 드높였다. 전장에서 울려 퍼지는 승리의 함성을 통해 나폴레옹의 권위는 더욱 공고해졌다. 그가 승전보를 전해주는 한 젊은 황제에 대한 민중의 숭배 열기는 지속될 것이었다.

황제로 즉위한 지 얼마 지나지 않은 1805년, 오늘날 체코 지방에서 벌어진 아우스터리츠 전투 승리를 시작으로 나폴레옹은 1812년 모스크바 원정에 실패할 때까지 연거푸 승리를 거두었다. 이와 더불어 프랑스제국의 영토와 영향력은 유럽 구석구석으로 확장됐다. 하지만 각지로 프랑스 혁명이념을 전파하면서 해방자로 환영을 받았던 프랑스 군대는 점차 프랑스제국의 이익만을 추구하는 점령군의 면모를 드러냈다. 각지에서 민족주의가 분출하여 나폴레옹의 통치에 대한 저항운동이 거세게 일어났다.

전승戰勝의 열광을 모태로 탄생한 나폴레옹의 프랑스제국은 1812년 러시아 원정의 패배와 더불어 일거에 무너져 내리기 시작했다. 라이프니츠 전투(1814) 패배 후 파리로 들이닥친 동맹군의 압력에 퇴위한 나폴레옹은 1814년 5월 고향 코르시카 인근의 엘바섬으로 유배 조치됐다. 이후 10여 개월 만에 이곳을 탈출해 재차 권력 장악에 성공했으나, 1815년 6월 벨기에의 시골 워털루 벌판에서 벌어진 결전에서 패배하면서 나폴레옹의 시대는 완전히 막을 내리게 됐다. 이제 유럽대륙을 호령하던 나폴레옹은 대서양의 고도孤島 세인트 헬레나섬에서 과거의 영광을 되새기며 회한을 삼키는 존재가 되고 말았다.

3막

1769년 이탈리아 반도 앞 지중해의 코르시카섬에서 태어나 10대에 파리의 군사학교로 진학, 이후 프랑스혁명 직전에 포병장교로 임관됐던 평범한 사나이! 사관학교 재학 중 파리 출신의 동료들로부터 '시골뜨기'라는 놀림을 받을 정도로 프랑스의 최고 벽지僻地에서 유학 온 한미寒微한 가문 출신의 사관생도! 이러한 나폴레옹이 희대의 영웅으로 재탄생하는 데는 국가 전체를 뒤집어 놓은 프랑스혁명이라는 외적 조건과 신민에서 국민으로 변신한 프랑스인들에게 연거푸 승리의 영광을 안겨 준 나폴레옹의 군사적 재능이라는 내적 요인의 교묘한 결합이 주효했다.

나폴레옹은 타고난 군사적 천재임에 분명하다. 이는 나폴레옹과 그의 군사작전을 직접 관찰한 클라우제비츠나 조미니와 같은 당대 군사사상가들은 물론이고 후대의 군사사가들도 거의 예외 없이 인정하는 바이다. 계획적 분산과 배치, 결정적 시기와 장소에 상대적 우위의 병력 투입, 전략적 우회 기동, 포병의 집중 운용, 사단과 군단 단위로 군의 체계화 등, 나폴레옹이 후대의 사령관이나 군사전략가에게 남긴 유산은 손에 꼽을 수 없을 정도로 많다. 이로 인해 그가 역사의 뒤안길로 사라진 이후에도 나폴레옹이 창안한 군사전략이나 전술을 모방하고 그의 리더십을 본받으려는 시도가 끊임없이 이어졌다.

광의의 관점에서 나폴레옹은 진정으로 유럽세계를 변화시킨 인물이었다. 그는 프랑스혁명의 유산을 프랑스에 정착시키는 데 머물지 않고, 전쟁을 통해 혁명의 골자인 자유와 평등, 그리고 우애(형제애)의 이념을 유럽 전체로 확산시켰다. 그리하여 나폴레옹의 프랑스 군대는 수백 년 간 이어져 온 유럽세계의 강고한 봉건적 구조와 이에 기초한 군주제를 송두리째 뒤흔들어 놓았다. 이러한 급격한 변화를 지켜본 악성樂聖 베토벤은 그에게 '영웅 교향곡'을 헌정獻呈했고, 헤겔은 그를 '말 등에 앉은 세계정신의 출현'으로 찬양했다.

그러나 여기까지가 전부였다. 황제가 된 나폴레옹이 제국적 야심을 드러내기 시작하면서 이제 프랑스군은 해방자가 아니라 자유를 억압하는 점령군으로 인식됐다. 아이러니하게도 나폴레옹과 그의 군대가 유럽 각지에 전파한 자유주의와 특히 민족주의의 발현과 비례해 나폴레옹의 승리와 영광도 막을 내리게 됐다. 하지만 그가 뿌리고 추동한 자유주의와 민족주의는 이후 뿌리를 깊숙이 내리고 쑥쑥 자라서 19세기 유럽세계를 근대사회로 몰아가는 이념적 쌍두마차로 자리매김했다.

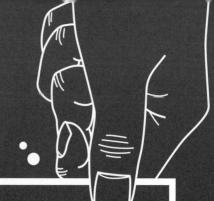

1839년 아편전쟁

임칙서는 왜?
중국에 들어온 인도산 아편을
몰수·폐기했을까?

요즘 세계인들이 주목하는 가장 중요한 이슈는 아마도 미국과 중국 간 무역분쟁일 것이다. 세계의 초강대국으로 도약하려는 중국에 대해 미국의 트럼프 정부가 강한 견제구를 던지고 있는 모양새이다. 시진핑 주석이 이끄는 중국도 호락호락하지가 않다. 향후 양국 간의 관계가 어떻게 진전될지 세계인은 불안한 심정으로 바라보고 있다. 하지만 지금부터 180년 전만 하더라도 중국은 '종이호랑이'에 불과했다. 이는 1839년 영국과 청나라 간에 벌어진 아편전쟁Opium war(1839~1842)으로 분명하게 드러났다. 전쟁에서 참패한 청나라는 영국과 남경조약을 체결했다. 이는 동양세계가 서구와 맺은 최초의 불평등조약으로 이후 서세동점西勢東漸이 본격화되는 시발점이 됐다. 전쟁의 불씨가 된 것은 중국 남부 광둥廣東 항구에서 자행되고 있던 영국 상인들의 인도산 아편阿片 밀매 행위였다. 아편 문제 해결사로 임명된 임칙서林則徐(1785~1850)가 아편을 몰수해 폐기하는 강경책을 택하면서 영국과 청나라 간에 무력충돌이 벌어졌다.

그렇다면 왜 청조清朝는 임칙서를 흠차대신欽差大臣으로 임명해 광둥으로 보내야만 했을까? 하필이면 사건이 중국 최남부의 광둥 지방에서 벌어졌을까? 양국의 충돌에서 왜 동양의 최강국이던 청은 여지없이 패하고 말았을까? 이 사건은 이후 어떠한 결과를 초래했을까?

19세기 중엽 서구 열강과 본격적으로 접촉할 시기에 중국은 이민족 청조淸朝의 지배 아래 있었다. 17세기 중엽 중원대륙을 석권한 여진족은 명칭을 만주족이라 바꿨을 뿐 중국 한족의 전통적인 제도와 사상을 대부분 수용했다. 유교문화권 속의 문인 중심사회라는 기존의 전통을 답습했다. 과거제도를 통해 형성된 신사층紳士層이 사회의 지배세력을 이뤘고, 농업 중심의 자급자족적인 경제체제를 유지했다. 무엇보다도 대외적으로 동아시아 세계의 중심 세력이라는 전통적인 위상에는 전혀 흔들림이 없었다. 화이사상華夷思想과 중화의식에 입각해 주변국과의 수직적 관계를 설정한 조공체제는 원활하게 작동했다.

1793년 7월 영국 정부가 조지 매카트니를 대표로 파견한 대규모 사절단이 북경에 도착했을 때, 청은 중국과 주변국들 사이에 조공과 책봉이라는 정치경제적 관계로 연결되어 있었다. 1648년 베스트팔렌 조약이래 독립국가 간의 연결망으로 외교 관계를 인식하고 있던 유럽인들에게는 전혀 생소한 시스템이었다. 그러다 보니 매카트니 사절단은 당시 열하의 이궁離宮에 체류 중이던 청의 건륭제를 알현하는 초반부터 복잡한 외교 의례 문제에 봉착했다. 알현 의례를 둘러싼 양국 간의 갈등은 단순한 기 싸움이 아니라 조공체제와 조약체제라는 동서양 외교방식 상의 근본적인 차이에서 기인했다. 당시 청조는 영국 사절단을 전통적인 조공체제의 눈으로 바라보고 있었다.

어쨌든 이때 당시 유럽의 최강국으로 부상한 영국이 일단 물러선 이면에는 외부로 드러난 청의 막강한 국력 때문이었다. 하지만 18세기 말부터 통치체제가 이완되면서 청나라는 빠르게 '종이호랑이'로 전락해 가고 있었다. 약 1세기 동안 이어진 유능한 황제들의 통치가 끝나면서 절대 권력이 무능한 황제에게 집중된 탓에 점차 행정 능률은 저하되고 관료의 부패는 만연했다. 만주족 통치의 무력 기반이던 팔기군八旗軍마저 기율의 이완과 무기체계의 낙후로 그 위력이 약화 일로에 있었다. 긴 평화기 동안에 인구가 급증한 탓에 백성들의 식량 부족 현상은 만성화됐다. 배고픔을 견디다 못한 민초民草들은 급기야 다양한 형태의 민란民亂을 일으켜 청조에 대해 불만을 표출했다.

엄밀히 말해, 서양과 중국 간의 교역은 멀게는 로마 시대로부터 이어져 왔다. 점차 비단길이라 불린 육상 교역로가 개척되면서 주로 아라비아 상인들의 대상隊商 무역을 통해 중국산 도자기와 비단 등이 유통됐다. 그러다가 1498년 포르투갈인 바스코 다 가마에 의한 인도 항로 발견으로 바닷길을 통한 직접 교역이 가능해지면서 무역 규모가 급증했다. 대항해의 선도국가였던 포르투갈과 스페인의 독주에 점차 네덜란드, 프랑스, 그리고 영국 등이 가세하면서 주도권 경쟁은 더욱 치열해졌다. 이후 동인도회사를 설립하여 체계적인 교역망을 구축한 네덜란드와 영국이 신흥 강자로 등장해 경쟁하다가, 17세기 중엽 양국 간 전쟁에서 이긴 영국이 최종 승자가 됐다. 따라서 중국과의 교역에서 18세기 이래 영국은 단연 선두에 있었다.

그러나 실상 영국과 중국의 교역은 매우 제한된 규모로만 이뤄졌다. 1699년 이래 중국은 남부의 광동 항구에서만 외국과의 교역을 허용하는 일명 '광동무역제도'를 유지하고 있었기 때문이다. 외국인 상인들은 항구의 제한된 지역에 살면서 거래조차도 청조가 허가한 총 13개의 공행公行이라는 특허상인을 통해서만 할 수 있었다. 교역 품목도 차, 비단, 목면 제품 등 중국 측에 유리한 물품으로 한정되어 있던 데다가 청 관리들에 의한 각종 잡세雜稅 징수와 잦은 간섭을 감내해야만 했다. 그래도 19세기 이전까지 영국 상인들은 동인도회사를 통해 중국의 차와 비단을 수입하고 영국산 상품을 판매하면서 그런대로 이득을 취할 수 있었다.

그런데 19세기 중엽에 이르러 영 본국의 산업화가 빠르게 진척되면서 영국 상인들은 중국과의 통상 확대를 갈망하게 됐다. 기존의 폐쇄적인 교역 구조로 인해 무역상 불균형 상태가 점차 심각해지고 있었기 때문이다. 산업혁명으로 영국인들의 소비 수준이 높아지고 특히 차茶 문화가 노동자 계층까지 퍼지면서 중국 차 수입량은 빠르게 늘어났다. 이와는 달리 영국산 제품에 대한 중국 측 수요는 별로였기에 이로 인해 영국의 무역 적자가 눈덩이처럼 불어났다. 산업화에 투자할 자본도 모자란 판에 자꾸만 중국으로 은銀이 유출되자 급기야는 영국 의회에서 동인도회사의 중국 무역 실태를 비판하는 목소리가 들끓었다.

궁지에 몰린 동인도회사는 은을 대체할 결제수단을 찾아야만 했다. 이때 이들의 눈에 들어온 물품이 바로 인도산 아편이었다. 동인도회사는 영국 식민지인 인도에서 재배한 아편을 중국에 밀수출하는 편법을 고안해 냈다. 1780년대부터 조직적으로 아편을 운송하여 중국에 판매하기 시작했다. 청조의 아편무역 금지 조치에도 불구하고 광둥 지방의 부패관리들과 뇌물로 결탁한 탓에 아편 판매량은 점차 늘어났다. 18세기 말경 중국으로의 유입량은 연간 4천 상자에 달했다. 덕분에 동인도회사는 영국산 면직물 및 공업제품을 인도에 팔고, 중국에 인도산 아편을 밀매해서 번 수익으로 중국 차의 수입대금을 충당할 수 있었다. 이처럼 영국, 인도, 그리고 중국을 연결하는 '삼각무역망'을 작동시켜서 대對중국 무역에서 흑자로 돌아설 수 있었다.

아편 밀매를 축으로 한 이러한 시스템은 영국인들에게는 부를 선물했으나, 시간이 지나면서 중국인들에게는 파멸적인 고통을 안겨줬다. 다량의 은銀이 영국으로 유출되는 무역수지 역전 현상이 심화되면서 은을 기초로 산정되고 있던 중국 농민들의 세금 부담액이 급증했다. 더욱 직접적으로는 아편 흡연 풍조가 만연하면서 중국인들의 건강 상태가 악화되어 심각한 사회문제로 대두했다. 급기야 더 이상 이를 방치해서는 안 되겠다고 판단한 청조는 직접 행동으로 나섰다. 그동안 아편 문제 해결에 대해 강경한 입장을 표명해 온 임칙서를 아편 단속 총책임자로 임명해 광둥으로 파견했다. 현지에 도착한 임칙서는 영국인 상인들이 보유한 다량의 아편을 몰수해 이를 공개적으로 폐기하는 초강수 조치를 취했다. 그런데 이것이 도화선이 되어 1839년 양국 간에 전쟁이 벌어졌다.

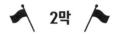

2막

도대체 아편阿片이란 무엇이며, 중국인들은 언제부터 아편을 접하게 됐을까? 원래 중근동이 원산지인 양귀비꽃의 씨방에서 분비되는 즙액이 원료인 아편은 모르핀을 주성분으로 하는 마약의 일종이다. 인류는 멀게는 고대부터 아편을 활용해 왔으나, 이를 흡음吸飮하는 습관은 17세기 중엽에 이르러서야 나타났다. 네덜란드의 지배 아래 있던 자바섬에서 처음 시작된 아편 흡음 습관은 대만을 거쳐서 중국 남부의 해안지대인 복건성과 광동성 일대로 전파된 것으로 추측되고 있다. 초기에 인도산 아편을 중국에 판매한 서양인은 포르투갈 상인들이었다. 이들은 17세기 중엽 당시 자국의 인도 식민지였던 고야에서 제조한 아편을 중국 내 식민지 마카오를 통해 중국 본토로 팔아넘겼다. 이러한 방식으로 17세기 중엽 이래 거의 1세기 동안 매년 약 200상자 규모의 아편이 중국으로 유입됐다.

사실상 청조는 18세기 이래 아편을 금지하는 정책을 취해 왔다. 아편 무역 자체는 물론이고 국내에서 아편을 제조해 판매하거나 흡음하는 등 일체의 행위를 불법으로 간주해 왔다. 그런데 문제는 이러한 정책이 별다른 실효성이 없었다는 점이다. 아편 금지 정책을 최일선에서 실행해야 할 관료들의 부패가 가장 중요한

임칙서의 초상화

걸림돌이었다. 특히 아편 유입의 교두보인 광둥 지방 관료집단 및 군 수뇌부의 부패가 극심했다. 이들은 겉으로는 아편 무역 금지를 내세웠으나 실제로는 상인들로부터 뇌물을 받고 아편 밀수와 거래를 묵인해 주고 있었다. 그 결과 광둥 항구에서는 아편이 마치 합법적인 물품인 양 공공연하게 거래되고 있었다.

점차 문제의 심각성을 인식한 청의 도광제道光帝는 아편에 대해 강경한 입장을 고수해 온 임칙서에게 전권全權을 부여해 골머리 앓던 문제를 해결코자 했다. 과연 임칙서는 어떠한 인물일까? 1785년 푸젠성 민허우현에서 궁핍한 지방 훈장訓長의 아들로 태어났으나 학문에 진력한 임칙서는 27세이던 1811년 과거에 합격해 진사進士가 됐다. 이후 북경의 한림원 연구관을 거쳐서 지방관으로 발령받은 그는 임지에서 농촌의 재건, 치산치수, 그리고 탐관오리의 척결 등을 적극적으로 추진해 명망을 얻었다. 지방관으로서 실력과 명성을 쌓아온 그는 1837년 호광총독(오늘날 호북성과 호남성 2개 성을 관할한 지방장관)이라는 높은 직책에 임명됐다. 이곳에서 재임 중 그는 관내의 아편 유통을 효과적으로 근절

함은 물론 아편 흡음자에 대한 사형론에 찬성하는 구체적이고 설득력 있는 상소문을 도광제에게 헌상한 바 있었다. 당시 임칙서는 아편 문제를 일종의 방아쇠로 삼아 관료들의 부패 문제를 척결코자 한 개혁파 관료집단의 지도자급 위치에 있었다.

이러한 실적과 능력을 높이 산 도광제는 본인의 간곡한 고사에도 불구하고 임칙서를 북경으로 불러들였다. 결국 입경入京한 그는 1838년 "아편 문제를 해결하라"는 황명皇命을 수행할 흠차대신欽差大臣으로 임명됐다. 이후 임칙서는 1839년 3월 초에 두 달간의 여정으로 북경을 출발해 임지인 광둥에 도착했다. 그는 남쪽으로 이동 중에 이미 현지의 아편 무역 실태를 파악하는 등 만반의 준비를 했다. 광둥에 도착한 직후에는 약 일주일에 걸쳐서 직접 현장을 방문해 관찰하고, 동시에 아편 무역의 핵심 세력인 13공행公行 우두머리들과 면담하는 등 정확한 실태 파악에 주력했다. 이후 그는 부임 직후 아편 단속을 알리는 포고문에 자신이 명시한 대로 즉각적인 행동으로 나섰다. 즉, 영국 상인들이 보유한 아편은 물론이고 이들과 결탁한 공행들이 차와 교환해 보관

몰수한 아편을 폐기하는 임칙서

하고 있던 총 2만여 상자 분량의 아편을 몰수해 이를 공개적으로 폐기 처분하는 조치를 단행했다. 그의 의도와는 전혀 달리 아편전쟁에 불을 붙인 셈이었다.

이러한 중국의 강경 조치는 그동안 줄기차게 통상 확대를 갈망해 온 영국에게는 내심 호기好機로 작용했다. 영국 외상 파머스톤은 이참에 중국의 폐쇄적인 광둥무역체제를 타파한다는 점을 대의명분으로 내세우며 원정군의 중국 파병을 결정했다. 군대 동원과 이동에 필요한 특별 재정 지출 문제를 둘러싸고 한동안 영국 의회에서 전쟁론과 전쟁 반대론이 팽팽하게 맞섰으나, 1840년 4월 초 의회 표결에서 원정군 파견을 주장한 정부안이 가결됐다. 조지 엘리엇이 전권 총사령관으로 임명된 가운데 식민지 인도에서 차출한 병력을 주축으로 편성된 원정군 제1진이 1840년 6월 드디어 광둥 해역에 모습을 드러냈다. 이후 9월 초까지 계속해서 보강된 영국 원정군은 군함 16척, 수송선 27척, 동인도회사 소유의 무장 증기선 4척, 그리고 육군 병력 약 4,000명에 달하는 위용을 자랑했다.

이후의 전세는 영국 원정군의 일방적인 승리로 이어졌다. 무엇보다도 철갑선 네메시스호를 위시한 동인도회사의 무장 증기선이 가하는 포격에 여전히 범선 수준에 머물러 있던 청 해군은 속수무책으로 무너졌다. 광둥에 대한 해상봉쇄를 단행한 원정군은 7월 초에 주산도를 점령하고 계속 북상하여 한 달 뒤인 8월 초에는 황제의 도시 북경에 근접한 발해만에까지 이르렀다. 이에 깜짝 놀란 청조 정부는 임칙서를 파면하고 후임 흠차대신으로 기선이란 인물을 임명해 영국과의 교섭을 추진케 했다. 이후 홍콩섬의 할양을 둘러싼 회담이 결렬된 직후 전쟁이 재발했는데, 남부 제일 도시 남경南京마저 함락 위협을 받을 정도로 참패를 거듭한 청조는 영국이 제시한 요구사항을 그대로 수용할 수밖에 없었다. 중국은 전쟁의 패배를 인정하고 본격적으로 영국 측과 접촉했다.

1842년 여름에 한 달간 화평교섭이 이어졌다. 마침내 1842년 8월 29일, 남경 앞바다인 장강長江에 정박 중이던 영국 군함 콘윌리스호 선상에서 전체 13개 조항으로 작성된 남경조약이 체결됨으로써 공식적으로 아편전쟁은 막을 내렸다. 이로써 근대에 접어들어 동양세계를 대표한 중국과 서양세계를 대표한 영국이 본격적으로 맞붙은 대결에서 후자가 완승完勝을 거두었다. 남경조약에 따라 중국은 공행제도의 폐지와 5개 항구의 추가 개항, 홍콩섬 할양, 그리고 아편 피해금 600만 달러와 전비 1,200만 달러라는 거액의 배상금 지불 등 개전 초기에는 상상조차 못한 손실을 감수해야만 했다. 이러한 국가적 부담을 최종적으로 짊어져야만 했던 중국 농민들의 삶은 더욱 피폐해질 수밖에 없었다.

3막

앞에서 살펴본 전쟁은 발발의 주원인이 아편인지라 흔히 '아편전쟁'이라는 불편한 명칭으로 역사에 기록되어 있다. 물론 아편 문제는 전쟁 발발의 표면적인 원인에 불과할 뿐 근본적으로는 조공체제와 조약체제라는 서로 다른 체제와 이념 간의 대립이기에 '중영中英전쟁'이라고 불러야만 한다는 목소리도 있다. 이러한 주장도 일리는 있으나, 아직은 아편전쟁으로 명명해야 한다는 쪽으로 비중이 쏠려 있다.

전쟁의 명칭보다 근본적인 문제는 아편전쟁의 결과 그동안 중국이 대외교역에서 유지해 온 광동체제가 해체되고 서양 국가들과의 관계가 근대적인 조약체제로 개편됐다는 점이었다. 더구나 이러한 새로운 시스템의 문을 연 남경조약은 중국 측에 관세 자주권의 상실, 영사재판권의 인정, 최혜국 조항의 수용 등을 강제한 '불평등조약'이었다. 자국의 주권을 침해당한 남경조약을 기점으로 청조 중국은 불가피하게 영국을 중심으로 움직이고 있던 자본주의적 세계경제 질서 속으로 편입되기 시작했다. 아편전쟁을 중국 근대사는 물론 동아시아 근대사의 출발점으로 보는 이유도 여기에 있다.

이러한 아편전쟁 발발과 그 결과는 중국 주변에 있던 조선, 일본, 류큐 등에 영향을 미치면서 전통적으로 동아시아의 국제질서를 견인해온 조공체제를 흔들어 놓았다. 더욱 심각한 얘기는 이제 '아시아의 맹주' 중국의 허약함을 알아챈 서구 열강들이 경쟁적으로 동아시아로 몰려들었다는 사실이다. 과연 휘몰아치려는 격랑激浪의 어두운 그림자 속에서 다른 동아시아 국가들의 안위安危는 어떻게 될 것인가?

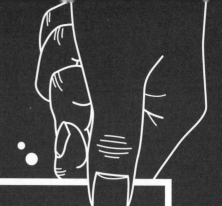

1862년 철혈정책 천명

비스마르크는 왜?
철鐵과 혈血에 의한 통일을
주장했을까?

20세기에 벌어진 두 차례의 세계대전에서 철저하게 패배했음에도 매번 오뚝이처럼 재기하는 투혼을 보여준 나라. 오늘날 4차 산업혁명 시대에 일명 '스마트 팩토리'를 앞세워서 여전히 강한 제조업 역량을 과시하고 있는 나라. 바로 독일을 일컫는 말이다. 1870년 국가통일을 완성한 이래 독일은 세계사에 유례가 없을 정도로 파란만장한 역사를 경험해 왔다. 유럽의 중앙부에 양질의 교육수준을 지닌 막대한 인구와 강력한 산업력을 겸비한 나라가 들어서면서 유럽의 기존 세력균형에 변화가 일어났고, 종국에는 제1차 세계대전으로 이어졌기 때문이다. 이러한 독일민족의 국가통일 과업을 이상에서 현실로 이끈 인물은 바로 1862년 프로이센 재상宰相으로 임명된 비스마르크Otto von Bismarck(1815~1898)와 그가 표방한 '철혈정책'이었다.

그렇다면 왜 독일은 유럽 내 다른 열강들에 비해 국가통일이 늦었을까? 이전의 통일 방식과는 달리 왜 비스마르크는 철혈정책을 내세웠을까? 이러한 정책으로 비스마르크는 어떻게 독일 통일을 달성했을까? 1870년 독일의 통일은 이후 유럽사 및 세계사에 어떠한 영향을 끼쳤을까?

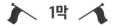

프랑스혁명 이후 나폴레옹 군대에 의해 유럽 각지로 전파된 자유와 평등, 그리고 우애의 이념은 19세기 전반기에는 자유주의의 모습으로 유럽 각지에서 혁명 운동을 촉발했다. 하지만 1848년에 유럽 각지에서 일어난 혁명이 별다른 성공을 거두지 못하면서, 19세기 후반기에는 형제애를 확장하는 방향으로 역사의 물줄기가 흘러갔다. 민족주의Nationalism로 알려진 혈통, 언어 등을 공유하는 '동질적 문화집단 의식'이 특히 남동유럽에서 거세게 분출되기 시작했다. 이곳은 역사적으로 외세의 지배나 간섭으로 인해 분열되어 있던 터인지라 민족의식이 고양되면서 통일국가를 수립하려는 열망이 뜨겁게 달아올랐다. 1870년에 가서야 통일을 달성하는 독일도 예외가 아니었다.

그렇다면 20세기에 두 번씩이나 세계대전을 주도할 정도로 강국이던 독일이 이토록 통일이 늦었던 이유는 무엇일까? 우선 프랑스, 오스트리아와 같은 주변 강국들의 지속적인 방해 공작과 로마 교황청의 종교적 간섭을 꼽을 수 있다. 이들은 유럽의 중앙부에 통일된 국가가 등장해 기존 세력균형에 변화가 초래되는 것을 우려했다. 그래서 30년 전쟁(1618~1648) 직후 체결된 베스트팔렌 조약(1648)으로 독일 지역을 신성로마제국이라는 느슨한 정치체 아래 융커Junker라 불린 토지 귀족들이 지배하는 300여 개의 군소 영방국가領邦國家로 분열시켜 놓았다. 이후 상호 반목과 대립, 그리고 구교와 신교 간에 종교적 분열과 경쟁까지 더해지면서 독일인들에게 통일은 상상조차 할 수 없는 난제가됐다.

하지만 이러한 불리한 환경 속에서도 19세기에 접어들면서 통일을 향한 기운이 움텄다. 아이러니하게도 1806년 나폴레옹 군대의 침략이 독일인들의 통일 의지에 불을 지폈다. 프로이센 군대의 패배는 독일인들의 민족의식을 자극했음은 물론이고 무엇보다도 프랑스군의 의도와는 달리 외형적으로 통일에 유리한 환경을 조성해 줬다. 독일 지역을 점령한 나폴레옹은 모자이크화처럼 복잡하게 엉켜있던 기존의 영방국가들을 모두 해체하고 이를 크게 4개의 정치단위(라인연방, 프로이센, 오스트리아, 작센)로 재편했던 것이다. 물론 이러한 조치는 독일 지역을 효과적으로 통치하려는 의도에서 실행된 것이었으나, 예기치 않게 독일인들의 결속을 다져주는 기회의 창을 열어주고 말았다.

나폴레옹 몰락 후 1815년 개최된 빈 회의에서 독일 지역은 신성로마제국을 대체한 독일연방이라는 정치체 아래 총 39개(35개의 군주국, 4개의 자유시)의 군소 정치 단위로 편성됐다. 프랑스혁명 이전의 상태로 되돌아간다는 '정통주의'를 내세운 빈 회의에서 과거 300여 개의 영방국가 체제로 돌려놓지 않은 것은 그나마 다행이었다. 더욱 고무적인 것은 독일의 지식인들을 중심으로 정치적 통일에 앞서서 경제적 통일을 꾀하려는 움직임이 일어났다. 리스트Friedrich List와 같은 민족주의 성향의 경제학자가 주창한 보호주의 정책을 적극적으로 수용한 프로이센을 주축으로 1834년 '관세동맹Zollverein'이 결성됐다. 이후 점차 확대되어 1840년대 동안 독일계 오스트리아를 제외한 영방국가들 대부분이 가담했다. 동맹에 가입한 회원국들 간에는 자유무역이 실시되고, 경계 밖 다른 국가들과의 교역 시에는 통일된 관세를 적용하는 등 단일경제권을 형성했다. 1830년대 후반 이래 가속화된 철도 부설은 관세동맹 국가들 사이의 교류를 더욱 촉진했다.

경제적 통일이 무르익은 상황에서 1848년 2월 프랑스에서 터진 혁명이 정치적 통일 운동을 촉발했다. 2월 혁명의 소식이 각지로 퍼지면서 3월에 오스트리아의 빈은 물론 특히 프로이센의 수도 베를린에서도 혁명적 사태가 벌어졌다. 시위대와 진압 군대 간에 충돌로 약 250명이 사망하는 유혈 사태가 발생하자 이에 충격을 받은 프로이센 국왕 빌헬름 4세는 입헌주의를 지향하는 혁명 세력의 요구를 수용할 수밖에 없었다. 그리하여 헌법 제정과 통일문제 논의를 위해 독일 각지에서 선출된 대표들이 1848년 5월 독일 중앙부의 프랑크푸르트Frankfurt에 모여 국민의회를 개최하기에 이르렀다. 이들 대부분은 법률가, 교수, 공무원 등 전문직 출신에다가 정치적으로도 온건한 자유주의자들이었다.

프랑크푸르트 중심가에 있는 성聖 바울교회에서 회의가 시작됐다. 먼저 헌법 제정 안건은 다소 수월하게 입헌군주정으로 의결됐다. 장기간 열띤 토론을 자아낸 핵심 의제는 새 국가에서 누가 독일인이 될 것인가 하는 통일 노선에 대한 것이었다. 다민족국가인 오스트리아를 포함한 통일국가의 건설을 내세운 오스트리아의 '대大독일주의'와 오스트리아를 제외하고 순수하게 게르만족만의 통일국가를 수립하자는 프로이센의 '소小독일주의'가 팽팽하게 맞섰다. 회의 초반만 하더라도 전통적으로 신성로마제국의 맹주였던 오스트리아의 제안이 별다른 어려움 없이 채택되리라 여겨졌다. 하지만 종국에는 예상을 뒤엎고 프로이센의 소독일주의가 통일 노선으로 채택됐다. 1830년대 중반 이래 관세동맹을 주도하면서 키워온 영향력이 프로이센 승리에 디딤돌로 작용했다.

하지만 감격의 환호성도 잠시뿐, 프랑크푸르트에 모인 자유주의자들은 깊은 회한을 맛봐야만 했다. 소독일주의 통일방안에 따라 1849년 4월 국민의회의 대표단이 프로이센 국왕 빌헬름 4세에게 새로운 통일 독일국가의 왕관을 바쳤는데, 이들의 기대와는 달리 빌헬름은 어렵사리 도출한 이 제안을 즉각 거절했기 때문이다. 그는 국민의회가 제안한 헌법이 너무 자유주의적이라 국왕의 권한을 크게 제한할 것으로 판단했다. 무엇보다도 빌헬름은 현실주의적 군주였다. 1849년에 접어들면서 혁명의 기운이 빠르게 가라앉은 상황을 간파한 국왕은 군주제의 전통적 지지기반인 토지 귀족계층의 손을 들어줬다. 일견 영국식의 의회주의를 꿈꾸었던 혁명의 중심인물들은 이제는 프로이센 군대의 체포를 피해 각지로 뿔뿔이 흩어져야만 했다. 이로써 국민의회를 통한 아래로부터의 통일국가 수립 시도는 실패하고 말았다.

그렇다면 이제 통일국가 수립은 물 건너간 얘기가 된 것일까? 아니다. 토론과 표결에 기초한 자유주의적 접근과는 전혀 다른 방식으로 통일을 추구하려는 인물이 나타났으니 그가 바로 비스마르크였다. 1862년 프로이센 재상으로 임명된 얼마 후 의회에서 행한 연설에서 그는 장차 국가통일은 다수결이 아니라 오직 '쇠'와 '피'를 통해서만 달성될 수 있다고 역설했다. 이른바 철혈鐵血정책의 천명이었다.

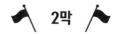

1860년대 이래 독일 통일 과업을 주도한 비스마르크Otto von Bismarck (1815~1898: 재상 재임 1862~1890)는 어떠한 인물이었을까? 비스마르크는 나폴레옹이 몰락한 해인 1815년에 동프로이센 브란덴부르크의 토지 귀족(융커Junker) 가문에서 태어났다. 베를린에서 김나지움을 마친 그는 1830년대에 괴팅겐 대학에서 법학을 전공했다. 재학 중 학업보다는 사교에 더 열중했던 비스마르크는 장차 법관이 되려는 목표로 수년 동안 베를린과 아헨 등지의 법정에서 실무를 익혔다. 하지만 규칙적이고 틀에 박힌 관료적 업무에 흥미를 못 느낀 그는 1840년대 초반 법관의 꿈을 포기하고 귀향해 가문의 영지를 관리하면서 느긋하게 일상을 보내고 있었다.

이처럼 시골의 전원생활에 젖어 있던 비스마르크 인생에 일대 전기가 찾아 왔다. 1847년 5월 그는 보수정당 당원이던 친구들의 도움으로 베를린에서 프로이센 지방의회 의원으로 선출됐다. 본격적으로 정치 활동에 나선 그는 자유주의자들이 주도하고 있던 프랑크푸르트 국민의회에 반대하면서 군주제 옹호자로서 빠르게 이름을 날리기 시작했다. 그는 철저

비스마르크

한 소독일주의자였으나 프로이센의 국왕이 프랑크푸르트 국민의회에서 결정한 대로 통일 독일의 왕관을 수락하는 문제에 대해선 단호하게 반대했다. 그는 어떠한 통일 정책도 프로이센의 힘과 독립을 제한해서는 안 된다고 생각했다.

보수적 성향이 분명한 소신 있는 정치 활동으로 명성을 쌓은 비스마르크는 1850년대에 접어들면서 본격적으로 외교관의 길로 나아갔다. 1851년 그는 프로이센 외교 직책 중 핵심인 프랑크푸르트 주재 연방의회 대사로 임명됐다. 이곳에서 그는 프로이센을 연방 내에서 오스트리아와 동등한 위상에 놓으려고 부단히 노력했다. 그러다 보니 전통적으로 프로이센을 한 수 아래로 여기고 있던 오스트리아 외교관들과 마찰을 빚기도 했다. 외교관으로서 능력을 발휘한 그는 1859년 봄에 프로이센 외교가의 최고 요직인 상트페테르부르크 주재 독일대사로 영전했다. 하지만 이곳에서의 생활도 잠깐, 계속해서 재상 후보로 거명되고 있던 상황에서 1862년 4월 파리 주재 프로이센 대사로 옮겨야만 했다.

그러다가 같은 해 9월 마침내 의회와의 불편한 관계로 곤경에 처해

있던 빌헬름 국왕에 의해 일종의 정치적 구원투수로서 재상직에 임명됐다. 당시 국왕은 의회 내 자유주의자들과 군사비 증액을 둘러싸고 기氣싸움을 벌이고 있었다. 국왕은 기존 예비군의 역할을 축소하고 그 대신 상비군 규모를 확대하고자 했다. 나아가 군사 문제는 의회의 통제권에서 벗어나 있는 분야임을 분명하게 못 박고자 했다. 이에 대해 의회 내 반대자들은 군대의 사병화私兵化 시도라고 비난하면서 강하게 반발했다. 이처럼 진퇴양난의 상황에 직면해 있던 빌헬름 국왕은 꽉 막힌 정국을 타개할 비장의 카드로 비스마르크를 재상의 자리에 앉힌 것이었다.

1862년 9월 빌헬름 4세(1871년 1월 통일 독일제국 선포 후에는 빌헬름 1세)에 의해 프로이센 정부의 최고책임자로 임명된 비스마르크는 의회의 반대에도 아랑곳없이 곧 강력한 부국강병책을 추진했다. 그의 노련한 외교술과 현실정치는 통일 준비과정에서 중요한 역할을 했다. 특히 군사력 증강에 필요한 군 예산의 대폭 증액을 의회에 요청했고, 의회가 이를 반대하자 향후 독일 통일은 낭만적 이상理想이 아니라 현실에 기초한 군사력 증강과 전쟁, 즉 '철鐵, Iron과 혈血, Blood'에 의해서만 가능하다고 외쳤다. 이때 '철'은 좁게는 대포나 함선과 같은 강철제 무기를, 넓게는 독일의 공업력 전체를 의미했다고 볼 수 있다. 의회 내에서 다수당을 점하고 있던 자유주의자들이 국방예산 증액에 반대하자 그는 아예 의회를 해산하는 강경책으로 대응했다. 의회와의 투쟁에서 승리한 비스마르크는 장교단을 대폭 증원하는 군제개혁 단행과 전략철도 부설이라는 인프라 확충 등을 통해 군사력 증강에 매진했다. 혹시 벌어질지도 모를 전쟁에서 동시에 두 개의 적대세력에 대응해야만 하는 상황을 회피하기 위해 외교 측면으로도 영악하게 대비했다. 사전 준비를 마친 비스마르크는 1860년대 중반 이후 본격적으로 통일의 길로 질주하기 시작했다.

이때도 그는 주변의 통일 저해 세력을 약소국부터 차례로 제압하는 치밀함을 보였다. 1864년 오스트리아와 연합으로 덴마크와 전쟁을 벌여서 유틀란트 반도의 슐레스비히와 홀스타인 지방을 빼앗아 이를 독차지해 버렸다. 이어서 배신감으로 바싹 독이 오른 오스트리아를 자극해 1866년 먼저 전쟁을 도발하도록 유도한 후 사전에 정교하게 편성한 군대를 이용해 단기간 내에 승리를 거뒀다. 이제 그는 최후의 통일 저해 세력이자 주적主敵인 프랑스를 제거하는 작업에 착수했다. 때마침 불거진 스페인 왕위 계승문제를 빌미로 프랑스인들의 자존심을 자극해 오스트리아의 경우처럼 이번에도 프랑스가 먼저 선전포고하도록 유도했다. 1870년 7월 중순 양국 간에 충돌이 벌어졌으나 성급하게 전쟁에 뛰어들었던 프랑스는 채 두 달도 버티지 못하고 무너지고 말았다. 1870년 9월 세당 전투에서 황제 나폴레옹 3세가 프로이센군에 사로잡힐 정도로 프랑스군은 참패를 당했다. 마침내 1871년 1월 18일 비스마르크의 주도로 프랑스 절대왕정의 상징인 베르사유 궁전 거울의 방에서 통일 독일제국 선포식이 거행됐다. 1862년 이래 '철'과 '혈'을 외치면서 그

베르사유 궁전에서 거행된 독일제국 선포식

가 일편단심 가슴속에 품어온 통일국가 수립의 염원이 현실화되는 순간이었다.

3막

이날의 선포식에서 오스트리아를 제외하고 아직껏 프로이센에 흡수되지 않았던 모든 영방국가들이 신생 독일제국 초대 황제로 등극한 빌헬름 1세(원래는 프로이센 국왕 빌헬름 4세)에게 충성을 서약했다. 이어서 5월에는 프랑스와 강화조약을 체결해 알자스-로렌 지방의 할양과 50억 프랑의 배상금을 받는 조건으로 전쟁을 마무리했다.

앞에서 살펴본 바처럼, 독일 통일은 전혀 예상치 못한 국가와 인물에 의해 달성됐다. 우선, 중앙 유럽의 전통적 강국이던 오스트리아가 아니라 북쪽 끝 척박한 땅에서 성장한 프로이센이 통일의 주인공이 됐다. 게다가 무엇보다도 이상은 높으나 현실적 힘은 부재했던 '낭만적' 자유주의자들이 아니라 공직생활 초기부터 국가통일의 열망을 품고서 이를 현실정치로 일관되게 추진해온 비스마르크라는 비전의 정치가가 통일을 주도했다. 그는 전통적으로 통일을 방해해 온 주변 열강들을 프로이센의 지지 세력으로 만드는 교묘한 외교술과 필요할 경우 전쟁도 불사하는 지극히 현실주의적 방식으로 그토록 지난至難했던 국가통일의 위업을 달성할 수 있었다.

독일 통일은 아래로부터 분출된 국민적 열망이 아니라 국가의 힘에 의한 위로부터의 성과라는 한계를 안고 있었다. 이러한 '국가 우위'의 전통이 이어져서 반세기 후에 제1차 세계대전이 발발하는 데 일조했다는 비판도 있다. 비스마르크 당대에도 자유주의자들은 그를 권위주의

자라고 비판했고, 적대국 외교관들은 그를 교활한 책략가라고 비난하며 두려워했다. 그에 대한 후세의 평가가 어떠하든 간에 사사로운 정치적 이해관계에 좌우되지 않고 국가의 백년대계를 위해 험로險路도 마다하지 않은 채 통일과업에 매진한 비스마르크는 위인偉人임에 분명하다. 그가 평범한 독일인들에게 화덕에서 벌겋게 달궈진 철을 망치로 두드리고 있는 신실한 마을 대장장이의 모습으로 꾸준히 기억되고 있다는 점이 이를 반증한다. 정치가 너무 분파적 이해관계에 사로잡혀서 국가의 장기長期 비전조차 희미하다 못해 사라지고 있는 답답한 오늘날, 은연중 비스마르크처럼 선이 굵은 정치가의 환생이 그리워짐은 나만의 공상空想일까?

1863년 노예해방 선언

링컨은 왜?
연방의 분열 위기에도
노예제도를 없애려고 했을까?

오늘날 국제정치의 흐름을 쥐락펴락하는 초강대국. 드넓고 풍요로운 땅에 터 잡은 세계 제일의 경제 대국. 1945년 광복 이래 우리나라의 역사와 불가분의 관계에 있는 나라. 이외에 어떠한 수식어를 동원해도 여전히 뭔가 부족함을 느끼게 만드는 나라. 바로 미국을 말한다. 영국의 식민지에서 1783년 신생 독립국으로 국제사회에 모습을 드러낸 미국이 그저 순탄하게 현재 위치에 오른 것은 아니었다. 독립 후 미국이 하나의 단합된 국가로 나아가는데 결정적 분기점은 바로 19세기 중엽에 벌어진 남북전쟁American Civil War(1861. 4~1865. 4)이었다. 1860년 대통령 선거에서 노예제 폐지를 내세운 공화당의 링컨Abraham Lincoln(1809~1865)이 당선되면서 수면 아래 잠복해 온 남북부 간의 갈등에 불이 붙은 것이었다. 이후 약 4년 동안 미국인들은 '동족상잔'의 참화를 겪은 다음에야 통합된 국가로 발전할 수 있었다.

그렇다면 전쟁이라는 대가를 치르면서까지 링컨은 왜 흑인 노예를 해방하려고 했을까? 남북전쟁 이전에 노예제를 둘러싸고 어떠한 일들이 벌어져 왔을까? 링컨은 도대체 어떠한 인물이기에 노예해방이라는 인류사에 기록될 만한 조치를 단행했을까? 이러한 노예해방 선언이 이후 미국사와 세계사에 미친 영향은 무엇일까?

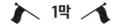

1861~1865년에 미 국민들은 남부와 북부로 나뉘어 '내전' 성격의 치열한 전쟁을 벌였다. 그 결과 엄청난 인적 및 물적 손실을 감내해야만 했다. 이처럼 미국인들이 무력충돌을 벌이게 된 직접적 이유는 노예제도를 둘러싼 노선 차이 때문이었다. 프랑스혁명 이래 세계로 확산된 자유와 평등의 이념에 의하면, 노예제도는 폐지되어야 마땅한데 왜 이것이 문제가 됐을까? 특히 남부인들은 왜 그리스도교의 교리에도 어긋나는 노예제에 그토록 집착했을까?

첨예한 대립각을 세웠던 미국 남북전쟁

노예제 폐지를 지지한 링컨의 대통령 당선이 남북전쟁의 빌미가 된 것은 분명하다. 하지만 그 갈등의 뿌리는 이보다 훨씬 더 깊다. 영국과 벌인 독립전쟁에서 승리, 1783년 파리조약으로 국제적으로 독립을 인정받은 미국인들은 본격적으로 신생국가의 기초를 다지는 과업에 착수했다. 1789년 독립전쟁의 영웅 조지 워싱턴을 필두로 존 아담스(제2대),

토머스 제퍼슨(제3대) 등이 대통령으로 재임하면서 정치적 안정과 국가 기초를 다졌다. 평화적 정권 교체를 통해 19세기 초반 양당 정치체제를 구축했으나 독립 이전부터 배태되어 온 지역별 특성상 차이를 메꾸지는 못했다. 합중국의 정치 엘리트들은 상공업 위주의 동북부 지역 주州들을 중심으로 중앙정부의 권한 강화를 추구한 연방주의 진영과 농업 위주의 남부 지역 주들을 중심으로 주州별 주권의 강화를 강조한 분리주의 진영으로 갈라졌기 때문이다.

국가 탄생 초기에 이러한 차이는 심각한 문제로 인식되지는 않았다. 오히려 국가발전에 활력을 불어넣는 장점으로 받아들여지기도 했다. 하지만 19세기에 접어들면서 가속화된 서부로의 영토 팽창은 지역별 차이점을 점차 심화시켰다. 독립을 달성한 18세기 말경 간신히 애팔래치아 산맥을 넘어섰던 영토는 19세기 전반기에는 미시시피강까지 그리고 남북전쟁 즈음에는 대평원 지대와 로키산맥을 넘어 태평양 연안까지 도달했다.

물론 이러한 빠른 팽창이 아무런 대가 없이 달성된 것은 아니었다. 잘 알다시피 유럽인들이 도착했을 때 북아메리카 대륙은 무주공산無主空山이 아니었다. 이미 오래전부터 인디언들이 대륙 전역에 걸쳐서 다양한 부족으로 나뉘어 수렵 생활을 하고 있었다. 미국의 영토 확장과 더불어 이들은 조상 대대로 생활해 온 삶의 터전을 잃고 '인디언 보호구역'이라 불린 척박한 땅으로 내몰리고 말았다. 우월한 과학기술력에 힘입어 손쉽게 광대한 영토를 차지한 백인들은 아마도 승리의 환호성을 질렀으리라.

하지만 세상사에 '공짜'는 없는 법인지 서부로의 영토 팽창과 더불어 그동안 잠복해 있던 골칫거리가 서서히 정체를 드러냈다. 바로 흑인 노예제 문제였다. 사실상 이는 건국 초기부터 미국 사회가 태생적으로 짊어지고 온 아킬레스건이었다. 건국 이후 남부와 북부는 서로 이질적인 경제체제를 지향해 왔다. 자유노동 중심의 공업사회를 지향한 북부와는 달리 남부는 면화 재배를 주축으로 한 농업사회를 형성해 왔다. 독립전쟁 이전 담배 재배에 전념해온 남부인들은 독립 후 영국 정부의 보조금 폐지를 비롯한 불리한 여건이 이어지자 담배 대신 면화 재배로 방향을 바꾸었다. 특히 18세기 말 이래 영국 면방직업의 빠른 발전으로 면화 수요가 급증하면서 미국 남부의 면화 농업은 엄청난 호황을 누렸다.

그런데 문제는 면화 재배에 많은 노동력이 필요했다는 점이다. 이윤을 창출하기 위해서 농장주는 가능한 한 저렴한 노동력을 확보해야만 했다. 인류사 초기부터 내려온 가장 값싼 노동력은 바로 노예노동이 아니었던가. 당연히 식민지 시대 이래로 미국 남부에는 아프리카에서 잡혀 온 흑인 노예들이 노동력의 주축을 이뤘다. 19세기에 접어들어 남부에서 자본주의적 농업경영이 유행하면서 농장의 규모가 점차 커졌고, 이와 더불어 흑인 노예의 수도 빠르게 늘어났다. 점차 남부에서는 흑인 노예가 없이는 면화 농장 경영이 거의 불가능하게 됐다.

이러한 지역별 경제 구조상의 차이를 상호 인정하는 한 남부와 북부는 공존해 갈 수 있었다. 그런데 서부로 영토가 확장되고 그에 따라 새로운 주州가 신설되면서 노예 문제가, 단순히 인간의 기본인권 침해라는 차원을 넘어서서, 남북부 간의 대립을 표면화하는 정치적 문제로 부상했다. 1820년 미주리의 주州 성립 문제가 첫 시험대였다. 1817년경 주 성립 요건을 갖출 정도로 인구가 늘어나자 이주민 대다수가 남부 출신이던 미주리는 노예제도를 인정하는 주州로 연방에 가입하고자 했다. 문제는 이를 허락할 경우, 당시까지 연방 내에서 백중세를 유지하고 있던 자유주自由州와 노예주奴隸州 간에 정치적 균형이 깨질 수 있었다. 이를 눈치챈 북동부와 북서부의 자유주들은 미주리의 노예주 성립을 반대했다. 이러한 상황에서 도출된 해결책이 바로 1820년 '미주리 타협Missouri Compromise'(미주리를 노예주로 하는 대신 동부에 메인주를 신설해 양측의 수를 같게 유지하고, 이후로 위도 36.30도를 기준으로 그 이남은 노예주로 이북은 자유주로 정한다는 합의)이었다.

하지만 이는 미봉책에 불과했다. 지속적인 서부로의 팽창으로 신설 주로 연방에 편입하려는 지역들이 늘어나면서 노예 문제가 계속해 불거졌기 때문이다. 1850년대 중반에 캔자스-네브래스카 법이 제정되면서 노예 문제가 재차 남북부 간 갈등을 고조시켰다. 이 법은 미주리주 및 아이오와주의 서쪽에서 로키산맥에 이르는 광대한 초원지대를 남북으로 양분해 남쪽에 캔자스, 북쪽에 네브래스카를 조직하고 이 지역에서 노예제도의 인정 여부는 주민의 의사에 따라 결정한다는 내용을 골자로 하고 있었다. 그런데 문제는 이 법의 제정으로 '미주리 타협'이 무효가 되면서 자유주로 인정된 지역에까지 노예제도가 들어설 가능성이 생겼다는 점이다. 이후 이 법의 이상과 현실 간의 괴리가 표면화되면서 노예제 지지자와 반대자 사이에 갈등은 심화됐다.

급기야 1856년 5월 캔자스에서 양 진영 간에 유혈 충돌사태가 벌어졌다. 심지어는 연방의회에서의 물리적 충돌로 의원 1명이 빈사 상태에 빠지는 불상사까지 터졌다. 1860년대에 접어들면서 남북부는 인내의 한계에 도달했다. 1860년 노예제도 폐지를 주창한 링컨이 대통령에 당선되면서 양측은 서로 돌아올 수 없는 강을 건너고 말았다. 1861년 4월 섬터 요새에 울려 퍼진 남군의 포성砲聲을 시발로 미 국민은 4년간에 걸친 전쟁 속으로 빨려 들어갔다.

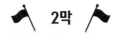

2막

　노예제 문제는 자유, 평등, 그리고 우애를 외친 프랑스혁명의 영향으로 19세기에 접어들면서 유럽은 물론 아메리카 대륙에서도 사회개혁가들의 주된 관심사로 떠올랐다. 피부색이 다르다는 이유로 같은 인간을 비참한 상태로 예속시킨 채 노동을 강제하는 제도는 자연법 및 인간의 천부적 자유에 어긋나는 행위였기 때문이다. 먼저 영국에서 박애주의 인사들을 중심으로 노예무역 폐지 운동이 일어났다. 이를 선도한 인물은 복음주의 정치가였던 윌버포스William Wilberforce였다. 노예제와 연결된 경제적 이해타산이란 장벽을 넘어서 노예제 폐지 운동 초기에 추동력을 제공한 것은 종교계의 목소리였다. 18세기 말과 19세기 초반에 영국과 특히 미국에서 거세게 일어난 종교부흥 운동의 물결은 변화의 중요한 활력소가 됐다. 예컨대, 과거 노예무역 상인에서 개신교 목사로 전향한 존 뉴턴이 작사한 찬송가 '주 은혜 놀라워라Amaging Grace'는 노예제의 부당성에 대한 서구 기독교인들의 양심을 흔들어 놓았다.

　세계적인 추세에 맞추어 점차 미국 내에서도 노예제 반대 운동이 가시화됐다. 먼저 백인으로서 이 운동에 뛰어든 인물로 개리슨William Lloyd Garrison을 꼽을 수 있다. 그는 1831년 보스턴에서 『해방자』란 잡지를 창간, 노예제의 해악을 폭로하면서 즉각적인 무상無償해방을 외쳤다. 얼마 후 흑인 중에서도 노예제 폐지 운동가가 나타났으니 그는 바로 도망 노예 출신 더글러스Frederick Douglas였다. 그는 1830년대 말경 뉴욕에서 『북극성』을 발행하여 흑인 노예의 정치적 자유는 물론 사회경제적 평등까지 아우르는 전폭적인 해방을 주창했다. 반反노예제 운동가들 사이에서도 노예해방의 범위를 놓고서 다양한 스펙트럼이 존재했으나, 이들의 열띤 활동 덕분에 1840년경 북부의 경우 24개 지방단체에 회원 수 20만 명을 넘어설 정도로 성장했다. 이들의 헌신을 통해 노예제가 연방 차원에서 정치 이슈화되고 북부인들의 도덕적 각성을 유발했음은 분명하다. 그렇다고 하더라도 1860년 선거에서 대통령으로 당선된 링컨의 결단이 없었다면, 흑인 노예해방은 상당한 기간을 더 기다려야만 했을 것이다.

그렇다면 링컨은 어떠한 인물이었기에 노예해방이라는 인류사적 결심을 할 수 있었을까? 미국인들이 가장 존경하는 대통령으로 손꼽히는 링컨은 1809년 켄터키 시골에서 가난한 농부의 아들로 태어났다. 어려서 모친마저 여의 정도로 그는 유년기에 수많은 고난을 겪었다. 이후 부친을 따라 여러 곳을 전전한 끝에 21살이던 1830년 장차 자신의 정치적 고향이 될 일리노이주의 스프링필드에 정착했다. 이곳에서 링컨은 사업 실패 등 우여곡절을 겪다가 변호사로 개업해 특유의 정직성과 성실성으로 명성을 얻기 시작했다.

드디어 25세이던 1834년 일리노이주 의회 의원으로 당선되면서 정계政界에 발을 들였다. 그는 유년기에 정식 학교교육을 거의 받지 못했으나, 다양한 인생 경험과 부단한 독서를 통해 자신의 지성과 언변을 키워 왔다. 특히 성서와 셰익스피어의 작품은 평생 링컨의 마음과 정신을 풍요롭게 만들어 준 지적 양식이었다. 그는 정치 활동 중 메시지가 필요할 때마다 앞의 두 책에서 관련된 문장을 자유자재

에이브러햄 링컨

로 선별해 인용할 정도로 반복해 숙독했다.

1834~1842년까지 일리노이주 의회 의원으로 활동한 링컨이 주로 관심을 기울인 사안은 노예제 폐지와 금주禁酒 운동이었다. 신실한 신앙인이던 링컨은 노예제도가 죄악임을 확신했으나, 이를 정치보다는 사상의 문제로 바라봤다. 만일 사람들이 노예제의 죄악성을 보편적으로 인식하게 된다면, 과격한 방법이 아닐지라도 노예제 폐지는 자연스럽게 법제화될 수 있으리라고 생각했다. 이러한 면에서 링컨은 온건한 노예제 폐지론자였다. 이후 1847년 연방 하원의원으로 당선된 덕분에 그는 잠시나마 워싱턴에서 중앙정계를 경험하면서 시골뜨기 정치인의 한계를 극복할 수 있었다.

마침내 1858년 정치가로서 링컨의 인지도를 한껏 높여주는 기회가 찾아왔다. 그해에 일리노이주 연방 상원의원 보궐선거에 공화당 후보로 출마한 링컨은 민주당 유력 정치가였던 스티븐 더글러스와 치열한 선거 유세전을 펼치면서, 선거에서는 패배했으나 정치가로서의 역량에서 전국적인 명성을 얻을 수 있었다. 노예제와 관련해 링컨은 현재 존재하고 있는 주州에서는 주의 자치권이기에 허용할 수 있으나, 그 경계를 벗어난 다른 지역에서는 미국의 건국이념이자 헌법에 명시된 인간 평등의 이념과 어긋나기에 허용할 수 없다는 점을 분명히 밝혔다.

노예제도 찬반을 둘러싸고 전국 곳곳에서 충돌이 벌어지는 뒤숭숭한 분위기 속에서 1860년 대통령 선거전이 시작됐다. 이때 민주당에서 더글러스를 대통령 후보로 지명하면서 2년 전 그와 진검승부를 펼친 바 있던 링컨이 공화당의 대통령 후보로 선출됐다. 자칫하면 연방이 분열될지도 모를 상황에서 진행된 선거에서 링컨이 더글러스를 누르고 제16대 대통령으로 당선됐다. 노예제 폐지를 표방한 링컨의 당선은 아니나 다를까 연방의 실제적 분열로 이어졌다. 사우스캐롤라이나주의 즉각적인 연방 탈퇴 선언을 필두로 텍사스를 비롯한 남부의 6개 주가 그 뒤를 따랐다. 이들 7개 주 대표들은 1861년 2월 4일 앨라배마주 몽고메리에 모여 남부연합을 결성하고, 미시시피주 출신의 제퍼슨 데이비스를 대통령으로 선출했다.

마침내 그해 4월 남부연합 군대가 연방군 주둔지인 섬터 요새를 공격하면서 남북전쟁에 불이 붙었다. 독립전쟁 후 거의 1세기 동안이나 합중국의 울타리에 있던 남부와 북부는 누적된 증오심을 일거에 해소하려는 듯 전쟁의 소용돌이 속으로 빠져들었다. 전쟁 발발 후 2년 동안 양측은 일진일퇴의 공방전을 거듭했다. 인구나 산업생산 면에서 북부의 전력이 월등했으나, 남부는 총사령관 로버트 리 장군을 비롯한 우수한 장교단과 남부의 고유 전통을 고수하려는 충성심으로 뭉친 병사들을 거느리고 있었다. 전쟁이 길어지면서 전세는 물자동원 능력에서 우세를 점한 북군 쪽으로 차츰 기울어졌다. 유럽을 비롯한 국제사회의 여론도 북부에 호의적으로 바뀌었다. 이러한 반전反轉 분위기 형성에 결정적으로 공헌한 사건이 바로 1863년 1월 1일부로 링컨이 단행한 흑인 노예해방 조치였다. 초기 예상과는 달리 선전善戰하던 남군은 노예해방령 선포로 도덕적 정당성까지 선점한 북군의 공세에 밀려서 결국 항복(1865. 4)하고 말았다.

3막

약 4년간 이어진 남북전쟁은 제1차 세계대전 이전에 서구 세계에서 벌어진 가장 파괴적인 전쟁이었다. 이 충돌로 미국은 약 62만 명의 장병을 잃었다. 물론 노예제도가 전쟁 발발의 직접적 요인임에는 분명하나 엄밀히 말해 남북전쟁은 미국에서 노예제를 종식시킬 목적으로 시작된 것은 아니었다. 링컨은 일관되게 노예제를 반대했으나, 농시에 이미 노예제도가 시행되고 있는 주에서는 이를 폐지할 의사가 없음을 분명히 했다. 그가 지향한 가장 중요한 목표는 연방의 통합 유지였지 흑인 노예 구출이나 노예제 폐지가 아니었다. 그는 심지어 20세기까지 노예제가 유지되더라도 결국에는 자연 소멸될 것으로 믿었다. 승전의 영웅으로서 1864년 11월 선거에서 재선된 링컨은 불운하게도 전쟁 종결 6일 뒤인 4월 14일 워싱턴의 포드 극장에서 연극 관람 중 암살되고 말았다.

북부가 전쟁에서 승리하면서 연방 유지는 물론 노예제도 폐지됐다. 어느 면에서는 두 가지 근원적 두통거리를 일거에 해결한 셈이었다. 남북전쟁 후 약 400만 명에 달하는 남부의 흑인 노예들이 연방 수정헌법 제13조와 제14조에 의거 자유인이자 미국 시민이 됐다. 이들이 시민에게 합당한 실질적 혜택을 누리기에는 이후 1세기를 더 기다려야만 했으나, 넓은 측면에서 남북전쟁은 미국을 유익한 방향으로 변화시킨 것은 분명했다. 전쟁을 통해 미국은 노예 문제를 해결하고 진정한 합중국으로 거듭나서 세계적 강국으로 비상할 수 있었다. 풍부한 인적 및 물적 자원을 토대로 전후 빠르게 경제성장을 이룩한 덕분에 20세기 초입에 미국은 유럽 열강들을 제치고 세계 1위의 공업국으로 올라설 수 있었다.

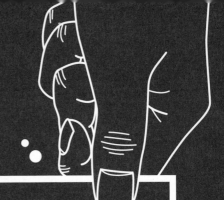

1890년 세계정책 표방

빌헬름 2세는 왜?
러시아와 맺은 재보장조약을
일방적으로 파기했을까?

지금부터 거의 1세기 전인 1914년 8월 초에 유럽 열강들은 삼국동맹Triple Alliance과 삼국협상Triple Entente이라는 두 블록으로 나뉘어 인류 역사상 가장 처절한 대결이랄 수 있는 제1차 세계대전the First World War에 돌입했다. 그러면 어떻게 해서 이처럼 두 개의 적대적인 외교 블록이 탄생한 것일까? 바로 그 근원에 1890년 독일 외교 주역의 교체 및 외교정책의 변화가 자리하고 있다. 이 해에 1870년 국가통일 이래 국내외 국정國政을 주도해 온 비스마르크가 일선에서 퇴장하고 그 자리에 갓 황제로 등극한 젊은 빌헬름 2세Wilhelm II (1859~1941; 재위 1888. 6~1918. 11)가 들어섰다. 프랑스의 고립화를 통한 유럽 내 현상 유지를 외교정책 목표로 추구한 비스마르크와는 달리 신임 황제는 독일의 적극적 해외 진출을 도모하는 이른바 '세계정책Weltpolitik'을 표방했다. 그로 인해 유럽 열강 간 외교 관계에 지각변동이 일어나기 시작한 것이었다.

그렇다면 왜 빌헬름 2세는 '세계정책'으로 선회했을까? '세계정책'의 핵심적인 내용은 무엇일까? 그리고 이는 당시 유럽 및 세계사에 어떠한 영향을 가져왔을까?

🚩 1막 🚩

1871년 1월 베르사유 궁전에서 비스마르크Otto von Bismarck 주관 아래 독일제국 수립 선포식이 거행됐다. 이는 몇 달 전에 벌어진 프랑스와의 전쟁에서 프로이센이 완승했기에 가능한 일이었다. 역으로 이러한 독일의 행위는 프랑스인들의 가슴 속에 극심한 굴욕감과 함께 끓어오르는 복수심을 심어 줬다. 그도 그럴 것이 불과 60여 년 전만 하더라도 자국의 군사 영웅 나폴레옹에게 두 손을 들었던 독일인들에게 연거푸 치욕을 당했으니 말이다. 이러한 프랑스인들의 속내를 그 누구보다도 잘 알고 있던 사람은 바로 냉혹한 현실주의자인 비스마르크였다. 따라서 통일 과업 완수 후 그의 주 관심은 어떻게 하면 프랑스가 복수심을 행동으로 옮기지 못하도록 견제할 것인가로 향해 있었다.

통일 후 국내 통합을 위해 유럽의 평화가 절실했던 신흥 독일제국의 재상 비스마르크는 '프랑스의 국제적 고립화'를 외교정책의 근간으로 정하고 이를 강력하게 추진했다. 장차 유럽의 평화 상태를 위협할 가능성이 가장 농후한 대상으로 프랑스를 점찍었기 때문이다. 곧 비스마르크는 특유의 외교적 수완을 발휘하여 독일을 중심으로 하는 세밀한 외교망網을 구축하려고 조심스럽게 움직이기 시작했다. 맨 처음 시도한 독일, 오스트리아, 러시아 간의 삼제三帝동맹이 러터 전쟁(1877~1878)과 이의 뒤처리를 위해 모인 베를린 회담(1878) 등 일련의 사태에서 균열의 조짐을 보이자 이를 포기하고, 그 대신 1879년 10월 게르만족 형제국가인 오스트리아와 동맹을 체결했다. 여기에 북아프리카 진출 좌절로 프랑스와 적대관계로 돌아선 이탈리아를 끌어들여서 1882년에 독일, 오스트리아, 이탈리아로 구성된 삼국동맹이라는 외교망을 완성했다. 이 정도로도 안심하지 못한 비스마르크는 1887년 러시아와 비밀리에 재보장조약을 체결했다. 이 시기에 영국은 유럽대륙 문제에 직접 개입하지 않는 이른바 '명예로운 고립'의 외교정책을 고수하고 있었기에, 이제 프랑스는 유럽 내에서 외교적으로 고립된 형세가 됐다. 여전히 언제 어떻게 깨질지 장담할 수 없다는 우려도 있었으나, 어쨌든 외형상 비스마르크가 독일 통일 초반에 내세웠던 외교정책이 드디어 결실을 본 것이었다.

비스마르크가 구축한 정교한 외교망의 그늘에서 유럽은 평화 상태를 유지했고, 이 기간에 독일은 경제적으로 상당한 발전을 이뤘다. 1870년경부터 본격화된 제2차 산업혁명이라는 질주하는 말 등에 올라탄 것이었다. 사실상 1840년대부터 관세동맹의 영향 아래 시작된 독일의 산업화는 대부분의 후발산업국이 그렇듯이 처음에는 선도국가 영국의 기술과 제품을 모방하면서 출발했다. 조악한 짝퉁 물품을 생산하던 독일의 제조업자들은 1850년대에 접어들면서 정부의 강력한 보호무역 정책을 등에 업고 그동안 영국에서 수입하던 기계류나 증기기관차와 같은 철제 제품들을 독일산으로 대체하는 저력을 보였다.

독일경제의 진정한 도약 시기는 1870년대였다. 통일을 달성한 독일제국의 전폭적인 지원 아래 강철, 화학, 전기와 같은 첨단 중화학공업 분야에서 빠른 진전을 이루면서 마침내 영국을 앞서는 품질의 제품을 생산할 수 있었다. 이 여세를 몰아서 독일은 1880년에 세계 공산품 교역의 약 20%를 점유할 수 있었다. 더구나 주력 수출 상품들도 석유화학이나 강철 등 주로 2차 산업혁명에 어울리는 첨단 물품들이었다.

이러한 독일제국의 빠른 산업화는 국내 정치 지형에도 변화를 가져다줬다. 공장에서 일하는 노동자 계급은 물론이고 무엇보다도 교양과 재산을 갖춘 기업가 계층이 점차 형성되면서 정치사회적으로 자신들의 목소리를 표출하기 시작한 것이었다. 이러한 변화는 프로이센의 전통적 토지 지주층(융커) 출신인 비스마르크에게 새로운 정치적 도전이었다. 그동안 그는 지배계급인 융커 계층의 농업적 이익을 대변해 왔으나, 이제 독일제국 재상에 임명된 터인지라 대두하는 새로운 계층의 요구에도 귀를 기울여야만 했다. 더구나 1880년대에 접어들면서 1870년대 초반 시작된 유럽의 전반적인 경제불황 상태가 약간 호전되기는 했으나 여전히 희망적인 상황은 아니었다.

그러다 보니 특히 산업자본가 계층은 생산품을 안전하게 판매할 수 있는 보호된 해외시장의 확보를 통해 경제불황에서 탈피해보고자 했다. 식민지 획득을 통한 수출 증대와 경제 활성화를 모색한 것이었다. 이들의 움직임은 점차 조직화를 거쳐서 가시화되기 시작했다. 식민협회(1882)나 독일 식민협회(1884) 등과 같은 단체들이 출현하여 정부에 대해 적극적인 해외팽창 정책을 촉구했다. 이들은 곧 제국의회 내에서도 국민자유당과 같은 지지세력을 확보할 수 있었다.

비스마르크로서는 이러한 여론의 흐름을 언제까지나 무작정 외면할 수 없었다. 원래 그는 정부가 주도하는 식민정책에 별다른 관심이 없었다. 그도 그럴 것이 그가 대외적으로 추구한 것은 유럽 내 기존 세력 균형의 유지였기에 당대의 시대적 조류였던 제국주의 진출에는 소극적인 태도를 보인 것이었다. 물론 의회와 여론의 압력에 밀려서 비스마르크도 1880년대 중반 정부 주도의 식민정책을 취한 바가 있다. 하지만 이것도 잠시뿐이고 근본적으로 비스마르크의 눈은 여전히 유럽세계에 머물렀다. 심지어는 1889년에는 외무성 내에서 식민지 담당부서를 해체하는 조치까지 취한 바 있었다. 이러한 그의 소극적 태도는 독일의 적극적 해외 진출을 바란 국내의 국수적 여론단체나 정치 집단들에게 실망감을 안겨줬다.

이러한 상황에서 이들의 외침에 적극적으로 호응하면서 비스마르크의 강력한 대항마로 등장한 인물은 바로 1888년 29살의 나이로 제위에 오른 신임 황제 빌헬름 2세였다. 즉위 후 얼마 지나지 않아서 내외정책을 둘러싸고 신임 황제와 비스마르크는 빈번하게 의견 충돌을 일으켰다. 점차 알력의 골이 깊어지면서 마침내 1890년 통일 후 독일제국의 정치와 외교를 주도해 온 '제국의 영원한 조타수' 비스마르크가 사임하기에 이르렀다. 이제 독일의 외교정책을 주관하게 된 빌헬름 2세는 그동안 비스마르크가 견지해온 유럽 내 현상 유지라는 수세적 외교정책이 아니라 이제는 독일도 적극적으로 해외로 진출해 세계강대국으로 도약할 시점에 이르렀음을 상징하는 이른바 '세계정책'을 내세웠다.

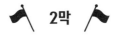

2막

1888년 6월 황제로 즉위한 지 불과 99일 만에 부친 프리드리히 3세가 사망하는 바람에 졸지에 독일제국 제3대 황제 자리에 오른 빌헬름 2세Wilhelm II(재위 1888~1918)는 어떠한 인물일까? 빌헬름 1세의 손자이자 영국 빅토리아 여왕의 외손자(모친이 빅토리아 여왕의 장녀)로 태어난 빌헬름 2세는 유년 시절부터 군 생활을 직접 경험한 때문인지 권위적인 성격에 강인한 인상을 풍기려고 호기浩氣를 부리는 성향이 강했다. 한 예로 당시 귀족층은 물론 일반인들에게까지 유행한 일명 '카이저 수염'의 주인공이 바로 빌헬름 2세였다. 군주제의 절대성과 왕권신수설을 신봉하고 평생 군복 착용을 즐겼던 황제는 특히 해군력 증강에 힘썼다. 이는 그가 "해군력 없이는 어떠한 국가도 세계국가로 부상할 수 없다"는 점을 설파한 미국 해군사가 알프레드 머핸의 『역사에 미친 해양력의 영향』(1890)을 탐독한 면에서도 그의 집념을 엿볼 수 있다.

본격적으로 세계정책을 추진하기 이전에 빌헬름 2세는 그동안 비스마르크가 지향해온 독일 외교 노선의 변화를 도모했다. 이 중 향후 유럽 열강 간의 세력균형 변화와 관련해 가장 주목할 만한 것은 1890년 러시아와의 재보장조약 갱신 거부였다. 이는 프랑스가 러시아와 손잡는 것을 방지할 목적으로 1887년 비스마르크가 비밀리에 러시아와 단독으로 체결한 조약이었다. 이는 3년 기간

빌헬름 2세

이었으나 이후 양국 간 합의를 통해 연장이 가능한 조약이었다. 따라서 1890년이 조약 연장 시점인데 러시아 측의 연장 요구를 독일이 단칼에 거부해 버린 것이었다. 당연히 러시아의 지배층은 굴욕감에 휩싸였다. 곧 바로 다른 방도를 모색하기 시작했는데, 이러한 미묘한 움직임을 그동안 외교적으로 고립되어 절치부심하고 있던 프랑스가 놓칠 리가 없었다. 1894년 양국은 독일을 염두에 두고 동맹 관계를 맺기에 이르렀다. 거의 한 세대 동안 외교의 귀재 비스마르크가 어렵사리 구축해 놓은 외교망에 심각한 균열이 생기기 시작한 것이었다.

그렇다면 왜 빌헬름 2세는 재보장조약을 파기했을까? 우선 외교적인 측면에서 비스마르크의 후임자들은 독일이 재보장조약을 파기하더라도 러시아와 프랑스는 서로 손잡을 수 없으리라고 판단했다(물론 이것이 대실수임이 곧 드러나기는 하지만). 당시 러시아는 대표적인 전제정 국가였던 데 비해 프랑스는 공화국이었다. 게다가 현실적으로 양국은 공통

적인 이해관계를 거의 갖고 있지 않다고 생각했다. 예컨대, 러시아 국익에 핵심 지역은 다르다넬스 해협과 동아시아 지역이었는데 당시 프랑스는 해협 문제에 대해서는 러시아와 정반대 입장이었고, 동아시아에는 내세울 만한 이해관계가 없었다. 당시 프랑스 입장에서 가장 중요한 사안은 알자스-로렌의 회복이었는데, 이를 위해 러시아가 프랑스와 동맹을 체결한다는 것은 상상조차 어렵다고 결론을 내렸다.

물론 1890년 독일이 러시아와의 동맹 관계를 청산한 이면에는 외교적인 요인에 더해 경제적인 측면도 무시할 수 없었다. 크림전쟁에서 참패해 불패 신화가 깨진 러시아는 이후 본격적으로 군 근대화 작업을 시도했다. 그런데 이때 필요한 재원의 대부분은 독일에 대한 곡물 수출로 충당됐다. 그런데 값싼 러시아 곡물의 대량 수입은 독일의 경우 전통적인 토지 지주층의 불만을 자아내는 일이기도 했다. 그런데 보니 국내에서 농업 세력의 압력을 받은 독일 정부는 1880년대에 무려 세 번이나 수입 농산물 관세를 인상한 바 있었다. 물론 다른 측면에서 이는 독일산 공업제품에 대한 러시아의 고율 관세장벽에 대한 대응 조치이기도 했다. 이러한 양국 간 갈등에도 불구하고 비스마르크는 러시아를 잘 달래면서 그런대로 우호 관계를 유지해 왔다. 그런데 1890년 비스마르크의 사임과 더불어 그동안 누적된 문제들이 표면화되면서 러시아와의 조약 파기에 일조했던 것이다.

비스마르크 후임으로 빌헬름 황제의 의도를 받들어 독일의 외교정책을 주도한 인물은 외무성 추밀자문관 홀슈타인과 외무상 뷜로였다. 특히 후자는 1897년 12월 초 제국의회에서 "독일은 양지陽地의 한 자리를 요구한다"는 요지의 연설을 통해 빌헬름 2세의 '세계정책'을 공식적으로 천명했다. 한마디로, 이는 독일도 영국이나 프랑스 같은 다른 강대국과 어깨를 나란히 하면서 세계 분할에 참여할 권리와 의지를 갖고 있음을 공표한 것이었다.

　이러한 독일의 적극적 해외 진출정책은 불가피하게 해군력의 증강을 요구했다. 당시 세계의 노른자위 지역 대부분을 영국과 프랑스가 선점하고 있었기에 이들의 지배 영역을 뚫고 들어가기 위해서는 강력한 해군력의 구비가 필수였다. 원래 육군국가인 독일이 해군력까지 갖추기 위해서는 무엇보다도 전통적인 해군국가인 영국의 견제를 피해야만 했다. 이러한 상황에서 연안 경비 수준에 머물고 있던 독일의 해군력을 세계적 수준으로 끌어올리는 난제의 해결사로 등용된 인물은 바로 해군장관 티르피츠Alfred von Tirpitz(1849~1930)였다. 황제로부터 해군력 증강의 임무를 부여받은 티르피츠는 1865년 소년 사관생도로 해군에 입대해 장교가 된 후 생애 전체를 해군과 함께 살아온 인물이었다. 1897년 해군장관으로 발탁된 그는 이후 거의 20년간(1897~1916) 동일 직책에 있으면서 독일 해군을 세계적 수준으로 끌어올리는 과업에 매진했다.

　곧 티르피츠는 기존 해군전력을 환골탈태시키는 증강 계획을 황제에게 제출했다. 독일 해군의 기본 전략과 함대 구성안이 보고서의 골자였다. 여태껏 독일 해군은 프랑스와 러시아 해군을 잠재적인 적군으로 상정하고 순양함 위주의 함대를 편성해 왔다. 하지만 이제부터는 세계 최강의 해군국가인

열강의 해군 경쟁을 풍자한 그림

영국을 가상 적군으로 여기고 함대 구성도 대형 전함 위주로 변경할 것이었다. 이는 하루 마침에 달성될 일도 아니었고, 무엇보다도 막대한 예산이 필요한 과업이었다. 황제의 전폭적 지지를 등에 업고 티르피츠는 의회에서의 힘든 예산 싸움을 극복하고 1898년 1차 해군 예산법안을 통과시킬 수 있었다. 이에 따라 독일은 우선 1904년까지 총 19척의 전함에 8척의 장갑 순양함을 건조할 수 있게 됐다. 일단 물꼬를 튼 해군력 증강은 급물살을 타면서 이후 대전이 발발하는 1914년까지 이어졌다. 이러한 독일의 움직임에 세계 최강의 해군국인 영국이 민감하게 반응하면서 이제 바야흐로 양국 간 건함경쟁Naval Race에 막이 올랐다.

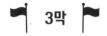

3막

1890년 비스마르크가 사임한 후 독일 외교의 지휘봉을 잡은 빌헬름 2세는 러시아와의 재보장조약에 종지부를 찍고, 해군력 증강으로 대변된 '세계정책'을 표방했다. 홀슈타인과 뷜로 같은 외교관, 무엇보다도 티르피츠와 같은 군인을 등용해 실질적인 정책으로 밀어붙였다. 물론 이러한 팽창적 정책으로의 전환에는 기존 지배층인 농업 지주세력에 더해 산업화의 성숙과 더불어 대두한 상공업자 등 통일 후 독일 사회의 복잡한 이해관계가 얽혀 있었다. 독일의 국내 산업이 발전하면서 해외 상품판매시장과 자본의 투자처가 절실해졌고, 궁극적으로는 독일을 세계 강국으로 부상시켜서 황제를 정점으로 하는 전통적인 권위주의 정치체제를 유지할 필요성도 있었다.

하지만 가장 심각한 문제는 독일의 이러한 외교정책 변화가 카오스 이론에서 말하는 일종의 '나비의 날개짓'으로 작용해서 불과 한 세대

안에 세계대전이라는 허리케인으로 다가왔다는 사실이다. 독일의 '세계정책'이 해군력 증강 추구로 현실화됐을 때, 이는 세계 최강의 해군을 토대로 세계질서를 주도하던 영국에게 심각한 도전으로 인식됐음은 당연하다. 그리하여 양국은 막대한 예산이 소요되는 군비경쟁이란 열차에 올라타게 됐고, 점차 몽유병 환자처럼 변해 간 정책결정자들에 의해 양쪽에서 달려오던 두 기관차는 마침내 1914년 8월 초 정면으로 충돌하고 말았던 것이다.

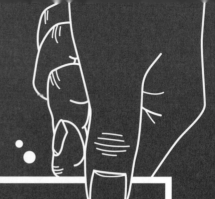

1914년 제1차 세계대전

프린치프는 왜?
합스부르크제국의 황태자 부부를
암살했을까?

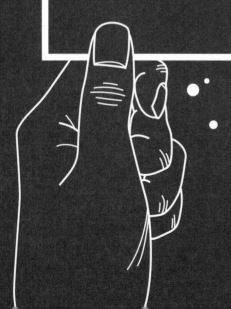

근대 이래 세계사에 가장 커다란 영향을 준 사건으로 제1차 세계 대전을 꼽을 수 있다. 그도 그럴 것이 총 32개국이 참전해 4년 이상이나 치열하게 부딪힌 결과, 약 3천만 명의 전상자戰傷者와 천문학적 액수의 물질적 피해가 발생했기 때문이다. 궁극적으로 유럽의 패권 시대가 저물고 미국과 소련이 새로운 세계의 강자로 부상했다. 제1차 대전의 방아쇠를 당긴 것은 1914년 6월 28일, 당시 합스부르크제국의 지배 아래 있던 남유럽 보스니아-헤르체고비나의 수도 사라예보에서 발생한 오스트리아 황태자Archduke Franz Ferdinand(1863~1914) 암살사건이었다. 보스니아 출신의 세르비아계 청년 가브릴로 프린치프Gavrilo Princip(1894~1918)가 현장에서 암살범으로 체포됐다. 이로부터 한 달 후 유럽 열강들 대부분은 마치 몽유병 환자처럼 전쟁의 소용돌이 속으로 빨려 들어갔다. 대전이 벌어진 원인이야 매우 깊고 중층적이지만, 어쨌든 대전에 불을 붙인 인물은 다름 아닌 프린치프였다.

그렇다면 그는 누구이며, 왜 사라예보까지 잠입해 하필이면 황태자 부부를 암살했을까? 이 사건은 당사국인 오스트리아와 세르비아 간의 발칸반도 국지전으로 머물지 않고 왜 빠르게 세계대전으로 비화했을까? 이 사건이 이후 유럽사와 세계사에 미친 영향은 무엇일까?

🔨 1막 🔨

왜 가브릴로 프린치프는 오스트리아제국의 황위 계승자인 페르디난트 대공大公을 암살했을까? 이를 알기 위해서는 19세기 후반기 이래 사회문화적으로 누적되어온 발칸반도 자체의 복잡한 모순과 이로부터 배태된 거주민들 사이의 갈등 상황에 대해 이해할 필요가 있다. 한마디로, 1914년경 발칸반도는 누군가 불씨를 던지면 언제라도 활활 타오를 수 있는 '화약고'로 변해 있었고, 바로 그 역할을 프린치프가 수행한 것이었다. 원래 발칸 지역은 로마의 영토였다가 476년 서로마제국이 멸망한 이래 동로마제국(비잔티움제국)의 느슨한 통치 아래 있었다. 그러다가 1389년 코소보에서 벌어진 결전에서 발칸 지역 연합군이 소아시아 고원지대에서 발흥한 오스만 터키군에게 참패한 이래 오스만제국의 지배를 받아 왔다. 이후로 발칸의 주요 민족들은 19세기 후반에 이르기까지 오스만제국의 통치 아래 인종적, 문화적, 종교적으로 교류와 갈등 관계를 이어왔다. 국제적으로도 발칸 지역은 근대 이래 지중해에 이해관계가 깊은 영국, 프랑스, 오스트리아, 그리고 러시아 등과 같은 유럽의 열강들이 상호 간 또는 오스만제국과 합종연횡合從連衡을 거듭할 정도로 복잡한 역학관계를 자아냈다.

발칸반도를 더욱 뜨겁게 달군 중요한 계기는 18세기 말 프랑스혁명에서 배태되어 나폴레옹 전쟁으로 유럽 각지로 전파된 민족주의의 영향이었다. 이 물결이 발칸반도에도 밀려들면서 이 지역에서 압제자인 오스만제국을 상대로 한 다양한 민족으로 구성된 거주민들의 반란과 탄압, 그리고 열강들의 개입이 19세기 내내 반복되어왔고, 이로써 정치적 불안정이 상존常存하고 있었다. 예컨대, 1804년에 일어난 세르비아인들의 반란을 시초로 1821년에는 그리스인들의 봉기가 발생해 종국에는 그리스가 정식으로 독립(1830)하는 상황에까지 이르렀다. 이 사이에도 숙적 러시아에게 지속적으로 영토를 빼앗겨 오면서 오스만제국의 국력은 빠르게 약화되어 왔다. 지중해를 둘러싼 유럽 열강들 사이의 상반되는 이해관계 덕분에 겨우 제국의 해체를 모면하고 있는 실상이었다.

이처럼 어렵사리 그런대로 세력균형을 이루고 있던 발칸 지역에 새로운 불씨를 던지는 사건이 19세기 후반기에 발생했다. 바로 1877년 오스만튀르크와 러시아 간에 전쟁이 벌어진 것이었다. 당연히 전쟁의 원인은 발칸반도에 있었다. 1875년 보스니아-헤르체고비나에서, 이듬해에는 불가리아에서 슬라브인들의 주도로 일어난 봉기를 오스만 정부가 잔인하게 무력 진압하는 사태가 벌어졌다. 이에 가장 민감하게 반응을 보인 열강은 러시아였다. 왜냐하면 러시아는 발칸과 지중해 지역에 정치경제적 이해관계에 더해 범슬라브주의라는 민족주의적인 사명감까지 짊어지고 있었기 때문이다. 전쟁은 채 1년도 되지 않아 러시아의 일방적 승리로 끝났다. 그런데 문제는 전쟁을 종결 짓는 산스테파노 조약(1878. 3)의 결과, 발칸반도의 기존 세력균형에 변화를 초래할 정도로 러시아의 영향력이 크게 강화됐다는 점이다.

이에 사태를 예의주시하고 있던 독일 재상 비스마르크가 서둘러 개입했다. 1878년 6월 중순 유럽 열강의 대표들을 베를린으로 초청해 국제회의를 개최했다. 이 회담을 통해 세르비아·루마니아·몬테네그로의 독립 및 불가리아 영토의 축소가 결정됐고, 무엇보다도 오스트리아에게 장차 암살사건의 진원지인 보스니아-헤르체고비나에 대한 위임통치권이 부여됐다. 암묵적으로는 발칸반도에서의 세력균형 유지라는 명목으로 비스마르크가 두 지역을 게르만 형제국가인 오스트리아 수중으로 넘겨준 것이었다.

그렇다면 왜 오스트리아는 줄기차게 발칸반도로 진출하려고 했을까? 18세기 초엽 이래 벌어진 제반 전쟁에서 자력自力으로 이겨본 경험이 거의 없던 오스트리아는 제국으로서의 위상을 계속해 과시할 필요가 있었다. 그런데 18세기 중엽에 벌어진 7년전쟁 이래 유럽의 대부분 지역은 이미 다른 열강들이 차지한 상태였고, 오로지 제국 남쪽의 발칸반도만이 그나마 비집고 들어갈 빈틈이 있었다. 14세기 중엽 이래 발칸반도의 정복자로 군림한 오스만제국이 17세기 말 이후 국력이 쇠퇴하면서 점차 발칸반도에서 밀려나고 있었기 때문이다. 또한 오스트리아에게는 나폴레옹 전쟁의 결과로 얻은 유일한 해상통로인 달마티아 연안을 보다 안전하게 보호해야만 하는 절실한 군사전략 차원의 필요성이 놓여있었다. 더구나 보스니아-헤르체고비나 지역은 내륙국가의 한계를 벗어나기 위해 호시탐탐 아드리아해로 진출하려는 세르비아의 야욕을 차단할 수 있는 지정학적 위치에 있었다.

그런데 다민족 국가인 오스트리아제국의 발칸 진출은 크게 두 가지 점에서 장차 문제를 일으킬 소지가 농후했다. 우선, 전통적으로 발칸 지역에 대해 민족적 및 지정학적으로 이해관계가 깊은 러시아의 반발이었다. 다행스럽게도 러시아와는 필요시마다 피차 강대국에 어울리는 양보와 타협을 통해 그럭저럭 친선관계(평화)를 유지해 올 수 있었다. 더욱 심각한 문제는 오스트리아의 두 지역 점령으로 인해 바다로의 진출 꿈이 좌절된 발칸의 강소국强小國 세르비아 및 세르비아와 운명공동체적 관계에 있던 보스니아-헤르체고비나 거주 세르비아인들의 반발이었다. 이곳은 종교적으로는 가톨릭, 세르비아 정교회, 이슬람교 등이 섞여 있었고, 민족적으로는 크로아티아인, 세르비아인, 이슬람교도 등이 각자의 공동체를 형성해서 살아오고 있는 다종교, 다민족 생활권이었다. 특히 이들 중 남슬라브계 세르비아인이 다수를 점하고 있던 보스니아 지역은 이웃한 독립국이자 형제국인 세르비아와의 통합을 강력하게 원하고 있었다. 이처럼 당시 발칸 지역은 범슬라브주의와 범게르만주의로 대표되는 국수적 민족주의가 활개를 칠 수밖에 없는 환경이었다.

같은 남슬라브족인 보스니아계 세르비아인으로서 소년 시절부터 이러한 복잡한 역사적 환경에서 범슬라브주의의 민족적 및 종교적 세례를 받으면서 성장해온 프린치프가 자신들의 숙원宿願에 찬물을 끼얹은 오스트리아의 행태에 울분을 삼키면서 기회가 오면 분노를 표출하려고 생각했음은 어찌 보면 당연했으리라. 아니나 다를까, 혈기왕성한 청년기에 접어든 프린치프는 뜻을 함께한 친구들과 함께 이웃한 세르비아로 월경해서 그곳 비밀단체의 지원을 등에 업고서 황태자 암살이라는 거사를 결행코자 한 것이었다. 이제 준비는 끝났고, 오로지 방아쇠를 당기는 일만 남겨놓고 있었다.

2막

불과 19살의 어린 나이에 오스트리아 황태자를 암살, 인류사의 파국적 사건인 제1차 세계대전 발발의 불씨를 던진 가브릴로 프린치프 Gavrilo Princip(1894~1918)는 과연 누구일까? 그는 1894년 오스트리아 제국의 위임통치 아래에 있던 보스니아-헤르체고비나의 오블랴라는 작은 마을의 세르비아계 가정에서 태어났다. 아홉 명의 형제들 중 여섯 명이 유아 시절에 병사病死할 정도로 가난한 빈농 집안이었던지라, 암살사건 직후 체포된 그의 사진을 통해 엿볼 수 있듯이, 프린치프 역시 어려서부터 병약한 체질이었다. 부모는 그를 학교에 보낼 만한 경제적 능력이 없었으나 어려서부터 명석했던 프린치프는 일찍이 직업전선에 뛰어든 형의 도움으로 초등학교를 거쳐서 최종적으로는 1910년 고향의 김나지움에 진학할 수 있었다.

학업 중 그는 1908년 오스트리아의 보스니아-헤르체고비나 합병 조치에 분개해서 당시 보스니아 청년들과 식자층 사이에서 유행한 범슬라브주의의 영향을 강하게 받았다. 세르비아를 중심으로 발칸반도에 거주하는 남슬라브인 전체를 아우르는 단일국가 건설이 당시 세르비아 민족주의자들의 지상 목표였다. 1911년 일단의 세르비아 육군 장교들이 수도 베오그라드에서 비밀리에 조직한 '흑수단Black Hand'의 존재를 알게 된 프린치프는 1912년 베오그라드를 방문, 이곳에 가입을 시도할 정도로 행동하는 민족주의자로 성장했다. 비록 조직 소속의 게릴라 대원으로는 선발되지 못했으나 다른 세르비아계 청년들과 어울려서 폭탄 제조 및 요인 암살 훈련을 받을 수 있었다. 이러한 와중에 1914년 6월 말에 페르디난트 황태자가 사라예보를 방문한다는 소식이 전해졌다. 드디어 때가 왔다고 느낀 그는 흑수단의 지령에 따라 다른 요원들과 함께 현장으로 잠입해 사전 답사까지 마친 후 6월 28일 오전에 차량 이동 중이던 황태자 부처를 저격했던 것이다. 현장에서 체포 당시 그는 채 20살이 안된 미성년자였기에 오스트리아 법에 따라 사형이 아니라 20년형을 선고받았다. 하지만 유년기부터 몸이 워낙 허약했던 터인지라 전쟁이 끝나기 약 6개월 전인 1918년 4월에 수감 중인 감

체포 당해 연행되고 있는 가브릴로 프린치프

옥에서 25세의 나이로 외롭게 병사하고 말았다.

사건 현장에서 암살범 프린치프를 체포한 오스트리아 당국은 범인이 사용한 권총이나 다른 증거물들을 통해 범행의 배후에 세르비아 정부가 있다고 확신했다. 사건의 처리를 두고 오스트리아 조정朝廷 내에서 주화파와 주전파 사이에 격론이 벌어졌으나, 결국에는 참모총장 콘라트로 대표되는 주전파가 힘을 얻게 됐다. 이번 사건을 활용해서 그동안 오스트리아의 발칸 통치에 계속해서 저항해온 세르비아의 버르장머리를 단단히 고쳐줘야 한다는 의견이 우세했던 것이다. 이러한 분위기에 편승한 오스트리아 지도층은 러시아의 개입을 우려하면서도 별다른 망설임 없이 세르비아와 전쟁도 불사한다는 결정을 내리고 말았다. 이참에 세르비아 정부를 향해 단호한 태도를 보임으로써 대외적으로는 그동안 유럽인들에게 약체 이미지로 덧칠해져 온 자국의 이미지를 쇄신하고, 대내적으로는 이를 계기로 제국의 질서를 재확립하고자 했다.

그렇다면 암살사건에 대해 세르비아는 어떠한 입장이었을까? 당일 오후에 사건의 전말이 수도 베오그라드에 알려졌을 때, 세르비아 정부의 공식 입장은 암살사건에 대해 개탄하고 희생자에 대해 애도한다는 내용이었다. 하지만 세르비아인들의 일반적인 반응은 이와는 정반대였다. 당시 세르비아는 1908년 오스트리아가 합병해 버린 보스니아-헤르체고비나의 영토 회복을 포함한 대大세르비아 국가 건설을 열망하는 국수적 민족주의가 사회 각 계층에 팽배해 있었다. 그러하니 일반 세르비아인들이나 언론은 암살사건을 죽음도 불사한 젊은 민족 영웅들의 의거로 미화하고 정당화하는 분위기였다. 이러한 상황에서 암살사건은 세르비아가 연루된 범슬라브주의 운동의 기치 아래 벌어진 일이 아니라고 표명한 세르비아 정부의 해명은 오스트리아 지도층의 심기만을 자극할 뿐이었다.

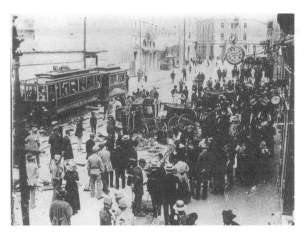

사건 직후의 혼잡한 거리 사진

양측 간 무리한 요구에 강경한 대응이 이어지면서 전쟁의 그림자가 어른거렸다. 점차 무력 충돌이 피할 수 없는 현실로 다가오면서 양국은 병력 총동원 이전의 최종 단계로서 각자의 '큰 형님'에게 지원 의향을 타진할 수밖에 없었다. 오스트리아의 경우, 비록 강대국이었으나 세르비아의 배후에 버티고 있는 남슬라브인들의 후견자인 러시아의 개입 위협을 무시할 수 없었다. 베를린을 방문한 오스트리아 대표에게 독일 정부는 전적인 지원을 약속하는 일명 '백지수표'를 제시했다. 이제 오스트리아로서는 전쟁을 더 이상 미룰 이유가 없었다. 세르비아 역시 러시아의 지원 약속을 이미 받아놓은 터인지라 물러서려고 하지 않았다. 드디어 암살사건이 벌어지고 정확하게 한 달이 지난 7월 28일 선전포고를 발한 오스트리아 군대가 세르비아의 수도 베오그라드를 향해 진격을 개시했다.

유럽의 '만성적 화약고' 발칸반도에서 드디어 폭발이 일어난 것이었다. 그런데 문제는 양국 간에 충돌이 터진 지 불과 1주일도 안 되는 사이에 영국, 프랑스, 독일, 러시아 등 유럽 열강들 전체가 전쟁에 빨려들었다는 사실이다. 도대체 그동안 이들 사이에 무슨 일이 있었던 것일까? 단적으로 대전 발발 직전 유럽 열강들은 삼국동맹(독일-오스트리아-이탈리아)과 삼국협상(영국-프랑스-러시아)이라는 두 개의 적대적 블록으로 나누어져 있었다. 그러다 보니 삼국동맹의 일원이던 오스트리아와 삼국협상에 속한 러시아의 전폭적 지원을 받은 세르비아 간에 충돌이 벌어지자 다른 국가들도 자동적으로 전쟁의 폭풍 속으로 휘말려 들고만 것이었다. 이러한 적대적인 두 블록은 어느 날 갑자기 대두한 것이 아니라 거의 40년이라는 긴 세월을 두고 형성되어 왔다는데 갈등의 뿌리가 깊음을 짐작할 수 있다. 앞의 연재에서 살펴보았듯이, 1871년 초 유럽의 중앙부에 통일국가 독일이 등장하면서 이후 독일이 취한 외교정책 변화에 따라 유럽의 세력균형에 지각변동이 일어난 것이었다.

3막

두 차례(1912, 1913)에 걸친 발칸전쟁의 결과 가장 커다란 이득을 본 나라는 세르비아였다. 코소보 지역 등을 차지하면서 영토가 거의 두 배로 넓어지는 민족적 환희를 맛보았다. 이는 세르비아와 국경을 맞대고 있던 게르만족 위주의 국가인 오스트리아에게 심각한 위협으로 다가왔다. 양국은 세르비아 정부가 오스트리아제국 내 슬라브계 소수민족의 독립을 줄기차게 부추겨 온 탓에 매우 불편한 관계에 있었다. 지속적인 세르비아의 도전 행위에 대해 특히 오스트리아 내 군부를 중심으로 하는 강경파의 인내심은 점차 그 한계치에 다다르고 있었다. 이러한 긴장 상황에서 발생한 황태자 암살사건은 그렇지 않아도 세르비아를 응징할 기회를 엿보고 있던 오스트리아의 강경파에게는 절호의 기회로 인식됐다. 설상가상으로 사건 초기에는 황태자를 잃은 피해자라는 도덕적 정당성은 물론 국제여론의 동정까지 등에 업고 있었다.

게르만 형제국가 독일의 전폭적인 지원 약속은 세르비아 침공을 향한 오스트리아 군부의 발걸음을 더욱 가볍게 만들어 줬다. 그런데 문제는 남유럽에서 벌어진 양국 간의 충돌이 삽시간에 세계대전으로 확대되어 이후 약 4년여 동안 세계를 뒤흔들어 놓았다는 점이다. 전쟁 결과 발생한 엄청난 인적(전사자 1천만 명, 부상자 2천만 명) 및 물적 피해(2천억 달러)로 판단할 때, 1914년 6월 28일 유럽의 벽지僻地인 발칸반도 사라예보에서 프린치프가 당긴 방아쇠는 상상을 초월하는 대가를 강요했다. 향후 대전을 둘러싼 역사적 논쟁이 어떠한 방향으로 전개되든지 간에 인류사의 대표적 비극인 제1차 대전이 지금부터 한 세기 전에 프린치프라는 한 청년이 쏜 총알 한 방으로 불이 붙었다는 점은 영원한 수수께끼임에 분명하다.

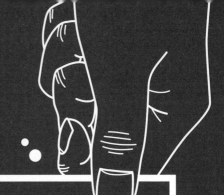

1917년 러시아혁명

독일군은 왜?
혁명가 레닌에게 러시아로 돌아갈
밀봉 열차를 내주었을까?

1917년 4월 3일 늦은 밤 혼돈의 도시 페트로그라드(현재의 상트 페테르부르크) 기차역에 그동안 필명으로만 알려진 볼셰비키 혁명가 레닌Vladimir Ilyich Lenin(1870~1924)과 그 일행이 열차에서 내렸다. 도착을 기다리고 있던 군중들은 우렁찬 함성으로 일행을 맞이했다. 역사驛舍를 빠져나온 레닌은 대기하고 있던 장갑차를 타고 페트로그라드 소비에트 본부로 향했다. 그토록 밟고 싶어 한 혁명의 도시에 여장을 풀기가 무섭게 레닌은 당시 러시아인들의 소망을 정확히 반영한 '빵, 평화, 토지, 그리고 모든 권력을 소비에트로'라는 슬로건을 내걸고 본격적인 정치 활동에 뛰어들었다. 그의 구호는 간명했으나 엄청난 폭발력을 지니고 있었다. 빵은 굶주림에 시달리고 있던 노동자 계층에게, 평화는 즉각적인 종전을 바란 병사들에게, 그리고 토지는 내 땅의 열망에 들뜬 농민들에게 어필하는 약속이었기 때문이다. 아니나 다를까, 우여곡절 끝에 레닌은 그해 10월 말 볼셰비키 무장대가 주도한 봉기가 성공하면서 정권을 장악할 수 있었다. 세계 역사상 최초로 그동안 이념과 구호에만 머물던 공산주의 국가가 나타난 것이었다. 이러한 대하드라마의 서막을 장식한 것이 바로 밀봉 열차를 이용한 레닌의 귀국이었다.

그렇다면 독일군 수뇌부는 왜 스위스에 머물고 있던 레닌에게 밀봉 열차를 제공했을까? 귀국한 레닌은 어떻게 권력을 장악했을까? 이른바 러시아 볼셰비키 10월 혁명의 성공은 이후 세계사에 어떠한 영향을 미쳤을까?

1막

레닌은 왜 러시아 볼셰비키 혁명가라는 신분으로 스위스에서 망명 생활을 하고 있었을까? 도대체 그가 태어난 시대에 러시아가 어떠한 상태 아래 있었기에 지방 장학관의 아들로서 유복한 생활을 하던 청년 레닌이 혁명가로 변신해 스위스까지 흘러들어간 것일까? 19세기로 접어든 제정 러시아는 과거로부터 다음과 같은 유산遺産을 물려받았다. 우선, 차리즘Tsarism이라 불린 강력한 전제정치였다. 중세 봉건제 이래 전통적으로 국가통치의 한 축을 이뤄 온 서유럽의 귀족들과는 달리 러시아의 귀족들은 전제정치 강화의 일환으로 차르에 의해 인위적으로 형성됐다. 이반 4세가 자신에게 충성하는 무인층을 주축으로 귀족계급을 재편성한 후 표트르 대제 및 예카테리나 여제는 이들에게 국가에 대한 봉사 의무를 부과하는 동시에 면세, 면역, 영지 보유 및 농노農奴에 대한 통제권 등 제반 특권을 부여했다. 이처럼 러시아 귀족층은 군주에게 절대 충성하는 권력의 시녀에 불과했기에 차르는 성속聖俗을 아우르는 절대권을 행사할 수 있었다.

이러한 러시아의 지배체제는 어떻게 유지될 수 있었을까? 바로 러시아 인구의 대다수를 점하고 있던 농노들의 희생 덕분이었다. 원래 농노제도는 중세 유럽에서 거의 자연 발생적으로 형성된 데 비해 러시아에서는 인위적으로 만들어졌다. 1649년 세습농노제가 선포되면서 러시아 농민들은 거주이전의 자유를 박탈당한 채 소속 영지에 억류되는 '농노'가 되고 말았다. 국가의 주 담세擔稅 계층이던 이들은 영주인 귀족에게 수시로 노동력을 제공하며, 심지어는 노예처럼 매매되기도 했다. 이러한 러시아 농민의 비참한 실상은 19세기에 들어서도 별로 나아질 기미가 보이지 않았다.

이러한 유산을 안고서 출발한 러시아의 19세기는 개혁과 반동으로 점철된 역사였다. 19세기 초반부는 나폴레옹 군대의 침략과 격퇴로 시작됐다. 1815년 오스트리아의 수도 빈에서 열린 강화회담에서 차르 알렉산드르 1세는 나폴레옹을 무찌른 주역임을 유럽 열강 대표들에게 과시했다. 하지만 프랑스군을 추격해 파리까지 가서 머무는 중 계몽사상의 세례를 받은 일단의 러시아 귀족 출신 장교들을 중심으로 1825년 12월 차리즘에 대한 도전이 시도됐다. 일명 '데카브리스트(12월당)의 반란'으로 알려진 이 사건은 동토凍土의 땅 러시아에 미약하나마 자유의 씨앗을 뿌렸다. 비록 실패했으나 세월이 흐르면서 씨앗은 발아해 차츰 땅 위로 솟아나기 시작했다.

크림전쟁(1854~1856)에서의 참패를 계기로 낙후된 러시아 사회의 민낯이 여지없이 드러나면서 개혁은 불가피해졌다. 국가 대수술의 책임을 떠맡은 차르 알렉산드르 2세(재위 1855~1881)는 1861년 농노해방령을 단행했다. 이를 통해 농민들에게 귀족의 인신 예속에서 벗어날 수 있는 법적 자유와 함께 일정량의 토지가 분배됐다. 모처럼 찾아든 개혁의 햇살은 애석하게도 1881년 차르가 암살당하면서 단명하고 말았다. 러시아는 재차 강압적 통제와 탄압이라는 어둠 속으로 빨려들어 갔다. 부왕의 죽음에 충격을 받은 알렉산드르 3세(재위 1881~1894)는 즉위 초반부터 강력한 통제를 천명하고 선대의 개혁들을 무산시키는 반동反動 정치로 나아갔다.

그러나 '자유'란 일단 땅에 떨어지면 어떠한 시련 속에서도 살아남아 변혁을 일으키는 속성을 지닌바 러시아도 예외가 아니었다. 차르 정부의 강력한 탄압 속에서도 러시아 사회를 변화시키려는 시도는 전방위적으로 줄기차게 이어졌다. 혁명세력들의 활동에도 끄떡없던 차리즘에 대한 충격은 예기치 않게 외부로부터 찾아왔다. 러일전쟁의 패배 여파로 발생한 '피의 일요일 사건(1905. 1)'을 계기로 1905년에 혁명이 발발한 것이었다. 19세기 중반 이래 차르 정부의 반동정치와 급속한 산업화 등의 여파로 누적되어온 제반 모순과 전쟁에서의 연속적 패배가 복합적으로 작용해 러시아인들의 불만이 분출된 것이었다. 하지만 단기적 성과에도 불구하고 혁명은 실패했다. 시간이 흐르면서 '10월 선언 October Manifesto'으로 대변되는 차르 정부의 전략적 대응은 효과를 발휘한 데 비해 혁명세력은 지리멸렬했기 때문이다. 혁명의 열기는 급격하게 식어갔고, 무엇보다도 군대가 여전히 차르에게 충성했다.

니콜라이 2세(재위 1894~1917)가 권한 강화에 나서면서 누구도 러시아에서 혁명적 사태가 반복되리라 기대할 수 없었다. 하지만 클리오 Clio(역사의 여신)의 마음은 누구도 예측할 수 없는 법인지 1917년 초반 재차 혁명의 기운이 수도 페트로그라드에서 감돌았다. 1914년 6월 말 사라예보 사건으로 발발한 제1차 세계대전이 계기를 제공했다. 맨 먼저 총동원령을 발동하면서 적극 전쟁에 뛰어든 차르의 군대가 초반부터 참패를 거듭했기 때문이다. 설상가상으로 전쟁이 장기화되면서 러시아는 인적 및 물적으로 고갈상태에 처하게 됐다. 이러한 상황 속에서 1917년 2월 말 페트로그라드에서 식량 폭동이 발생했고, 이번에는 진압 명령을 받은 군대조차 총부리를 차르 정부로 돌렸다. 혁명의 물결은 빠르게 수도 전역으로 퍼져나갔다. 사태 수습이 불가능하다고 판단한 니콜라이 2세가 3월 초 퇴위함으로써 3백여 년간 지속한 로마노프 왕조가 몰락했다.

이어서 임시정부가 수립됐으나 중산층 중심의 의회와 노동계급 기반의 소비에트가 권력을 공유하는 어정쩡한 상황이었기에 정부는 제 기능을 발휘할 수 없었다. 그러다 보니 러시아 민중의 개혁 요구를 실행할 수 없었다. 무엇보다도 전쟁 지속 의지를 표명하고 노동자와 농민의 개혁 요구는 애써 외면했다. 임시정부에 대한 러시아인들의 기대가 무너지는 것은 시간문제였다. 이러한 와중에 한 유명한 볼셰비키 혁명가와 그를 추종한 세력이 마침내 1917년 4월 초 수도에 모습을 드러낸 것이었다. 이들은 바로 독일군 수뇌부가 제공한 밀봉 열차를 타고 러시아로 잠입한 레닌과 핵심 볼셰비키들이었다. 앞으로 이들이 러시아의 운명을 어느 방향으로 몰고 갈 것인지 누구도 예측할 수 없었다.

2막

그렇다면 장기간 해외에 체류하다가 귀국한 지 몇 개월 만에 지지층을 결집, 정권 장악까지 이뤄낸 레닌은 과연 어떤 인물일까? 그는 1870년 볼가강에 연한 작은 항구도시 심비르스크에서 태어났다. 부친은 세습 귀족이자 그 지역 장학관이었기에 레닌의 어린 시절은 나름 유복했다고 볼 수 있다. 평탄하게 이어지던 그의 인생에 어느 날 청천벽력같은 일이 벌어졌다. 그가 좋아한 형 알렉산드르가 차르 알렉산드르 3세의 암살 음모에 가담했다는 혐의로 체포되어 처형당하는 사건이 벌어진 것이었다.

당시 23세로 카잔대학 법학과에 재학 중이던 레닌은 이를 계기로 마르크스주의를 신봉하는 혁명가의 길로 들어섰다. 반정부 활동 중 1895년 12월 차르 경찰에 체포되어 1년여의 수감생활 후 3년간 시베리아에서 유형 생활을 보냈다. 1900년 2월 유배에서 풀려난 그는 고국 러시아를 떠나 서유럽행을 택했다. 이후 문필가이자 직업 혁명가로 거의 17년 동안 해외에 체류하면서 볼셰비키 세력의 지도자로 활동했다. 당시 레닌과 그의 동료들은 러시아를 변혁시킬 혁명가로 자처했으나, 실상은 초라한 떠돌이 망명객에 불과했다.

1917년 봄, 여전히 전쟁의 불꽃이 타오르고 있는 상황에서 중립국 스위스의 도시 취리히는 유럽 각지에서 몰려온 다양한 부류의 인파로 북적이고 있었다. 당시 취리히에는 러시아인들의 공동체 이외에 반체제 인사들을 보호해주는 관습도 있었다. 따라서 이곳은 혁명의 목표와 달성 방법을 놓

스위스에 머물 당시의 레닌

고서 치열한 논쟁을 즐긴 유럽 좌파 급진주의자들의 임시 고향이자 도피처 역할을 했다. 이들 중 공공도서관에서 책을 읽거나 틈날 때마다 숲을 산책하는 강한 인상의 한 중년 사내가 있었다. 바로 레닌이었다. 유럽 각지를 전전하던 레닌도 1916년 초 이 도시로 들어와 한 아파트 2층에서 살고 있었다. 평생 일정한 직업을 가져본 적이 없던 그는 책을 쓰고, 간혹 다른 사상을 가진 지식인들과 격렬한 정치토론을 벌이면서 세월을 보내고 있었다.

이처럼 반복되는 일상에 살아서 러시아 땅을 다시 밟을 수 있을까 우려하고 있던 레닌에게 어느 날 깜짝 놀랄 소식이 전해졌다. 1917년 2월에 러시아에서 혁명이 일어났다는 것이었다. 더구나 혁명 진압을 명령받은 페트로그라드 수비대가 노동자 파업에 동참하며 총부리를 차르 정부 쪽으로 겨누었다는 얘기도 들렸다. 러시아 국내 상황이 긴박하게 전개되고 있음을 감지한 레닌은 어떻게든 러시아로 돌아가 혁명에 동

참하려고 했다. 그런데 문제는 무슨 수로 그곳까지 간단 말인가! 취리히는 페트로그라드로부터 수천 킬로미터나 떨어진 데다가 중간지대에서는 전투가 벌어지고 있었다. 그렇다고 지중해로 우회해서 갈 수도 없었다. 독일 진영에서 싸우고 있는 오스만튀르크가 여전히 건재했기 때문이다.

2월혁명 중 페트로그라드에서 벌어진 군인 시위

이러한 막막한 상황에서 '뜻이 있는 곳에 길'이 있는지 의외의 곳에서 도움(?)의 손길이 왔다. 스위스인 동료 혁명가를 통해 접촉한 독일군 수뇌부가 레닌의 페트로그라드행을 지원하겠다고 나선 것이었다. 그동안 레닌이란 혁명가의 활용 가치를 예의주시하고 있던 독일군이 그에게 일생일대의 전기를 마련해 준 것이었다. 그래서 탄생한 것이 바로 '밀봉 열차sealed train'였다. 말 그대로 봉인된 특별 열차(실제로 열차가 밀봉된 것이 아니라 레닌 일행이 탄 열차가 독일 영토를 통과할 동안 선전활동을 하거나 다른 탑승객들과 접촉할 수 없도록 한다는 것이었음)에 당시 취리히에 머물고 있던 레닌과 핵심 볼셰비키들을 싣고서 독일을 종단한 후 중립국 스웨덴을 거쳐 핀란드를 통해 페트로그라드로 들어간다는 계획이었다. 적대국 독일은 이들의 안전 통과를 보장했고, 레닌의 요구대로 국제법상의 치외법권까지 인정해 주었다.

드디어 1917년 3월 28일(당시 제정 러시아의 율리우스력 기준) 오후 3시경 취리히 중앙역에 레닌과 그의 부인을 비롯한 총 32명의 인원이 모습을 드러냈다. 약속된 밀봉 열차를 타고 러시아로 잠입하기 위함이었다. 아무리 강철같은 의지를 지닌 냉혈한이라고 하나 일생일대의 모험 길에 오르는 레닌의 얼굴에도 긴장의 빛이 역력했다. 적대국 독일 땅을 통과할 시 체포되지 말란 법이 없었기 때문이다. 하지만 하루, 이틀 일정이 이어지면서 이들의 불안감도 어느 정도 해소됐다. 독일 군부나 레닌이나 서로를 이용 상대로 본 것은 마찬가지였기 때문이다. 일행은 격리된 이등칸 객실에서 평안히 머물렀다. 물론 이러한 와중에도 레닌의 정신은 살아 움직였다. 이동 중 그는 페트로그라드에 도착해 자국민들을 깜짝 놀라게 할 이른바 '4월 테제'의 기본 골격을 구상했다.

잠입 작전은 성공이었다. 드디어 8일간 약 3,200킬로미터를 내달린 드라마틱한 여정 끝에 1917년 4월 3일 밤 11경 레닌 일행을 실은 열차가 페트로그라드의 핀란드 역에 도착했다. 그동안 필명과 소문으로만 접한 레닌이 대기하고 있던 볼셰비키 병사와 노동자들, 그리고 여타 군중 앞에 모습을 드러냈다. 볼셰비키 군악대가 연주하는 라 마르세예즈의 음률과 함께 일행을 맞이하는 환호성이 울려 퍼졌다. 볼셰비키 혁명을 향한 문이 열린 것이었다.

왜 독일군 수뇌부는 레닌에게 귀국길을 열어주었을까? 제1차 대전을 '부르주아의 음모'이자 자본주의 국가들끼리의 충돌로 규정하고 독일과의 즉각적인 평화를 주장해온 레닌을 러시아로 들여보내 러시아 내부를 혼란에 빠뜨림으로써 미군이 유럽 전선에 도착하기 전에 동부전선을 평정하려는 속셈이었다. 이후 그곳의 독일군을 몽땅 서부전선으로 이동시켜서 총공세를 감행, 전쟁을 승리로 마무리한다는 계산이었다. 이를 위해 가능한 한 빠르게 러시아를 붕괴시키는 것이 관건이었다. 전후의 한 연설에서 윈스턴 처칠은 레닌의 귀국을 독일이 러시아로 '악성 병원균'을 들여보낸 것으로 평가했다. 사실상 밤늦게 페트로그라드 역에 도착한 레닌과 그 일행을 열광적으로 맞이한 군중들은 전혀 감지하지 못했겠지만, 독일군이 의도한 대로 러시아에 치명적인 세균이 배달된 셈이었다.

3막

그렇다면 '즉각적인 평화'라는 급진적인 구호를 외친 레닌을 비밀리에 러시아로 들여보낸 독일 최고 사령부의 비책祕策은 성공했을까? 귀국 후 민심의 동향을 간파한 레닌은 '평화, 빵, 토지, 그리고 모든 권력을 소비에트로'라는 '4월 테제'를 천명하면서 빠르게 입지를 다졌다. 이후 한 차례 쿠데타 실패를 겪은 후, 마침내 10월 25일 일단의 볼셰비키 무장대가 임시정부 청사인 차르의 동궁冬宮을 점령하는 데 성공했다. 정권을 장악한 레닌과 볼셰비키는 곧 공산국가를 수립하는 과업에 착수했다. 무엇보다도 레닌은 그간 자신이 주장한 대로 독일과 강화조약을 맺으려고 움직였다. 폴란드, 우크라이나, 핀란드 등 약 70만㎢에 달하는 러시아의 유럽 쪽 영토 대부분과 50억 마르크의 배상금 등 독일 측의 무모한 요구조건에 볼셰비키 대표단은 울분을 토했으나, 결국에는 1918년 3월 초 독일과 일명 브레스트-리토프스크 평화조약을 체결하고 전선에서 이탈했다. 독일 최고 사령부가 그토록 바라던 동부전선에서의 전쟁 종식이 성취됐다. 밀봉 열차를 이용한 모험은 일단 대성공이었다.

하지만 독일 국민의 환호성은 오래가지 못했다. 동부전선의 병력을 서부전선으로 이동시켜서 펼친 대공세가 실패하면서 독일은 더 이상 버티지 못하고 1918년 11월 초에 항복하고 말았다. 불과 8개월 전 강화조약으로 손에 넣었던 막대한 전리품은 제대로 만져 보지도 못한 채 다시 러시아로 넘어가고 말았다. 그렇다면 레닌이 일생을 두고 꿈꾸어 온 사회주의 이상사회는 실현됐는가? 혁명 초반의 온갖 시련을 이겨내고 1928년부터 레닌의 후계자로 올라선 스탈린의 강압적 주도로 소련은 급격한 공업화의 길로 들어섰다. 하지만 수천만 자국민들의 무고한 희생을 밑거름 삼아 추구한 만민이 평등한 지상낙원 건설이라는 외침이 한낱 미몽迷夢으로 드러나는 데는 70여 년으로 충분했다. 그래서 역사의 여신 클리오는 아이러니로 가득 찬 누구도 속내를 알 수 없는 신비의 존재인가 보다.

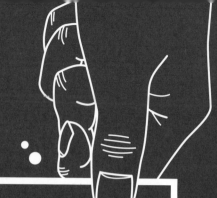

1936년 시안사변

장쉐량은 왜?
아버지처럼 따르던 장제스를
감금했을까?

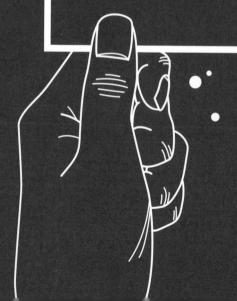

오늘날 미국과 무역전쟁이라는 명분으로 '패권경쟁'을 벌이고 있는 중국은 근본적으로 공산주의 국가이다. 1949년 10월 1일 모택동이 이끈 중국 공산당이 중화인민공화국이란 국명으로 수립한 일당 통치 국가이다. 1921년 7월 상하이의 한 가옥에서 미약하게 출발한 공산당이 이로부터 불과 30년 안에 중원대륙의 주인이 됐다. 이때까지 공산당은 힘든 세월을 보냈다. 무엇보다도 경쟁세력이던 국민당 군대의 지속적인 공격으로 1930년대 중반에는 '대장정'으로 알려진 고난의 피난길에 올랐고, 역사의 뒤안길로 사라질 위기에 놓이기도 했다. 그런데 역사의 여신이 도운 탓일까? 1936년 12월 12일 사면초가의 공산당을 기사회생시키는 뜻밖의 일이 벌어졌다. 공산당 군대에 대한 토벌을 독려차 고도故都 시안을 방문한 국민당 정부 수반 장제스蔣介石(1887~1975)를, 동북군 총수로 토벌작전을 지휘하고 있던 장쉐량張學良(1901~2001)이 체포해 감금한 '시안사변西安事變'이 터진 것이었다.

　　그렇다면 청 멸망 후 왜 중국은 혼란 상태에 처하게 됐을까? 왜 장쉐량은 친부親父처럼 따르던 장제스를 체포해 감금했을까? 이 사건이 이후 중국사 및 세계사에 미친 영향은 무엇일까?

아편전쟁 후 청조淸朝가 양무운동과 변법운동이라는 이름으로 추구한 '위로부터의 개혁'은 20세기 초반 모두 실패로 드러났다. 정부의 개혁 작업에 실망한 사람들은 이제 청에 대한 기대를 접고 새로운 국가건설을 꿈꾸었다. 일찍이 흥중회興中會라는 혁명단체를 조직하고, 민족·민권·민생이라는 삼민주의三民主義를 표방하면서 혁명세력을 이끈 쑨원孫文이 그 중심에 있었다. 이들 혁명세력은 초반의 어려움을 극복하고 1911년 10월 신해혁명을 통해 거의 300년간 이어져 온 이민족 왕조의 지배에 종지부를 찍는 데 성공했다. 아편전쟁으로 점화된 질긴 내우외환 끝에 맺은 열매였다. 하지만 이는 '신新중국' 건설의 서막에 불과했다. 이후 1949년 10월 중공 정권이 수립될 때까지 중국인들은 재차 예측불허의 혼란기를 감내해야만 했다.

혁명 성공 후 부상浮上한 인물은 쑨원이 아니라 오히려 청조에서 출세를 거듭한 위안스카이袁世凱였다. 일찍부터 청의 신식군대 육성을 책임지고 있던 터인지라 그의 위세는 대단했다. 정세 판단에 뛰어났던 그는 청조를 버리고 혁명파와 손을 잡았으나 이는 권력 장악을 위한 잠정적 제스처에 불과했다. 중화민국 수립 직후부터 위안스카이는 자신의 군권軍權을 동원해 혁명파를 비롯한 경쟁세력 제거에 매진했다. 체포를 피해 혁명파의 핵심 인사들이 일본으로 망명한 상황을 이용해 독재권을 확립한 그는 스스로 황제가 되고자 했으나 1916년 6월 초 급사急死하고 말았다.

위안스카이의 죽음으로 중국의 국내 상황은 더욱 혼란에 빠졌다. 그의 사후 휘하 장군들이 각자 후계자를 자임하며 중국 전역에서 발호했기 때문이다. 사적 무장력을 기반으로 민중을 수탈하면서 일정 지역을 지배한 일명 '군벌軍閥'들이 할거割據하는 시대(1916~1928)가 도래한 것이었다. 전국에 걸쳐서 난립한 군벌의 우두머리들은 휘하 병력의 유지에 필요한 재원 마련을 위해 세력권 내의 민중들을 가혹하게 수탈했다. 더욱이 무장력 확보를 위해 외세에 각종 이권을 팔아넘기는 매국賣國 행위도 거리낌 없이 자행했다.

이처럼 내부적으로는 군벌의 착취에 시달리고 외부적으로는 군벌과 결탁한 제국주의 열강의 침탈에 당하면서 중국 사회를 근본적으로 변혁시키려는 움직임이 개명된 지식인들을 중심으로 일어났다. 일반적으로 '5·4운동'이라 불린 새로운 조류가 1915~1920년대 초반까지 지식인 사회를 뜨겁게 달구었다. 이 운동에 불을 붙인 것은 당시 베이징대학 교수로 있던 천두슈가 창간(1915)한 『신청년』이란 잡지였다. 신지식인들은 중국의 전통적인 유교사상을 구습舊習의 근원으로 비판하면서 자유민주주의, 개인주의, 그리고 과학사상 등 서구사상의 적극적인 수용을 주창했다. 초기에 문화와 사상계몽으로 촉발된 '5·4운동'은 1920년대 이후 중국 정치사의 흐름을 규정하는 중요한 계기이자 방향타가 됐다.

1917년 10월 러시아의 볼셰비키 혁명 성공으로 공산주의라는 새로운 사상이 대두했다. 파리강화회의에서 서구 열강의 비협조에 실망한 중국 지식인들에게 공산주의 소련은 중국의 미래 대안으로 떠올랐다. 더구나 소련의 중국에 대한 호의적 태도와 접근은 중국 지식인들을 더욱 고무시켰다. 드디어 1921년 7월 초 상하이에서 천두슈·리다자오·마오쩌둥 등을 중심으로 마르크스-레닌주의를 표방한 중국 공산당이 창당됐다. 당시에는 전국적으로 당원이 50여 명에 불과할 정도로 너무나 보잘것없는 모습이었다.

다른 한편으로, 러시아혁명 성공 소식과 특히 5·4운동을 통해 중국 민중의 정치적 잠재력을 깨달은 국민당 지도자 쑨원 역시 소수 엘리트 중심의 국민당을 대중 기반의 정당으로 변모시키고자 했다. 절박한 상황의 쑨원에게 볼셰비키 혁명 수출을 노린 소련이 접근했고, 그 결과 탄생한 것이 바로 '연소聯蘇·용공容共·부조농공扶助農工'을 표방한 제1차 국공합작(1924~1927)이었다. 이로써 공산당원의 국민당 입당이 허용됐다. 국민당은 손문이 제시한 삼민주의를 당의 이념으로 정하고 전국적으로 조직망을 확대해 나갔다. 무엇보다도 당의 군사력 확보를 위해 소련의 지원을 받아 1924년 여름 황포군관학교를 설립했다. 이때 초대 학교장으로 취임한 인물이 바로 장제스였다. 이곳에서 장차 북벌과 항일투쟁을 이끌어갈 군사전문가들이 양성됐다.

1925년 봄 지도자 쑨원의 급서急逝를 계기로 국민당은 군벌에 의해 사분오열되어 있던 중국을 재통일하는 과업인 북벌北伐을 단행했다. 쑨원 사후 표면화한 국민당 내의 좌·우파 대립 상황을 이용해 군권을 장악한 장제스가 공산당 세력을 축출하고 1926년 6월 북벌군을 이끌고 나섰다. 약 2년에 걸친 북벌 기간을 통해 장제스는 대외적으로는 북벌의 주역으로 대내적으로는 국민당 내의 제1인자로 권력 기반을 다질 수 있었다. 1928년 7월 북벌 완료 후 장제스는 국민당의 난징南京정부 시대(1928~1949)를 열었다.

중앙정부가 수립됐다고는 하나 이는 중국인 전체를 아우르지 못했다. 장제스의 독주에 불만을 가진 세력들이 저항을 표출하기 시작했다. 이들 중 가장 집요한 도전자는 국민당에서 축출된 공산당 세력이었다. 1927년 국공합작 결렬 이후 수차례의 농촌 봉기에서 실패한 공산당은 남부 서금에 마오쩌둥毛澤東을 중심으로 강서 소비에트Soviet를 수립(1931. 11)하고 세력 확대를 꾀하고 있었다. 이에 국민정부군(이하 국부군國府軍)이 소탕 작전에 돌입하면서 장제스와 마오쩌둥이라는 두 인물

간의 건곤일척 대결에 불이 붙었다. 국부군의 포위 공격이 강화되면서 공산당군(이하 홍군紅軍)은 이를 버텨내지 못했다. 1934년 10월 강서성 근거지를 버리고 1년여 동안 총 12,000킬로미터에 달하는 고된 행군 끝에 산시성 옌안延安에 도달하는 일명 '대장정大長征'을 결행했다.

1935년 가을 이래 공산당 세력은 옌안의 산악지대에, 국민당 토벌군에 포위된 채 생사의 갈림길에 서는 신세가 됐다. 이대로 조금만 더 압박이 가해졌다면, 장제스의 소망대로 공산당 세력은 중원대륙에서 사라져 버렸을 것이다. 그런데 역사의 여신, '클리오'가 무슨 조화를 부린 탓인지 이들을 기사회생케 하는 이른바 '시안사변'이 터진 것이었다. 공산당 섬멸을 독려하기 위해 서안의 사령부를 방문한 장제스가 동북군 수장首長으로 토벌작전을 수행하고 있던 장쉐량에 의해 감금당하는 희대의 하극상 사태가 벌어진 것이었다. 이제 중국사의 도도한 강물은 과연 어디로 흘러갈 것인가?

2막

그렇다면 이러한 세기적 모험을 감행한 장쉐량은 누구이며, 그는 왜 이러한 일을 벌였을까? 그는 20세기가 막 개막된 해(1901)에, 중국 동북지방 요녕성 태안현에서 조만간 동북군벌로 유명해지는 장줘린張作霖의 장남으로 태어났다. 부친의 각별한 관심 아래 장쉐량은 유년 시절부터 유학儒學에서 서양의 신식학문까지 다양한 분야의 학문을 익혔다. 영국인 가정교사를 통해 영어도 배웠다. 원래 의학에 관심이 많았던 그는 부친의 권유로 1916년 부친이 전문적인 무관 양성을 위해 건립한 강무당에 입교(1919~1920)해 군사교육을 받았다. 1920년 강무당을 졸업한 장쉐량은 여단장, 사단장의 직책을 거치면서 인접 지역 군벌과의 수차례 싸움에서 승리하는 군사적 능력을 발휘했다.

1926년 장제스가 북벌을 개시할 즈음 마침내 장쭤린은 베이징에 근거한 직예파直隸派 군벌을 물리치고 중국 동북부 지역 장악에 성공했다. 그런데 긴 혈투 끝에 만주 기반 동북 군벌의 시대가 꽃을 피우려는 찰나에 장쉐량의 일생에 전환기를 가져온 의외의 일이 터지고 말았다. 1927년 산둥반도로 출병해 야금야금 세력을 넓히던 일본군이 걸림돌로 여긴, 만주의 실세 장쭤린을 1928년 탑승 열차 폭파사건으로 살해한 것이었다. 졸지에 부친을 잃은 장쉐량은 이제 동북군벌의 총수로 만주의 실질적인 지배자로 떠올랐다.

그런데 1931년 9·18사변을 빌미로 일본군이 노골적으로 만주를 침략해 차지했다. 그동안 만주를 본거지로 성장한 장쉐량의 동북 군벌은 이제 보금자리를 잃고 중국 본토로 후퇴할 수밖에 없었다. 그는 곧 장제스의 난징정부에 충성을 맹세하고 휘하 부대를 이끌고 만주를 떠나 중국의 서북 지역으로 이동했다. 이후 잠시 유럽으로 외유를 떠났다가 돌아온 장쉐량은 1934년 초 장제스에 의해 국부군의 공산당군 토벌 책임자로 임명되어 자신의 동북군을 이끌고 중국 내륙의 시안에 머물면서 옌안에 둥지를 틀고 있던 홍군과 전투를 벌이고 있었다.

그런데 문제는 그가 줄곧 심중에 품고 있던 항일抗日의 의지가 이때부터 본격적으로 꿈틀거리기

장쉐량과 장제스

시작했다는 점이다. 중국인들끼리 내부에서 싸우는 것을 중지하고 서로 힘을 합해서 외세인 일본군의 침략에 대응하자는 것이었다. 그와 그의 부하들 대부분은 일본군의 수중에 있는 만주에 근거지를 갖고 있었기에 다른 어느 부대보다도 일본군에 대한 적개심이 높았고 일본군과의 일전을 갈망하고 있었다. 더구나 1931년 만주사변을 통해 화북지방을 장악하고 괴뢰정부를 세운 일본이 계속해 국민당 정부를 압박하면서 호시탐탐 중국 본토를 노리고 있었다.

이러한 일본의 침탈에 대응하여 지식인과 학생들을 주축으로 '내전중지' '거국항일'의 여론이 중국인들 사이에 빠르게 퍼지고 있었다. 전국적 여론의 동향과는 달리 장제스는 '선안내 후양외先安內 後攘外'를 내걸고 일본의 침략에는 소극적으로 대응하면서 우선 국내에서 공산당 세력을 일소하는 일에 총력을 기울였다. 이러한 정책 노선에 대해 점차 국부군 내부에서조차 불만이 불거져 나오기 시작했다. 무엇보다도 문제는 최전방격인 시안에서 공산당 토벌군을 총지휘하고 있던 장쉐량의 행보에 변화가 일어나기 시작했다는 점이다. 홍군과 벌인 일련의 전투에서 연달아 패배한 장쉐량과 그의 동북군 장병들은 이러다간 만주 수복은 영영 불가능하리라는 조바심에 휩싸였다.

이러한 틈새를 국민당 군대의 서북군 총책이던 양후청楊虎城과 더불어 무엇보다도 공산당 수뇌부가 그의 마음을 파고들었다. 자신의 뜻에 동조하는 양후청의 조언을 받고 1936년 4월 장쉐량은 마오쩌둥의 오른팔이자 공산당 대외업무 책임자인 저우언라이周恩來와 비밀리에 회동했다. 공산당 측은 거국적인 공동 항일투쟁이라는 명분을 앞세워 장쉐량 및 양후청과 대화 채널을 지속적으로 가동하면서 국부군의 내부 분열을 획책했다. 당시 국부군에 의해 험준한 산악지대인 옌안에 포위된 채 간신히 연명하고 있던 홍군의 처지에서는 '내전중지'야말로 절체절명의 카드였다. 전방위적인 설득 작업이 성공해 1936년 가을부터 국부군은 홍군에 대한 공격을 중지한 채 시안 지역에 웅크리고 있었다.

이러한 상황에서 몸이 달아오른 것은 수도 난징에 있던 총사령관 장제스였다. 이제 최후의 일격을 가할 경우, 골칫거리인 공산당 세력을 섬멸하는 것은 시간문제인 절호의 시점에 최전방에서 토벌의 총책을 맡은 장쉐량과 그의 막료들이 공격을 멈추고 있었기 때문이다. 드디어 1936년 12월 초, 장제스는 주변의 만류에도 불구하고 10월 방문에 이어서 재차 시안발 군용기에 몸을 실었다. 직접 현장에 가서 장쉐량을 만나 공격작전을 독려하기 위함이었다.

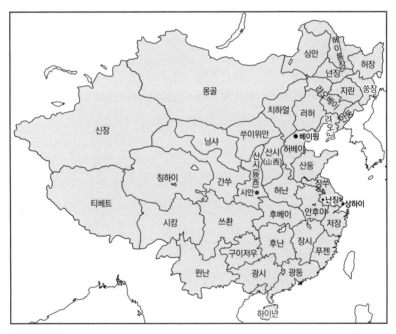

시안의 위치

믿었던 장쉐량이 자신을 배신할 줄이야 장제스가 어찌 꿈에라도 상상이나 했겠는가? 그런데 실제로 1936년 12월 12일, 장쉐량이 시안 사령부를 방문한 상관이자 존경하는 지도자인 장제스를 예하의 특공대 병력을 동원해 체포해 감금하는 사건이 벌어지고 만 것이었다. 이 난데없는 소식에 중국은 물론 전 세계가 발칵 뒤집히고 말았다. 일대 충격에 빠진 난징의 국민당 정부와는 반대로 험지인 옌안延安에 웅거한 채 마지막 전멸의 순간을 기다리고 있던 마오쩌둥을 비롯한 공산당 수뇌부와 홍군 병사들은 환호성을 질렀다. 시안사변을 계기로 이듬해 성사된 제2차 국공합작國共合作(1937. 9)으로 홍군은 토벌대상의 불법 무장세력에서 합법적으로 국민당 정부군의 일원(제8로군)으로 편성됐다. 이처럼 천신만고 끝에 기사회생에 성공한 공산당의 리더 마오쩌둥은 이로부터 채 15년도 지나지 않아서 장제스를 물리치고 중원대륙의 새로운 주인으로 들어섰다.

3막

제2차 국공합작으로 공산당을 수용한 국민당 정부는 일본에 대한 전면적인 '결사항전'을 선언하고 중국 내륙의 충칭重慶으로 수도를 옮겼다. 일본군의 공격에 지구전으로 맞서겠다는 결연한 의지를 표명한 것이었다. 국부군이 일본군과 정면 대결을 벌이는 동안 공산당의 홍군은 적의 후방 점령지역에서 유격전을 전개하면서 동시에 자신들의 세력 기반을 확대하는 일에 매진했다. 그 결과 국공합작 시 수만 명에 불과하던 공산당 세력은 1945년 중일전쟁의 막바지에 이르면 당원 120만 명에 홍군 병력이 200만 명에 이를 정도로 강력해졌다.

공산당 세력의 급성장은 당연히 국민당 장제스 정부의 경계심과 견제를 불러 왔다. 하지만 이제 홍군은 지난날 초라한 행색으로 도망치기에 급급하던 군대가 아니었다. 일본이 항복한 직후 근본적으로 다른 목표를 지향한 두 진영은 내전內戰에 돌입했다. 장제스와 마오쩌둥이라는 20세기 중국을 대표하는 두 영걸 간에 이후 4년여에 걸친 최후의 중원 장악 결전이 벌어진 것이었다. 내전 초기의 예상과는 달리 최종 승자는 공산당의 홍군이었다. 일본군에 맞서느라 전력을 소모한 데다가 부패와 실정失政으로 민심을 잃은 국민당은 시간이 갈수록 강해지는 공산당의 위세에 더 이상 버티지 못하고 대만 섬으로 철수하고 말았다.

마침내 1949년 10월 1일 중화인민공화국의 수립을 선포하는 마오 쩌둥의 카랑카랑한 육성肉聲이 천안문 광장에 울려 퍼졌다. 거의 1세기 에 걸친 신산辛酸의 혼란기를 거친 후 새로운 중국이 모습을 드러낸 것 이다. 장제스가 아들처럼 친애한 장쉐량이 나름 우국충정의 심정으로 1936년 12월 중국 내륙 시안의 유서 깊은 화청지華淸池에서 일으킨 한 사건이 종국에는 중원대륙의 주인을 바꾸는 결과를 초래했으니 역사란 필경 아이러니로 가득한 수수께끼가 아닌가?

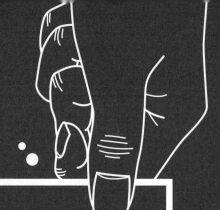

1941년 독소전쟁

히틀러는 왜?
독소불가침 조약을 깨고
소련을 침공했을까?

인류역사상 최대의 전쟁으로 1941년 6월~1945년 4월까지 벌어진 독일과 소련 간의 전쟁을 꼽을 수 있다. 1939년 9월 1일 독일군의 폴란드 침공으로 제2차 세계대전이 발발했으나 소련의 스탈린은 느긋하게 파이프 담배를 물고 있었다. 전쟁이 터지기 불과 1주일 전에 독일과 상호불가침조약을 맺었기 때문이다. 더구나 폴란드의 절반을 전리품으로 챙길 수 있다는 밀약을 이미 받아 놓은 터였다. 독소獨蘇불가침 조약 체결 소식이 세계에 알려진 직후 어느 만평은 히틀러를 신랑으로, 스탈린을 신부로 묘사하고 있었다. 그동안 불구대천의 원수처럼 상호 비방하던 독일의 나치즘과 소련의 볼셰비즘이 갑자기 밀월 단계로 접어든 것이었다. 하지만 근본적으로 성격이 다른 두 이념의 결합은 그리 오래가지 못했다. 1941년 6월 22일 독일군이 암호명 '바르바로사 작전Operation Barbarosa'으로 소련을 전격적으로 침공했기 때문이다.

그렇다면 히틀러는 왜 이 시점에 소련을 공격했을까? 다양한 루트의 사전 경고에도 불구하고, 왜 스탈린은 독일의 침공에 대비하지 못했을까? 이후 독소전쟁은 어떻게 전개됐을까? 양국의 충돌이 제2차 대전의 전체 전황戰況과 이후 세계사에 미친 영향은 무엇일까?

1막

제1차 세계대전이 끝난 후 유럽에서는 한동안 서방 전승국들을 중심으로 국제연맹 창설, 군축회담 개최 등 평화 재건을 위한 다양한 시도가 있었다. 하지만 이러한 평화정착 노력과는 대조적으로 이탈리아의 무솔리니Benito Mussolini와 독일의 히틀러Adolf Hitler로 대변되는 파시스트 정권이 기지개를 켜고 있었다. 이들은 '영광스러운 민족국가'를 건설한다는 명분을 내걸고 강력한 개인적 카리스마를 토대로 무자비한 독재 권력을 구축했다. 국내에서 정권을 장악한 이들이 1930년대 중반 이래 주변국에 대해 노골적으로 침략 본성을 드러냈으나 서구 전승국들은 고립주의적인 분위기 아래 유화적인 대응으로 일관했다. 그 결과 기고만장해진 이들의 침략 행동으로 인해 세계는 재차 대大전쟁의 수렁으로 빠져들었다.

양차 대전 기간 중 유럽에서 대두된 우익右翼 성향의 독재체제인 파시즘Fascism은 전후에 이탈리아에서 맨 먼저 출현했다. 종전 후 극도의 혼란에 처했던 이탈리아의 상황은 파시즘 태동에 비옥한 토양이 됐다. 파시스트 체제의 첫 실권자는 무솔리니였으나 이를 극단으로까지 몰고 간 인물은 바로 독일의 히틀러였다. 원래 오스트리아 출신으로 무명無名이던 히틀러를 유력 정치가로 키워준 일등공신 역시 전후 독일 사회의 극심한 혼란상이었다.

독일은 패전국이었기에 종전의 후유증은 더욱 심했다. 독일을 전범자로 규정하고 천문학적 액수의 배상금을 부과한 베르사유조약에 대한 불만이 엄청났다. 특히 전후 독일군에게 강요된 대폭적인 군비축소는 군부의 불만을 초래했다. 사회경제적 측면에서는 극심한 초超인플레이션으로 의회주의의 기반인 중산계층이 무력화됐다. 전쟁 패배로 호헨촐레른 왕조가 몰락하고 바이마르Weimar 공화국이 탄생했으나 자유민주주의는 겨우 걸음마 단계에 있었다. 집권한 사회민주당의 약체성으로 인해 정국은 혼미했고, 설상가상으로 정권 탈취를 노린 소요사태가 좌·우파를 가리지 않고 빈번하게 일어났다.

이탈리아의 경우처럼 전후 독일의 불안정한 정세는 '외로운 늑대' 히틀러에겐 호기로 작용했다. 제대 후 그는 자신의 제2의 고향이랄 수 있는 남부도시 뮌헨을 거점으로 정치활동을 시작했다. 우선, 과격한 민족주의자들을 모아서 나치당을 창당(1920)한 후 베르사유조약 파기, 독일민족의 단결, 유대인 추방 등 과격한 구호를 외치면서 세력을 키웠다. 하지만 뮌헨폭동Munich Putsch(1923. 11)에서 실패한 후 히틀러와 나치당은 쇠락의 길을 길었다. 때마침 독일경제도 점차 회생하면서 바이마르 공화국 체제가 안정되기 시작했고, 그와 반대로 나치당과 같은 과격 정당의 앞날은 어둡게 됐다.

그러나 역사의 아이러니일까? 1929년 10월 터진 세계 대공황은 미국의 단기차관에 의존하고 있던 독일경제에 충격을 가했다. 경제구조가 무너지고 실업자가 넘쳐 나면서 독일인들은 재차 나치당의 과격한 외침에 솔깃하기 시작했다. 경제 불황으로 조성된 위기 상황을 이용해 기사회생한 나치당은 빠르게 세력을 확장해 1932년 제1당의 자리에 올랐다. 더욱이 히틀러 자신은 대통령 선거에서 2위의 득표를 하면서 일약 전국적인 지명도를 가진 정치가로 부상했다.

힌덴부르크 대통령의 견제로 잠시 주춤했던 히틀러가 드디어 1933년 1월 약관 44세로 내각 수반으로 임명됐다. 그는 곧 대중의 열광적 환호 뒤에 감추어 온 폭력적 본성을 거침없이 드러내기 시작했다. 취임 직후 히틀러는 국회의사당 방화사건이라는 정치공작을 벌여 공산당을 비롯한 반대 세력을 무력화시키고, 이어서 돌격대 지도부에 대한 피의 숙청을 감행해 당내 도전세력을 제거한 후 총통에 취임(1934. 8)했다. 이제 강력한 공업국이자 잠재적 군사강국인 독일의 입법·사법·행정의 삼권三權이 오스트리아의 미술지망생이던 히틀러의 수중으로 들어갔다. 이제 일찍이 『나의 투쟁』에서 자신이 천명한 바 있는 목표들을 현실화하는 방향으로 점차 발걸음을 내디뎠다. 라인란트 진주進駐를 시작으로 오스트리아 합병(1938. 3), 체코 주데텐란트 합병(1938. 9) 등 독일 주변 영토를 야금야금 잠식해 가기 시작했다.

이러한 파시스트들의 침략정책에 서구의 전승국들은, 뮌헨회담(1938. 9)에서 엿볼 수 있듯이, 적극 대응보다는 요구를 묵인하는 방향으로 나아갔다. 당연히 독재자들의 침략 야욕을 부추기는 결과를 초래했다. 급기야는 동유럽에 이해관계가 깊은 소련의 불만과 의구심을 초래해 불구대천의 원수처럼 여겨진 나치즘과 볼셰비즘이 손을 잡는 의외의 사태가 벌어지고 말았다. 독일과 소련 간에 불가침조약이 체결(1939. 8. 23)된 것이었다. 양 전선에서의 동시 접전이라는 고질적인 '방위 트라우마'를 해소한 히틀러가 이제 폴란드 땅을 짓밟는 일은 시간문제일 뿐이었다. 마침내 1939년 9월 1일 기어코 그날이 오고야 말았다. 이날 독일군은 국경에 놓인 차단봉을 제거한 후 물밀듯이 폴란드로 쳐들어갔다. 제2차 세계대전에 불이 붙은 것이었다.

폴란드 국경을 넘은 독일군은 거침없는 속도로 진격했다. 폴란드군이 사투를 벌였으나 정신력만으로는 우월한 무기체계와 '전격전Blitzkrieg'이라는 창의적인 전투방식으로 무장한 독일군을 상대할 수 없었다. 설상가상으로 폴란드군은 동부전선에서 밀어닥친 소련 적군赤軍의 공격마저 막아내야만 했다. 독일군은 불과 3주 만에 폴란드의 서쪽 절반을 차지할 수 있었다.

폴란드 점령 후 약 6개월 동안 재정비를 마친 독일군은 1940년 5월 서부전선에서 본격적인 공세 작전을 펼쳤다. 제1차 대전 종전 직후부터 국경선에 구축한 마지노선의 위용을 과신하고 있던 프랑스군의 예상과는 달리 독일군은 특유의 기동전으로 개전 초반부터 프랑스군을 궁지로 몰아넣었다. 독일군 기갑사단의 빠른 진격에 쫓긴 약 33만 명의 연합군 병력은 도버해협에 연한 벨기에의 한 항구도시로 내몰리는 신세가 되고 말았다. 이른바 '됭케르크 철수' 이후 전의를 상실한 프랑스가 항복(1940. 6. 22)했다.

이후 시도한 영국 침공에는 실패했으나 서부 유럽을 석권한 히틀러는 이제 게르만족의 생활공간 확보라는 숙원을 실현하는 과업에 착수했다. 눈을 다시 동쪽으로 돌린 그는 1941년 6월, 암호명 '바르바로사 작전'으로 소련 침공을 결행했다. 이제 20세기 최고의 악한으로 꼽히는 히틀러와 스탈린 두 독재자의 세기적 대결의 장이 펼쳐진 것이다. 이는 둘 중 하나가 사라져야 끝날 수 있는 '막장 게임'이었다. 과연 그 결과는 어떠했을까?

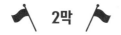

2막

1941년 6월 22일 독일군은 체결한 지 채 2년도 되지 않은 불가침조약을 깨고 드넓은 소련 땅으로 진격해 들어갔다. 이는 역사상 가장 규모가 큰 작전이었다. 독일군이 동원한 병력만 해도 300만 명을 훌쩍 넘어섰다. 여기에 약 4,000대의 탱크와 2,500대의 항공기까지 더해져 그 위세는 가히 상상을 초월했다. 150년 전 나폴레옹의 러시아 침공 실패 선례를 잘 알고 있던 히틀러와 독일군은 대對소련전을 늦어도 연말까지는 끝낼 수 있다는 판단에 모험을 감행했다. 숙원인 소련 정복을 달성하기 위함이었다.

히틀러는 이 역사적 전쟁에 '바르바로사 작전'이라는 이름을 붙였다. 그는 이번 싸움이 세계정복의 꿈을 실현하는 전환점이 되리라고 믿었으나 결과는 정반대였다. 이는 초기의 예상처럼 독일군의 신속한 최종 승리를 가져다주기는커녕 엄청난 살육전의 단초가 됐기 때문이다. 실제로 1941년 6월 말 터진 독소전쟁은 1945년 4

소련으로 진군하는 독일군

월까지 거의 4년 동안 이어지다가 종국에는 독일군의 완패로 끝나고 말았다. 1942년 후반기 내내 벌어진 스탈린그라드 전투에서 대패한 이후 수세에 몰린 독일군은 후퇴를 거듭한 끝에 결국 베를린마저 함락당하고 말았다.

그렇다면 히틀러는 왜 바르바로사 작전을 감행했을까? 왜 전통적으로 독일군이 두려워한 양 전선에서의 동시 전쟁이라는 모험을 시도한 것일까? 더구나 브리튼 전투 실패로 서부전선에서 광대한 식민지 자원을 보유한 영국이 건재하고 있는 상황에서 말이다. 그는 이 작전이 향후 자신과 독일국민을 파멸로 이끌 것이라는 점을 감히 짐작이나 했을까? 아마도 히틀러는 크게 두 가지 판단에 이끌려 소련과의 전쟁을 결심했으리라 여겨진다.

우선 그가 주장해 온 독일민족의 생활공간을 전격전 전술로 무장한 독일군의 우월한 전력을 이용해 단기간 내에 차지할 수 있으리라 자신한 것이었다. 또 다른 측면에서는 현재 서부전선에서 완강하게 버티고 있는 영국의 마지막 희망이랄 수 있는 소련의 지원 가능성을 아예 제거해 버림으로써 처칠 수상을 협상 테이블로 불러낼 수 있으리라 기대한 것이었다.

크게 세 방향에서 소련 땅으로 진격한 독일군은 초전에 엄청난 승리를 거두었다. 레에프 원수 휘하의 북부집단군은 울창한 삼림과 산재散在한 늪지라는 자연장애물과 소련군의 완강한 저항을 분쇄하며 진격, 8월 말경 발트 삼국을 관통해 레닌그라드를 고립시킬 수 있었다. 룬드쉬테트 원수가 지휘한 남부집단군은 소련군의 지연전을 극복하고 8월경 우크라이나를 초토화하면서 주도主都 키예프 포위전에 돌입하고 있었다. 복크 원수 휘하의 중앙집단군이야말로 기계화된 독일군의 위력을 한껏 발휘하고 있었다. 18일 동안 약 640킬로미터 전진이라는 신기록을 세우면서 광활한 러시아 중앙부를 가로질러 진격을 거듭한 독일군은 8월경 모스크바로 통하는 마지막 장애물인 스몰렌스크를 포위한 채 전열을 재정비하고 있었다. 만일 이대로만 전황이 이어졌다면, 독일군은 개전 시 히틀러가 제시한 대로 늦어도 그해 성탄절 이전에 독소전쟁을 승리로 마무리할 수 있었을 것이다.

나름대로 막강한 전력戰力을 보유하고 있었음에도 소련군은 마치 '눈사람'처럼 스르르 무너졌다. 영토 상실은 차치하고라도 엄청난 인적 및 물적 피해로 고통당했음은 두말할 필요도 없다. 개전 후 두 달도 되지 않아서 독일군은 북쪽으로는 레닌그라드, 중앙으로는 모스크바, 그리고 남쪽으로는 우크라이나와 캅카스 자원지대의 지척咫尺까지 진출할 수 있었다. 이처럼 그런대로 사기가 높았던 소련 적군赤軍이 초전에 무기력하게 무너진 이면에는 독일군의 공격 징후를 경고하는 다양한 첩보를 철저하게 무시한 스탈린의 실책이 숨겨져 있다. 스탈린이 끝까지 히틀러를 신뢰(?)한 이유가 무엇인지는 여전히 오리무중이지만, 문제는 스탈린의 오판에 어느 누구도 강력하게 이의를 제기할 수 없었다는 사실이다.

스탈린과 히틀러

1939년 8월 독일과의 불가침조약 체결을 자신이 히틀러를 속여서 얻은 성과로 인식하고 있던 스탈린이 일종의 자기 확증편향에 빠져 있었던 것은 아닐까? 당시 스탈린은 불가침조약 성사 덕분에 소련은 독일이 서쪽에서 동종의 자본주의 국가들과 긴 전쟁을 수행하느라 전력을 소진하는 동안 자국 군사력을 보강할 수 있다고 믿었다. 이러한 상황에서 처절한 대숙청 기간에 용케 살아남은 자들은 누구도 목숨 걸고 모든 걸 다 알고 있다는 무오류의 존재인 스탈린에게 감히 간언할 수 없었으리라. 심지어 스탈린은 독일군이 침공을 시작한 이후에도 처음에는 이를 믿으려고 하지 않았다. 6월 22일 새벽에 육군 참모총장 주코프 장군의 유선有線 보고를 받고서야 이를 수용했다. 이미 최전방에서는 소련군 주력이 빠르게 무너지면서 퇴각하고 있었다.

하지만 초전의 엄청난 승리에도 불구하고, 독일군은 계획한 대로 단기간 내에 소련군을 완파하는 데 실패했다. 사실상 1940년대 초반의 소련은 볼셰비키 혁명 후 엄습한 내전과 기근, 당내 권력투쟁 등으로 만신창이가 되어 있던 1920년대의 모습이 아니었다. 전형적인 농업국이던 소련은 1930년대 초반 시동을 건 공업화 정책에 힘입어 빠르게 산업국가로 변모해 가고 있었다. 독재자 스탈린이 러시아인들의 모진 인내와 가혹한 희생을 담보로 추진한 공업화가 점차 그 위력을 발휘하기 시작했다. 광대한 영토와 엄청난 인구, 러시아인 특유의 인내력에다가 미흡하나마 공업력이 더해지면서 소련은 강력한 군사적 잠재 역량을 갖추게 됐다. 이러한 저력을 토대로 1942년 겨울에 얻은 스탈린그라드 전투 승리를 계기로 전세 역전에 성공한 소련군은 점차 독일군을 자국 땅에서 몰아내기 시작했다.

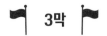

3막

소련을 단기간 내에 제압할 목적으로 시도한 독일군의 바르바로사 작전은 왜 실패했을까? 흔히 역사적으로 러시아의 영원한 우군友軍인 자연조건, 즉 독일군의 기계화 부대를 무력화시킨 겨울철 동冬장군과 봄철 토土장군의 활약이 실패의 요인으로 꼽힌다. 이를 인정한다고 하더라도 자연적 요인에 러시아인들의 애국심이 더해졌기에 궁극적으로 독일군의 공격을 격퇴할 수 있었다. 개전 이전부터 독일군은 소련군과 일반 러시아인들의 결연한 저항 의지를 과소평가하는 우愚를 범했다. 심지어 대전 발발 직전까지 스탈린이 벌인 '대숙청'으로 불안에 시달렸음에도 불구하고, 전쟁이 터지자 대부분의 러시아인들은 '대조국전쟁'이라는 스탈린의 민족주의적 호소에 기꺼이 동참했다. 게다가 1930년대 초반 이래 온갖 희생을 딛고서 지속해 온 공업화의 성과가 나타나기 시작했다. 그 결과 전쟁이 길어지면서 독일군의 인적 및 물적 자원은 빠르게 고갈되어 간 데 비해 소련군은 정반대로 시간이 갈수록 강력해졌다.

하지만 무엇보다도 중요한 점은 소련군이 얻은 자신감이었다. 초전에 파죽지세로 공격해 오는 독일군에 속수무책으로 당했으나, 마침내 1942년 후반 스탈린그라드 전투 승리를 계기로 독일군의 불패 신화를 깰 수 있었다. 그 덕분에 독일군의 침공 첩보를 줄곧 부인한 탓에 전쟁 초반 엄청난 인적 및 물적 피해를 초래한 원흉이던 스탈린은 어느새 대내적으로는 조국 방어의 화신으로, 대외적으로는 루스벨트 및 처칠과 어깨를 나란히 하는 세계적 지도자로 올라섰다. 1943년 봄부터 동부 전선의 전세는 차츰 소련군에게 유리하게 전개됐다. 나폴레옹은 실패했으나 자신은 성공하여 독일민족의 번영에 절실한 '생활공간'을 확보하리라 믿고 바르바로사 작전을 벌였던 히틀러는 이제 파멸의 구렁텅이로 빠져들고 말았다. 그 옛날 12세기에 십자군 원정 중 익사溺死한 바르바로사 황제의 이름을 침공 계획의 암호명으로 택한 탓에 역사의 저주를 받은 것일까?

1945년 제2차 세계대전 종전

트루먼 대통령은 왜?

일본에 대한

원자폭탄 투하를 결심했을까?

1941년 12월 7일 일본해군의 진주만 기습공격으로 태평양 전쟁에 불이 붙었다. 삽시간에 드넓은 태평양의 거의 절반과 인도차이나 반도를 비롯한 동남아시아 전역이 일본군 수중으로 떨어졌다. 하지만 하늘 높은 줄 모르고 치솟던 일본군의 위세는 불과 6개월 만에 수그러들기 시작했다. 1942년 6월 벌어진 미드웨이 해전에서 일본군이 참패를 당해 태평양의 제해권을 빼앗기면서 차츰 수세로 몰렸기 때문이다. 이후 미군은 태평양상의 중요 도서島嶼들을 차례로 점령해 갔다. 전쟁이 막바지에 이르면서 미군이 점차 일본 본토로 접근하자 일본군은 장병들의 목숨은 아랑곳없이 결사적으로 저항했다. 이대로 지상전을 지속하다가는 엄청난 인명 손실이 날 것은 명약관화했다. 진퇴양난에 처한 미군의 수중에 때마침 막 개발에 성공한 가공할 무기가 들어왔으니 다름 아닌 '원자폭탄Atomic Bomb'이었다. 고민 끝에 미국 33대 대통령 트루먼Harry S. Truman(재임 1945~1953)은 일본에 대한 원폭 투하를 결정했다.

　그렇다면 왜 트루먼은 최종적으로 원폭 투하를 결심했을까? 공포의 무기인 원자폭탄은 어떻게 해서 탄생한 것일까? 이것이 제2차 대전의 전황 및 이후 세계사에 미친 영향은 무엇일까?

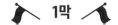

1막

1939년 9월 1일 새벽에 단행된 독일군의 폴란드 침공으로 제2차 세계대전이 발발했다. 이로부터 약 5년 10개월간 이어진 전쟁은 독일을 위시한 추축국Axis Powers이 승세를 잡은 전반기(1939. 9~1942. 6)와 미국을 중심한 연합국Allied Powers이 전세를 역전시키고 최종 승리한 후반기(1942. 6~1945. 8)로 대별할 수 있다. 전쟁은 양 진영의 인적 및 물적 자원이 망라된 총력전으로 전개됐다. 더구나 이전 전쟁과는 달리 지구 전체가 전장화戰場化한 진정한 의미의 세계대전이었다. 제1차 대전 이후 보다 진전된 무기체계가 동원된 탓에 전쟁의 피해는 더욱 컸다. 특히 종전 직전에는 역사상 최고의 위력을 지닌 무기인 원자폭탄이 실전에 투입되면서 인류 문명에 경종을 울렸다.

처절했던 제1차 세계대전의 상처가 채 아물기도 전에 왜 유럽 열강들은 재차 전쟁을 벌였을까? 누가 뭐래도 제2차 세계대전은 파시스트 국가들의 침략정책으로 발단됐다. 즉, 생활권 확보를 향한 파시즘의 침략적 본성이 전쟁 발발의 근본 원인이었다. 1930년대에 접어들어 맨 먼저 세계평화를 위협하면서 군국주의의 마수魔手를 드러낸 국가는 일본이었다. 1931년 일본은 만주사변을 일으켜서 중국 영토를 불법적으로 점령했다. 국제연맹이 이를 '침략'으로 규정하고 군대의 철수를 요청하자 일본은 보란 듯이 국제연맹을 탈퇴(1933)했다. 이러한 일본의 침략 행동과 이에 대한 국제연맹의 무기력한 대응은 다른 독재자들의 야욕을 자극하기에 충분했다.

전격전 전술로 불과 한 달 만에 폴란드를 굴복시킨 독일군은 이제 그 총부리를 서쪽으로 돌렸다. 약 6개월 동안 재정비를 마친 독일군이 마침내 북유럽에 대한 공격(1940. 4)을 시발로 서부전선에서 본격적인 공세 작전을 펼쳤다. 종전 후 국경을 따라 구축한 마지노선에 기대고 있던 프랑스군은 허를 찌르는 독일군의 공격에 속수무책으로 당한 채 불과 두 달(1940. 6. 22) 만에 항복하고 말았다. 이후 영국 침공에 실패한 히틀러는 서부전선에서 현상을 유지한 채 재차 동쪽으로 눈을 돌렸다. 1941년 6월 독소獨蘇불가침 조약을 깨고 소련 침공을 단행했다. 공격 초기에 독일군은 소련군에 대승을 거두면서 파죽지세로 전진했다. 하지만 승승장구하던 독일군의 발목을 잡은 것은 남부 전선의 요충지 스탈린그라드였다. 약 6개월(1942. 8~1943. 2)간 이어진 혈투 끝에 소련군이 승리했다.

유사한 국면 전환이 태평양 전선에서도 일어났다. 같은 해 여름에 벌어진 미드웨이 해전(1942. 6)에서 미군이 일본해군에 대승을 거두었기 때문이다. 원래 미국은 유럽에서 전쟁이 발발하자 제1차 대전 때처럼 중립을 선언했다. 이후 직접 개입은 피한 채 무기대여법Lend-Lease Act(1941. 3)을 제정해 연합국 측에 무기·식량·원료 등을 대량으로 제공했다. 이러한 미국이 일본군의 진주만 기습공격(1941. 12. 7)을 계기로 직접 참전했다. 프랭클린 루스벨트 대통령은 "진주만을 기억하라!"고 외치면서 태평양과 유럽 양 전선 모두에 대규모 병력을 투입했다.

동부전선에서 소련군의 선전善戰에 힘입어서 서부전선에서도 연합군의 반격이 본격화됐다. 북아프리카에서 서막을 연 연합군의 반격작전은 마침내 엄청난 규모의 노르망디 상륙작전(1944. 6)으로 이어졌다. 양 전선에서 압박을 받은 독일군의 전력은 빠르게 와해됐다. 마침내 이탈리아(1944. 6)에 이어서 나치 독일마저 무조건 항복(1945. 5)함으로써 유럽에서 전쟁은 연합군의 승리로 끝났다. '전원 옥쇄'를 외치며 자살 특공대까지 동원해 저항하던 일본도 만주에서 소련군이 쇄도하고 히로시마와 나가사키에 원자폭탄이 떨어지자 무조건 항복(1945. 8)하고 말았다. 5~6년 이상을 끌던 제2차 세계대전의 총성이 마침내 멎은 것이었다.

2막

그렇다면 제2차 대전의 대미를 장식한 전율의 무기인 원자폭탄은 어떻게 탄생한 것일까? 원자폭탄 개발의 과학적 단초를 제공한 것은 독일의 과학자 오토 한과 프리츠 슈트라스만이었다. 이들은 방사성 원소인 우라늄에 충격을 가하면 우라늄 원자의 핵에서 중성자가 분열해 새로운 원소 두 개가 만들어진다는 사실을 발견했다. 무엇보다도 두 개의 원소가 생성될 때 사라진 질량이 엄청난 에너지로 전환된다는 점이 추가 실험을 통해 밝혀졌다. 이제 과학자들은 만일 실험시설을 확보할 수만 있다면, 연쇄 반응을 일으켜 원자 하나의 핵분열로 다른 원자들의 분열을 촉발할 수 있다고 믿었다. 이는 엄청난 범위와 파괴력을 지닌 폭발을 일으킬 수 있음을 의미했다.

전쟁이 길어지면서 양측은 이론상 가능성이 제기된 치명적인 무기 개발 경쟁에 돌입했다. 독일에서 망명해온 다수의 유대인 과학자들이 활동한 영국이 선제적으로 연구에 착수했다. 하지만 당

원폭투하 이후의 히로시마

시 영국은 제어된 연쇄 반응을 수행할 만한 재원은 물론 신형 폭탄 개발에 필요한 방사성 물질도 충분히 갖고 있지 못했다. 이제 원자폭탄 개발의 임무는 인적 및 물적 자원 대국인 미국의 몫이 됐다. 진주만 사태로 미국이 본격 참전하자 영국은 그동안 자국이 축적한 원폭 관련 자료들을 미국 측에 이양했다. 핵심 인재들은 직접 연구작업에 동참했다.

아인슈타인을 비롯한 저명한 과학자들로부터 독일이 가공할 무기의 개발에 돌입했다는 정보와 함께 미국의 선제적 원폭 개발 필요성을 전해 들은 루스벨트 대통령은 1941년 10월 일반적으로 '맨해튼 계획 Manhattan Project'으로 알려진 원자폭탄 개발계획을 공식 승인했다. 유명한 물리학자인 오펜하이머Robert Oppenheimer가 과학 분야 책임자로, 미 공병대의 그로브스Leslie R. Groves 장군이 행정 분야의 책임자로 임명됐다. 네바다 사막 한복판에서 극비리에 연구를 진행했기에 심지어 부통령이던 트루먼조차 1945년 4월 루스벨트 대통령 서거 후에야 계획의 전모에 대해 처음으로 상세히 접할 수 있었다. 관련 과학자들은 1945년 여름쯤 폭탄 개발이 완료될 것으로 예측했다.

하지만 이들은 신형 폭탄의 파괴력이 어느 정도나 될지 정확하게 예측하지 못했다. 다만 기존 고폭탄을 수천 톤 투하했을 시 얻을 수 있는 강력한 폭발력과 치명적인 방사선을 방출한다는 사실 정도만 인지하고 있었다. 폭탄 투하 지점으로부터 적어도 사방 1킬로미터까지 폭발력이 미칠 것으로 계산됐다. 인류사에 최초로 등장하는 가공할 무기임에는 분명했다.

이제 과연 신형 폭탄을 실제로 사용할 것인가가 관건이었다. 기본적으로 이의 투입 여부는 대전의 전황과 연계되어 있었다. 1945년 5월 7일 독일이 항복함에 따라 이제 세계의 시선은 일본군이 있는 태평양 지역으로 집중됐다. 이미 전쟁의 승패는 분명해졌으나 항복이라는 불명예를 피하려는 일본군부는 여전히 결사 항전을 부르짖고 있었다. 일본 본토에 상륙해 지상전을 전개할 경우, 얼마나 많은 인명 피해가 발생할지 상상하는 것조차 괴로운 일이었다. 이미 이오지마 및 오키나와에서 벌인 전투로 엄청난 인명 피해가 발생한 바 있었기 때문이다. 죽음을 각오하고 덤비는 일본군의 결기 앞에 미군 장병들은 아연실색할 수밖에 없었다. 이러한 상황에서 일본 본토 작전을 벌일 경우, 사상자 수는 적어도 100만 명을 넘어설 것으로 예측됐다.

어떻게 해야 이러한 엄청난 인명 살상을 피할 수 있을까? 스탈린마저 얄타회담에서 약속한 대일전 참전을 차일피일 미루고 있는 상황에서 미군의 선택 폭은 매우 좁았다. 일본인들에게 원자폭탄의 위력만을 과시하자는 의견과 심지어는 원자폭탄 투하를 반대하는 목소리까지 제시됐으나, 숙고 끝에 트루먼 대통령은 원폭 투하를 결심했다. 최초의 원자폭탄 폭발 실험이 성공했다는 보고를 받고서 트루먼은 조속한 시일 안에 일본에 원자폭탄을 투하하라는 명령을 내렸다. 무엇보다도 전쟁을 빨리 종결지어 어떻게든 인명 피해를 줄이려는 고뇌에 찬 결단이었다.

마침내 1945년 8월 6일 이른 아침에 일명 '에놀라 게이'란 별명이 붙은 B-29 최신예 전략폭격기가 약 4톤 무게의 우라늄 원자폭탄을 일본군의 주요 병참 항港인 히로시마에 투하했다. 불과 2초 후 히로시마 상공 약 580미터에서 TNT 1만 6천 톤에 버금가는 대폭발이 일어났다. 번쩍하고 섬광이 비친 한순간에 수만 명이 죽었다. 폭탄이 떨어진 곳은 폭발과 함께 발생한 엄청난 고열高熱로 모든 것이 증기처럼 사라졌다. 3일 후 또 다른 원자폭탄이 미쓰비시사의 군수공장이 있는 나가사키에 투하됐다. 산지山地 지형인지라 인명 피해는 히로시마보다 덜 했으나 전체적인 모습은 한 쌍의 지옥도地獄圖 그 자체였다.

집무실에서 일본의 항복선언문을 낭독하는 트루먼 대통령

　두 발의 원자폭탄 세례에 이어서 북만주에서 기회만을 엿보고 있던 스탈린의 소련군마저 파죽지세로 밀고 내려옴에 따라 마침내 일본 정부는 무조건 항복을 수용했다. 1945년 8월 15일 신적神的 존재로 군림해온 일왕의 육성이 라디오를 통해 전 전선에 울려 퍼지면서 4년 동안 이어져 온 태평양 전쟁이 끝났다. 투하 후 무수한 논쟁에도 불구하고, 원자폭탄이 종전을 앞당기는 데 결정적으로 작용한 점은 부인하기 어렵다. 하지만 인간종種의 멸종과 지구의 종말을 초래할 정도로 엄청난 파괴력을 가진 원자폭탄의 출현은 인류에게 중대한 의미를 부여했다. 이후 지구 멸망에 대한 공포심이 엄습하면서 원자폭탄의 사용 윤리에 대한 논쟁이 들끓었다.

3막

　제2차 대전 종전으로 이제 세계는 평온해진 것일까? 그렇지 않다.

불길한 예감은 이미 전쟁 후반기부터 감지되기 시작했다. 세 강대국(미국·영국·소련)을 중심으로 대전 중 이뤄진 일련의 회담을 통해 결과적으로 소련의 세력 확대가 두드러졌다. 결정적 계기는 1945년 2월 초반, 전쟁 수행을 견인하고 있던 3개국 정상들(루스벨트·처칠·스탈린)이 회동한 얄타회담Yalta Conference이었다. 바로 여기에서 전후처리와 관련된 굵직한 사안들이 논의 및 결정됐다. 예컨대, 전후 독일 처리 문제, 폴란드 정부 승인 문제, 국제연합 창설, 그리고 소련의 대일전 참전 등이었다.

특히 소련의 대일전 참전 문제가 관건이었다. 독일 패전 3개월 이내에 소련은 동아시아에서 일본과의 전쟁에 돌입한다는 것이 골자였다. 남태평양상의 섬들을 탈환하는 과정에서 일본군의 강한 저항으로 고전하고 있던 미군으로서는 하루라도 빨리 일본의 항복을 받아내는 것이 급선무였다. 더구나 당시 일본은 항복은커녕 '본토 사수死守'를 외치면서 엄청난 인명 살상을 초래할 결전에 대비하고 있었다. 이러한 상황에서 소련의 대일전 참전이야말로 종전을 앞당길 수 있는 매력적인 대안이었다. 이것이 바로 얄타에서 처칠의 견제에도 불구하고 노령의 루스벨트가 스탈린에게 끈질기게 매달린 이유였다.

그러나 이는 전후 소련 측에 큰 이득을 안겨주는 결과를 가져왔다. 직접적으로는 동유럽의 위성국화와 한반도 분단, 간접적으로는 중국의 공산화가 초래됐다. 소련의 영향력이 커지면서 파시즘 대신 볼셰비즘이 새로운 평화의 위협세력으로 대두했다. 이에 뒤질세라 자유민주주의 국가들도 미국을 중심으로 결속했다. 전쟁 중 고양된 평화에 대한 염원과는 달리 세계는 다시 미국을 중심으로 한 자유 진영과 소련을 중심으로 한 공산 진영으로 나뉘어 대립하게 됐다. 이른바 '냉전冷戰' 시대가 도래한 것이었다.

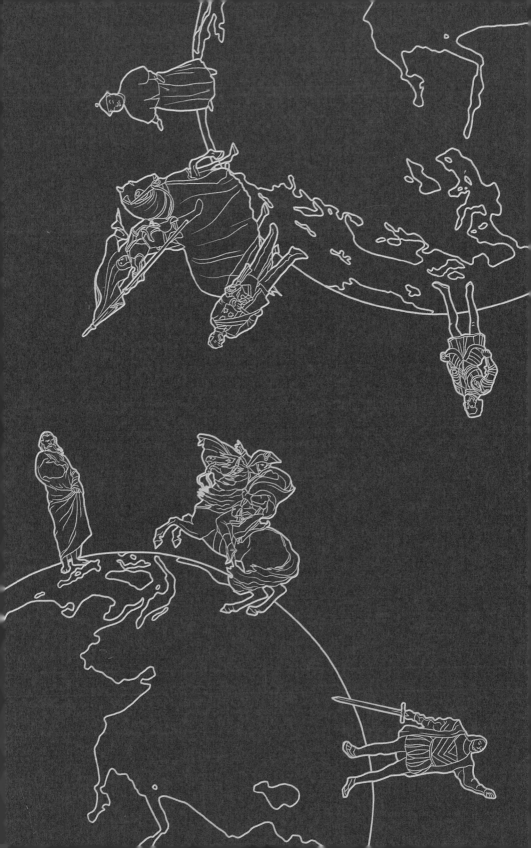